KB061855

연봉 3천 구 과장은
어떻게 월급만으로
부동산 투자를 했을까?

연봉 3천

구 과장은 어떻게

구짱(안정호) 지음

월급 만으로

부동산 투자를

했을까?

일에일북

진정한 부자가 되기 위한
월급쟁이 분투기

2004년 때 이른 봄날, 막 군대를 전역한 필자는 대학교 복학을 위해 급하게 자취방을 구해야 했다. 하지만 불행히도 당시에는 부동산에 대한 지식이 전무했고, 그래서 주변 시세보다 500만 원이나 저렴하다는 전봇대 전단지만을 믿고 덜컥 집주인과 3천만 원에 전세계약을 맺었다. 그리고 얼마 지나지 않아 스스로의 무지함을 자책할 수밖에 없는 일이 벌어졌다. 등기부등본이 무엇인지 자세히 몰랐던 필자는 담보대출과 가압류 여부조차 제대로 확인하지 않은 채 계약서에 사인을 했고, 결국 이러한 무지가 전 재산 손실이라는 부메랑이 되어 돌아온 것이다.

한 학기가 끝날 무렵 원룸이 경매에 넘어갔다는 사실을 알게 되자 눈앞이 캄캄해졌다. 집주인의 대출 부실로 원룸이 경매를 통해 다른 소유자에게 넘어가면서 가장 후순위로 들어온 필자는 곤란에 빠졌다. 전세금 3천만 원을 그대로 날릴 위기에 처한 것이다. 잃어버린 돈을 찾기 위해 이리저리 뛰어다녔지만 주택임대차 보호법은 필자의 편이 아니었다. 결국 강제명도가 집행되기 전에 이사비용 50만 원만을 받고 쫓겨나 친구 집에서 신세를 지게 됐다.

"무지도 죄다."라는 말이 떠올랐다. 누구도 원망할 수 없었다. 이러한 뼈에 사무치는 경험을 통해 왜 부동산 공부가 필요한지 절실히 깨달을 수 있었다. 그때부터 친구 집에서 독립하기 위해 하루 3~4시간만 자면서 식당 설거지 아르바이트와 학업을 병행했다. 식당 설거지를 하고 난 뒤에는 남는 시간에 건설 현장에서 막노동을 했다. 그리고 틈틈이 부동산 공부도 멈추지 않았다.

필자의 전공은 건축설계다. 건축과는 각종 경진대회 때문에 설계와 모형을 만드느라 밤을 새기 일쑤였다. 그래서 더더욱 학업과 아르바이트를 병행하기가 쉽지 않았다. 고된 대학 생활이었지만 아르바이트 덕분에 학기 중에는 매월 100만 원의 수익이 나왔고, 방학 때는 150만 원의 수익이 생겼다. 이렇게 조금씩 돈을 모아 대학교를 졸업할 무렵에는 총 2,300만 원이라는 목돈을 만들 수 있었다. 이때 한 푼씩 절약하고 모은 푼돈이 목돈이 됐고, 향후 투자의 밑거름이 됐다.

그때의 경험이 현재에도 여러모로 유용하게 쓰이고 있다. 아르바이트로 배운 설거지가 필자를 아내에게 사랑받는 남편으로 만들었고, 건설 현장에서 인테리어 업무를 배운 것을 계기로 건설 회사에까지 입사하게 됐다. 또 아르바이트와 병행한 부동산 공부 덕분에 값진 투자 지식을 얻을 수 있었다.

대학교 졸업과 동시에 건설 회사에 취업했고, 세종시(옛 연기군) 아파트 현장으로 발령을 받았다. 건축기사로 일을 했는데, 대학생 때 모은 돈에 담보대출을 더해 만든 5천만 원으로 노후한 주공아파트를 매수했다. 생애 첫 아파트였다. 투자용으로 월세 받는 통장을 만들 수 있겠다는 생각에 6개월 후 같은 아파트 아래 층 1채를 더 매입했다. 부족한 돈은 사내대출을 활용하고, 셀프 인테리어로 집을 꾸며 함께 근무하는 직원에게 임대도 주었다. 그렇게 세종시 현장 발령으로 부동산 투자와의 인연이 시작됐다. 현재 필자는 서울에서 근무하지만 아직도 집은 세종시에 있다.

　이후 다소 이른 나이에 결혼을 하게 됐다. 부모님이 마련해준 4천만 원과 그동안 사회생활을 하면서 저금한 1천만 원, 아내가 모아둔 결혼자금 2천만 원까지 총 7천만 원으로 조금 더 큰 집에 서 전세로 신혼생활을 시작할 수 있었다. 지금까지 아등바등 모 은 돈이 있으니 막연히 풍족할 것이라 생각했지만 곧 아내의 임 신으로 외벌이가 시작되면서 경제적 빈곤이 찾아왔다. 그러나 이 때 허름한 주공아파트 2채에서 나오는 월세 50만 원이 든든한 버 팀목이 되었다. 필자는 여기서 만족하지 않고 돈을 더 벌겠다는 생각으로 다시 부업을 시작해 퇴근 후에는 파트타임 수학강사로 일했다. 이렇게 우리 가족은 적은 금액이었지만 월급 통장과 월세 통장, 부업 통장이 생겼다.

쥐어짜는 식으로 가계부를 관리해 부업으로 생긴 수익과 임대 수익은 모두 저금이 가능했고, 월급만 모았던 시절보다 더 많은 액수를 저축할 수 있었다. 여러 푼돈을 모아서 목돈을 만들고, 이 목돈이 다시 또 다른 투자를 할 수 있는 씨앗이 됐다. 그렇게 아파트 씨앗, 토지 씨앗이 전국적으로 뿌려졌고, 이후 크게 성장했다. 그중 일부는 수확의 기쁨을 맛보기도 했고 더 큰 행복을 위해 다시 다른 땅에 심기도 했다. 이 시간 동안 필자와 함께 임장한 자동차의 주행거리는 33만km를 훌쩍 뛰어넘었다. 그리고 현재는 폐차를 앞두고 있다.

필자는 요즘 흔히 말하는 '흙수저'다. 충청도 시골 마을에서 태어나 집에서 초등학교까지 3km, 즉 도보로 1시간이 넘는 거리를 매일 걸어 다녔다. 중학교와 고등학교는 시내에 있었지만 저녁이면 버스가 끊겨 학원에 다녀본 적이 없었고, 당연히 과외는 꿈도 못 꿨다. 모든 것을 독학으로 해결해야 했고, 그래서 지금도 여전히 누군가의 도움보다는 독자적으로 일을 해결하고는 한다. 물론 독학은 습득이 더디고 시행착오가 잦다. 그러나 그러한 경험이 필자를 질경이처럼 밟히고 밟혀도 꿋꿋이 버틸 수 있는 사람으로 만들어줬다. 부동산 공부 역시 마찬가지였다.

필자는 지난 시기의 과오를 부정하지 않고 인정한다. 현실에 낙담해 자신을 자책하거나 원망하지도 않는다. 그래서 마음이 더 편하다. 돌이켜보면, 전세금을 날렸던 과오가 없었다면 지금의 필자도 없었을 것이다. 실패로 인해 생긴 열등감이 필자 스스로를 더욱 견고하게 만들어줬다. 누구나 실수를 할 수 있다. 누구든 부동산 투자에 실패해 쓴맛을 볼 수 있다. 이때 중요한 건 자신의 실수와 부족한 점을 빨리 인정하고 벗어나기 위해 더 많은 노력을 하는 자세다.

이제 불혹을 앞둔 필자는 이미 노후 준비를 끝마친 '금수저' 친구를 부러워하지 않는다. 금수저라고 행복한 것이 아니라는 걸

느꼈기 때문이다. 재물이 많다고 마음이 풍족한 게 아니라는 것을 아이러니하게도 투자하는 과정에서 깨달았다. 필자는 지금까지 행복했고, 지금도 여전히 행복하다. 참고로 필자는 자녀가 모두 4명이다. 대한민국에서 자녀 넷을 키우기 위해서는 부모의 희생과 노력이 절실하다. 자녀의 수가 많다는 것이 행복을 드러내는 절대적인 지표는 아닐 테지만, 필자는 현재의 삶에 만족하고 있고 매우 행복하다. 아내와 자녀를 볼 때면 충만한 행복감을 느낀다.

그래서 필자는 마음의 부자다. 여기에 재물까지 많으면 금수저보다 더 행복하지 않겠는가? 그것이 진정한 부자라고 생각한다. 필자는 마음이 부자이면서 재물까지 많은 진정한 부자를 꿈꾼다. 흔히 꿈은 현실성이 없다고 한다. 그러나 노력하는 과정에서 작은 목표를 하나씩 해결해나갈 때마다 꿈은 현실에 더 가까워질 것이다.

책 제목에 쓰인 '연봉 3천'과 '구 과장'이라는 말은 우리네 현실을 드러내기 위한 표현이다. 당신의 연봉이 3천만 원보다 많든 적든, 직책이 대리이든 과장이든 부장이든 그런 건 중요하지 않다. 연봉이 많고 직책이 높다고 해서 반드시 부자가 되는 것도 아니고, 연봉이 적고 직책이 낮다고 해서 반드시 가난한 것도 아니기 때문이다. 우리는 마치 조선시대처럼 서로의 계층을 분류하고는 한다. 필자처럼 스스로를 낮춰 흙수저에 비유하는 사람들이 많다. 하지만 본인을 낮추지 말고, 자책하지 말고, 시작하기 전에 포기하지 말자. 흙과 금은 본질적으로 재료와 성질이 다르기 때문에 비교할 필요가 없다. 흙을 금으로 바꾸는 것은 현실적으로 불가능하니, 오히려 흙을 더 값진 상태로 가공하는 게 빠르다. 금속은 고온을 견디지 못하고 액체로 변해버리지만 흙은 고온에서 견디면 금속보다 더 견고하고 단단해진다. 오히려 금보다 값진 국보급 고려청자가 될 수도 있다.

흙에서 고려청자가 되는 과정은 물론 괴롭다. 고온을 견뎌야

하는 과정은 고통과 인내를 필요로 한다. 필자는 오늘도 고려청
자를 목표로 달리고 있다. 네 아이의 아빠이자 든든한 가장으로
서, 대한민국 남자로서, 그리고 대한민국 1,400만 명의 월급쟁
이 중 1명으로서 꿋꿋하게 '헬(hell)'을 '행복(happy)'으로 만들어
가고 있다.

돈이 인생의 전부가 아니라는 것을 알기에 재물이 많은 부자가
필자의 목표는 아니다. 최종적인 꿈은 재물 이상을 가진 진정한
부자가 되는 것이다. 그래서 이 책은 단순히 부동산만을 논하는
책이 아니다. 노골적으로 돈 되는 지역을 찍어주지도 않는다. 부
동산을 팔아서 번 수익을 자랑하지도 않는다. 단순히 돈 되는 지
역을 찍어주는 투자서를 찾는다면 다른 전업 투자자가 쓴 책을
찾아보기 바란다. 이 책은 월급쟁이, 즉 직장인을 위한 부동산 투
자서다. 30대 후반의 월급쟁이가 언제, 어디서, 왜, 어떻게 부동
산 공부를 했고 투자를 시작했는지 기록한 책이다.

지금 와서 생각해보면 필자가 잃어버린 전세금 3천만 원은 참

으로 값진 수업료였다. 물론 4년제 대학교 등록금이니 지금의 가치로 생각해도 값비싸다. 하지만 필자의 나이 39세, 그때의 역경을 딛고 이제 노후 준비를 마쳤다. 노후 준비가 끝났다 해서 은퇴를 하겠다는 뜻은 아니다. 돈이 많다고 백수가 될 필요는 없으니까. 죽기 전까지 해야 하는 것이 2가지가 있는데, 하나는 배움이고 다른 하나는 일이다. 돈이 많다고 해서 일을 그만두거나 배움을 멈출 필요는 없다. 몸이 허락하지 않을 때 그만두는 것이 일과 배움이다. 이 책을 읽고 있는 독자가 월급쟁이라면 부동산 투자 노하우를 익혀 회사를 그만두겠다는 생각은 하지 말기 바란다. 충분히 회사를 다니면서도 부동산 투자를 할 수 있다. 그리고 연봉보다 더 많은 수익을 낼 수 있고, 금수저보다 더 값진 고려청자가 될 수 있다. 어려운 길이지만 함께 차근차근 나아가보자.

구짱(안정호)

이 책을 읽은
독자들의 반응

보리나무 님 『맞벌이 부부의 돈 버는 부동산 투자』 저자

부동산 시장이 어려운 이때, 투자에 대한 원초적인 고민을 말끔히 해결해줄 책
이 나왔다. 저자의 다양한 부동산 투자 사례들이 풍부하게 담겨 있어 어려울 수
있는 부분들을 명쾌하게 풀어준다. 이 책에 담겨 있는 다양한 부동산 투자 노하
우들을 정독해 잘 활용한다면 큰 도움이 될 것이다.

baramrs 님 30대 직장인

좋은 책은 '근본적인 이유'와 '실질적인 방법'을 제시해 독자로 하여금 행동의
변화를 이끌어낸다. 이 책이 바로 그런 '좋은 책'이다. 이 책은 종잣돈이 없고 월
급이 적다는 핑계로 부동산 투자를 망설이는 사람들에게 용기와 지혜를 준다.
또한 저자는 자신의 부동산 투자 과정을 예증함으로써 신뢰감 있게 대중에게
접근한다. 부동산 투자를 하고 싶지만 무엇부터 시작해야 할지 모르겠다면 이
책을 통해 인사이트를 얻고, 종잣돈 규모별로 투자 사례를 습득해보자.

바람의색상 님 30대 전업 투자자

"아파트 투자만으로는 인생이 바뀌지 않는다. 다른 투자처도 종합적으로 살펴
봐야 한다." 부동산 투자 고수들이 공통적으로 하는 이야기다. 저자는 아파트

투자와 토지 투자를 섭렵하며 직접 겪은 시행착오와 성공담을 이 책을 통해 공유하고 있다. 또한 독자들이 자신의 길을 따라올 수 있게 훌륭한 가이드 역할을 해준다. 남은 건 여러분의 실천뿐이다. 실행력만 뒷받침된다면 이 책이 당신의 인생을 바꿔줄 것이다.

똘똘새댁 님 『왕초보 월백만원 부업왕』 저자

"종잣돈이 없어서 어려워!", "월급쟁이라서 시간이 부족해!", "부동산은 폭락할 거야!" 등 우리는 흔히 다양한 핑계로 부동산 투자를 멀리한다. 리스크에 지레 겁을 먹어 함부로 투자에 손대지 말자고 마음먹기도 한다. 저자는 독자들에게 동기부여를 하고, 자신의 실질적인 투자 노하우를 가감 없이 이 책에 담아냈다. 이 책을 통해 많은 분들이 사소한 재테크 습관일지라도 지금 당장 실천할 수 있게 되길 바란다.

에릭유 님 30대 공무원

저자가 직접 경험한 부동산 투자에 대한 노하우는 물론이고, 요즘 시대에 맞게 새로운 관점에서 초보 투자자가 꼭 알아야 할 내용을 잘 녹여낸 책이다. 철저한 트렌드 분석과 입지 분석으로 독자들에게 신선한 인사이트를 제공해준다. 이 책을 통해 진솔하게 자신의 이야기를 피력한 저자는 가슴에 와 닿는 경험담으로 독자들에게 다가선다. 이 책이 단순한 부동산 투자서를 뛰어넘어 독자의 마음까지 움직이는 인생의 책이 되리라 믿는다.

밍키언냐 님 30대 재테크 강사

이 책은 열심히 돈만 모으면 된다는 식의 뜬구름 잡는 재테크 이야기가 아니라 진짜 경험담에서 우러나온 실질적인 팁을 제공해준다. 실천할 의지만 있다면 누구나 쉽게 따라 할 수 있게 구성되어 있다. 이 책이 당신의 재산을 불려줄 길라잡이 역할을 할 것이다.

믿음용기인내 님 30대 직장인

"뿌리 깊은 나무는 쉽게 부러지지 않는다."라는 말이 있다. 저자는 과거 눈물 어린 경험을 바탕으로 노력을 거듭해 경제적 자유를 누릴 수 있게 되었다. 이 모든 과정을 책 한 권으로 소개해주니 감사할 따름이다. 읽는 내내 옆집 오빠가 친절하게 노하우를 알려주는 기분이 들었다. 부동산 투자 과정에서 시행착오를 조금이나마 줄였으면 하는 저자의 진심이 느껴진다. 이 책을 통해 샛길이나 편법이 아닌 부동산 투자의 정석을 제대로 배울 수 있을 것이다. 모든 역경을 견디고 '고려청자'가 된 저자를 응원한다.

꼬꼬빠 님 30대 청소년상담사

부동산 투자는 수천만 원, 수억 원이 필요한 게 아니라 월급만으로도 가능하다는 걸 깨닫게 해준 책이다. 이 책을 통해 누구나 부동산 투자를 할 수 있고 충분히 높은 수익을 낼 수 있다. 회사 일과 부동산 투자를 병행하면서도 성공할 수 있다는 걸 몸소 보여준 저자에게 박수를 보낸다.

Shangria 님 40대 직장인

나 역시 직장인이므로 부동산 투자에 적극적으로 나서지 못한다고 핑계를 대고는 했다. 종잣돈이 없다는 허울 좋은 핑계를 자주 이야기하다 보니 정말로 부동산 투자를 할 수 없다고 굳게 믿던 시절도 있었다. 하지만 저자의 책을 읽고는 달라졌다. 월급만으로도 투자해볼 수 있는 자투리땅과 자기자본이 많이 들지 않는 아파트는 시야만 넓히면 도처에 널려 있을지도 모른다. 초보자라면 이 책을 통해 소자본으로 부동산에 투자하는 연습을 해보기 바란다.

동아리짱 님 40대 자영업자

"부자 되세요."라는 말이 한때 유행처럼 번진 적이 있다. 부자가 될 수 있는 방법은 참으로 다양하지만 일반인에게는 어렵게 느껴진다. 지금까지 읽었던 부동산 책은 강남의 부동산 불패신화나, 올림픽 개최지인 평창의 유망함, 귀농 열풍이 불고 있는 제주 등 입지가 좋은 곳이나 호재 지역을 찍어주는 경우가 대부분이었다. 하지만 이 책은 물고기가 있는 곳을 콕 찍어주는 게 아니라, 독자로 하여금 물고기가 언제, 무엇을 하고 있고 어떻게 잡을 수 있는지 터득하게 한다. 이 책이 부동산에 대한 몰이해를 해소시키고 투자 마인드를 바로잡아줄 것이다.

차례

1장
월급만으로는 미래를
대비할 수 없다 _____

2장
월급쟁이를 위한
부동산 투자의 첫걸음

3장
실전 부동산
투자 노하우

4장
실전 토지
투자 노하우

5장
종잣돈에 따른
단계별 투자 노하우

1장

월급만으로는
미래를
대비할 수 없다

월급쟁이에게
탈출구는 투자뿐이다

우리가 살고 있는 자본주의 사회는 자연 생태계와 비슷하다. 소비자에게 물건을 판매해 돈을 번 가게 주인은 수익의 상당수를 건물주에게 꼬박꼬박 뺏긴다. 가게 주인은 장사가 잘 되지 않아도 계약기간에는 딴소리하지 못하고 월세를 계속 지불한다. 그런데 가게가 잘 되면 월세도 덩달아 올라 이러나저러나 결국 돈은 건물주가 벌게 된다. 일을 하지 않고도 월세로 먹고살 수 있다는 이유로 요즘 청소년들의 장래희망 1순위가 건물주로 꼽히기도 한다. 건물을 소유한 부자는 경제 생태계에서 최상위층에 위치한 소수의 포식자들이다.

부자는 하루 8시간을 노동하는 데 할애하지 않는다. 시간 여유가 있으니 '어떻게 하면 더 많은 돈을 벌 수 있을까?' 하는 생각으로 가득하다. 그러나 근로자는 바쁜 업무시간 때문에 그런 고민조차 하기 어렵다. 일과 삶의 균형, 즉 워라밸은 그저 갑갑한 현실에서 벗어나고자 하는 노동자들의 몸부림에 불과하다. 직원이 바쁘게 일해야 사장이 돈을 벌고, 사장이 돈을 벌어야 건물주가 돈을 번다. 누구나 알고 있는 사실이다. 그러나 이러한 현실에서 벗어나는 것은 상당히 어렵다. 자본주의 사회에서 살아남기 위해서는 일에서 벗어나야 한다. 회사를 그만두라는 말이 아니다. 주어진 일을 게을리하라는 말도 아니다. 부자가 되겠다는 꿈을 꾸라는 것이다. 꿈을 이루기 위해 목표를 세우고, 작은 일부터 열정을 다해 실천하라는 것이다.

월급쟁이의 삶을 냉정하게 바라볼 필요가 있다. 결국 월급쟁이는 근무연수가 정해져 있다. 가령 본인의 나이가 40세라면 법적으로 보장받을 수 있는 최대 근무연수는 앞으로 20년이다. 자영업자가 아닌 이상 이것이 현실이다. 그 이후에는 모아둔 돈을 생활비로 쓰며 노후를 보내야 한다. 현실은 더 짧을 수도 있다. 2018년을 기준으로 평균 기대수명은 82.4세이며, 의학계에서는 '100세 시대'가 그리 멀지 않았다고 예측하고 있다. 이러한 상황에서 정년 이후, 즉 일을 관둔 뒤에는 최소 20년 이상을 벌어둔 돈으로 살아가야 한다. 노후가 준비되지 않은 삶은 지금보다 더 비참해질 수 있다. 물가상승률을 고려하면 정기적인 수익이 없는 삶은 두렵기까지 하다. 최소한 월급의 반 이상을 꾸준히 모아야

기대수명까지의 생활비를 간신히 충당할 수 있을 정도다.

그러나 월급쟁이의 한정된 월급으로는 가파르게 뛰어오르는 주거비, 양육비, 생활비 등을 모두 충당하기에는 버겁다. 각종 비용을 제외하면 수중에 남는 돈이 얼마 없는 게 현실이다. 목돈을 모아 투자를 한다는 다른 월급쟁이의 이야기는 남의 일처럼 느껴진다. 하지만 조금만 생각을 달리하면 목돈을 모으는 게 어려운 일이 아니란 걸 알 수 있다. 월급쟁이가 가능한 한 빨리 목돈을 모으는 방법은 2가지가 있다. 하나는 지출을 줄이는 방법이고, 다른 하나는 수입을 늘리는 방법이다. 그리고 만일 이 2가지를 동시에 해낸다면 가장 확실하게, 그리고 가장 빠르게 목돈을 모을 수 있을 것이다.

그래도 티끌은 모아야 한다

...

"티끌 모아 태산이다."라는 말이 있다. '티끌'은 아주 작은 부스러기나 먼지를 말하는데, 이러한 티끌이 모여 아주 높고 큰 산을 만들 수 있다는 희망찬 속담이다. 그런데 최근에는 "티끌은 모아도 티끌이다."라는 자포자기의 심정이 담긴 말이 돌고 있다. 이는 틀린 말이다. 물론 태산이 된다는 건 과장일 수 있겠지만 티끌이 적어도 주춧돌 정도는 될 수 있다.

유년 시절에 저축을 한 번도 안 해본 사람은 없을 것이다. 중도에 돈 모으기를 포기한 사람도 있을 것이고, 필요한 것을 얻기 위해 포기하지 않고 꾸준히 돈을 모아본 사람도 있을 것이다. 전자의 경험이 익숙하다면 티끌의 소중함을 모르는 게 당연하다. 하지만 만일 후자의 경험을 해본 적이 있다면 지금 필자가 하고자 하는 이야기에 크게 공감할 것이다.

집 안에 돌아다니는 동전을 모으기 위해서 저금통 1~2개 정도는 가지고 있었을 텐데, 어린 시절 필자는 저금통의 배를 수시로 갈라 돈이 얼마나 있는지 확인하고는 했다. 그때 수백 번 확인하며 모은 돈은 모두 쓰고 남아 있지 않지만 그러한 습관이 축적돼 돈을 잘 관리하는 기술을 배우게 됐다. 저금통에 동전을 넣는 일은 당연히 도전(저축)과 좌절(소비)의 반복이었다. 하지만 그 경험이 기둥을 지지해주는 주춧돌이 돼 오늘날까지 이어졌다.

티끌 모아 티끌이라는 생각을 갖고 목돈을 모은다면 종잣돈이라는 기둥을 모래 위에 세우는 것과 같다. 연약한 땅에 기둥이 똑바로 서기 위해서는 단단한 주춧돌이 필요하다. 만일 올바른 마인드, 즉 돈을 관리하는 습관을 갖추지 못했다면 수익이 아무리 많다 할지라도 밑 빠진 독에 돈을 넣어두는 것과 같을 것이다. 수익이 줄어들거나 사라지는 순간 독에 꽉 차 있던 돈도 함께 사라질 공산이 크다. 그래서 지금부터라도 독을 틀어막는 습관을 길러야 한다. 현실을 직시하고 잘못된 돈 관리 습관을 고쳐야만 돈을 모을 수 있다.

이직과 부업으로
종잣돈을 불리다

...

티끌을 모아야겠다는 결심이 섰다면 이제 현실적인 시각으로 자신의 수입을 되돌아볼 때다. 만일 당신이 20대 사회초년생이라면 우선 원하는 직장에 취업하는 게 목표일 것이다. 필자도 그랬다. 그러나 그때는 현실의 벽을 넘지 못하고 좌절할 수밖에 없었다. 대기업의 취업문은 쉽게 열리지 않았고, 그래서 현실의 벽을 인정하고 작은 회사에 입사해야만 했다. 인정했다고 해서 포기한 것은 아니었다. 한 걸음 물러나 차근차근 다시 도전하기 위한 준비를 했다. 결과만 먼저 말하자면 필자는 영어 공부, 자격증 취득, 경력 관리 등의 자기계발로 5년 후에 원했던 대기업으로 이직할 수 있었다.

결국 중요한 건 부족한 부분을 보완해서 수입을 늘리는 것이다. 필자는 아무런 준비 없이 26세에 대학교를 졸업해 중소기업에 취직했다. 필수코스라는 어학연수는 다녀온 적도 없고, 토익 점수는 딱 신발 사이즈였다. 청년 실업률이 치솟다 못해 하늘을 뚫고 있는 현재보다는 당시의 취업 시장이 상황은 더 나았겠지만, 그래도 대기업의 문은 바늘구멍보다 좁았다. 눈을 낮춰 들어간 첫 직장에서 받은 월급은 200만 원이었는데, 아이의 분유 값을 비롯해 각종 생활비를 제외하면 남는 돈은 고작 30만 원에 불과했다.

아이가 생기니 지출은 해가 갈수록 늘어나는 상황이었다. 그 와 중에 경기도 좋지 않아 고용불안으로 항상 마음이 불안했다. 그 때 생각한 게 소위 말하는 '스펙'을 높여 대기업에 이직하는 것이 었다. 이후 피나는 노력으로 부동산 공부와 스펙 올리기를 병행 해 대학원 학위까지 취득했다. 그렇게 몇 번의 도전 끝에 당당하 게 대기업에 입사할 수 있었다.

첫 회사에 입사한 후 대기업 이직이라는 목표를 달성하기까지 꼬박 5년이 걸렸다. 5년 동안 쉬지 않고 누구보다 치열하게 살아 쟁취한 결과였다. 구체적으로 목표를 세웠고, 무엇보다 도중에 포기하지 않는 꾸준함이 주효했다. 대기업으로 이직하면서 연봉 은 이전 회사에서 받는 금액보다 3배 가까이 상승했다. 만일 퇴직 할 때까지 벌어들일 수 있는 총수익이 10억 원이었다면 이직으로 3배가 늘어 30억 원이 된 셈이다.

이직 사례를 예로 들었지만 모두가 이직으로 수입을 늘릴 수 있 는 것은 아니다. 만일 이직이 여의치 않다면 각자 본인의 기술과 재능을 살려 부업으로 부수입을 증대시키는 것도 하나의 방법이 다. 근무시간이 주 52시간으로 자리 잡아가면서 학원 강사와 과 외도 좋은 부업 수단이 됐다. 물론 회사 규정에 따라서 이중취업 이 안 되는 경우도 많으니 인사팀에 확인해볼 필요가 있다. 여담 이지만 필자의 아내는 손재주와 사교성이 좋아 소모임으로 꽤 많 은 부수입을 올리고 있다. 쿠킹 클래스, POP, 폼아트 소모임은 취미로 즐기면서 일할 수 있는 좋은 아이템이다.

여기서 중요한 건 무작정 지출을 줄이는 게 해답은 아니라는 것이다. 부수입 없이 있는 돈을 절약해서 저축하는 건 무리일 수 있다. 일단 시간이 절대적으로 부족하다. 빠른 시일에 목돈을 만들고, 투자를 하고, 노후에 편안히 쓸 만큼 자산을 불려야 하는데, 이 모든 과정이 하루아침에 되는 일은 아니기 때문이다.

직장 생활과 투자를 병행해야 하는 이유

...

과연 절약을 잘한다고 경제적 불안감에서 벗어날 수 있을까? 절약은 불안감을 해소하는 수단에 불과하다. 물론 절약으로 부자가 되는 마인드를 배울 수 있고, 절약으로 큰돈을 만들 기회도 얻을 수 있다. 하지만 절약은 한계가 있다. 예를 들어 허리띠를 단단하게 졸라매서 매달 30만 원씩 더 절약한다고 치자. 그러면 1년에 360만 원, 10년이면 3,600만 원을 아끼게 된다. 냉정하게 말해서 이 돈이 당신의 경제적 불안감을 해소하는 데 큰 도움이 되겠는가? 당연히 턱없이 부족하다. 그렇다고 여기서 더 허리띠를 졸라맬 수 있을까? 지나친 절약은 생활을 궁핍하게 만들고 삶의 질을 떨어뜨릴 뿐이다. 과한 의욕은 작심삼일의 가장 큰 원인이다. 절약은 무조건 아껴서 되는 것이 아니다. 그저 작은 소비습관부터 하나씩 몸에 적응되도록 실천해야 하는 것이다. 절약만으로는 경제적 불안감에서 벗어나지 못한다. 좋은 직장에 다닌다고 해서 경제적 불안감이 완전히 해소되지도 않는다. 그렇다면 무엇을 어떻게 해야 하루라도 더 빨리 월급쟁이의 쳇바퀴에서 벗어날 수 있을까?

물론 앞서 말한 자기계발을 통한 수입 증진도 하나의 방법이다. 더 좋은 보수를 주는 회사로 이직해 몸값을 올리는 방법도 있다. 하지만 사장이 주는 월급은 본인의 능력과 비례해 올라가지는 않는다. 노력과 비례해 보수를 준다면 열정을 다 바쳐 일할 수 있을 것이다. 그러나 현실은 다르다. 자기계발로 연봉이 1천만 원 더 오른다고 해서 경제적 불안감에서 벗어날 수 있을까? 일을 하고 있는 동안에는 남보다 불안감이 덜할 수 있겠지만 그것은 어디까지나 정년 때까지의 이야기다. 퇴직 이후에는 어떻게 살아갈 것인가?

회사 밖에서 얻는 부수입에 대해서도 이야기했다. 물론 시간적 여유가 있다면 부수입을 늘리는 게 좋다. 시간이 없다면 쪼개서라도 만들어야 한다. 실제로 우리는 평생직장이라는 말이 무색한 시대에 살고 있다. 월급쟁이들이 자격증 공부를 하고, 강의를 들으러 다니는 것도 현재의 직장이 본인의 미래를 다 책임질 수 없다는 걸 알고 있기 때문이다. 하지만 부수입은 그저 주수입을 보충해 목돈을 더 빨리 모으기 위한 수단일 뿐이다.

이런 상황에서 월급쟁이라면 결국 투자에서 답을 찾아야 한다. 대한민국에서 과연 월급쟁이가 성실히 저축한다고 해서, 연봉이 높다고 해서, 부수입이 많다고 해서 부자가 될 수 있을까? 남들보다 월급을 한두 푼 더 받으면 여유는 생기겠지만 그건 회사를 다닐 때의 이야기다. 퇴직 이후의 삶은 생각해봤는가? 사실 월급 쟁이인 우리는 이미 해답을 알고 있다. 해답은 결국 투자다. 절약과 월급을 늘리기 위한 자기계발, 부수입을 늘리는 노력 등이 불필요하다는 건 아니다. 이러한 피나는 노력들이 왜, 무엇을 위해 필요한지 아는 게 중요한 것이다. 이렇게 아등바등 돈을 모으는 이유는 목돈을 모아 본격적으로 투자를 시작하기 위해서다. 간혹 이러한 목적을 간과하는 사람도 있다. 실제로 투자보다 절약을 우선시하는 사람이 있는데, 이 경우 투자하는 돈마저 아깝다고 생각해 계속 저축만 하는 안타까운 상황이 발생한다.

투자를 하겠다는 결심이 섰다면 반드시 간과하지 말아야 할 게 있다. 처음에 투자로 한두 번 재미를 봤다고 직장을 때려치우지 말아야 한다는 것이다. 투자로 큰 수익을 얻었다고 해서 사장에게 사표를 던지는 건 굉장히 위험하고 무모한 짓이다. 직장을 그만두고 투자에 전념한다고 해서 더 높은 수익을 올린다는 보장도 없다. 전업 투자자는 월급의 2배 이상의 수익이 꼬박꼬박 주기적으로 들어오는 시스템이 구축된 후에야 고민할 수 있는 영역이다.

특히 부동산 투자는 투자 이후 오랜 기다림이 필요하다. 즉 수익을 실현하기까지 장기간 기다려야 한다. 월급쟁이 시절에는 월급으로 생활비가 충당됐기 때문에 아무런 문제가 없지만, 전업 투자자의 경우 생활비 마련이 어려워 수익이 생기기도 전에 매도해버리는 상황이 발생할 수 있다. 그래서 몇 번의 투자로 성공을 맛보고 자신만만하게 직장을 떠났다가 후회하는 전업 투자자들이 많다. 경험의 함정에 빠져 손해만 보고 다시 직장으로 돌아가는 경우도 부지기수다. 우리는 안정적인 투자 시스템을 구축할 때까지, 혹은 정말 부자가 될 때까지는 계속 투자와 월급쟁이 생활을 병행해야 한다. 직장과 투자라는 2개의 울타리가 이중으로 버티고 있어야 자신과 가족을 위험으로부터 지킬 수 있기 때문이다.

최적의 투자처는
부동산이다

...

저축만으로는 부자가 될 수 없다. 우리 사회의 '부의 피라미드'를 정말 단순하고 직관적으로 살펴보면 3가지 계층으로 나눌 수 있다. 대다수를 이루는 '월급쟁이'와 소수인 '투자자', 그리고 정말 극소수인 '부자' 이렇게 3가지다. 결국 대다수를 이루는 월급쟁이에서 벗어나려면 투자를 해야 한다. 투자자의 단계를 거쳐야만 부자가 될 수 있다. 월급쟁이에게 투자는 생존을 위한 필연적인 과정인 것이다.

월급쟁이가 주로 손을 대는 투자처는 주식과 펀드, 채권이다. 최근에는 가상화폐와 P2P도 주목을 받고 있다. 필자 또한 여러 투자를 시도해봤지만 부동산 투자만큼 높은 수익을 내지는 못했

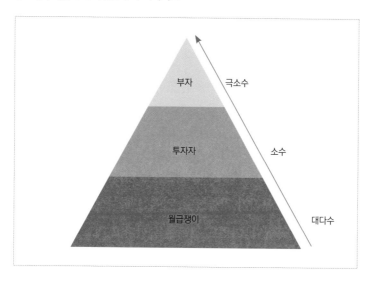

다. 사실 월급쟁이라면 스마트폰을 이용해 소액으로 쉽게 투자할 수 있는 주식, 가상화폐, P2P에 관심이 많을 수밖에 없다. 리스크가 높은 주식과 가상화폐의 경우 하루 만에 몇 배의 수익을 내기도 한다.

하지만 과연 주식이 월급쟁이에게 적합한 투자처일까? 보통 월급쟁이는 아침 9시부터 오후 6시까지 일을 한다. 그런데 주식은 아침 9시부터 거래할 수 있다. 장마감 시간이 오후 3시 30분이니 회사 근무시간과 겹친다. 회사 업무에 집중할 수 없는 이유는 주식 시장이 외부환경에 매우 민감하게 반응하고, 하루에도 몇 번씩 가격이 빠르게 등락하고 요동치기 때문이다. 무엇보다 고급 정보는 증권사가 가지고 있는 경우가 비일비재하다. 일반 개미 투자자는 정보 입수가 느리고 상황 대처능력도 떨어진다. 투자에서 가장 중요한 것은 정보를 얻고 앞서 나가는 선투자인데, 일반 개미 투자자들이 입수할 수 있는 정보는 대개 뒤늦은 소식일 가능성이 높다.

그렇다면 가상화폐는 어떨까? 비트코인을 비롯한 가상화폐는 월급쟁이에게 가장 치명적인 투자처다. 가상화폐는 인터넷만 연결하면 24시간 투자가 가능하다. 가격은 순식간에 폭락과 폭등을 반복하기도 한다. 마인드 컨트롤을 한다고 해도 막상 요동치는 가격을 보면 정신을 차리기 힘들다. 직장 생활의 패턴을 깨트려 일에 집중할 수 없게 만든다. 결국 회사 생활에 문제가 생길 수밖에 없다. 2017년 겨울, 비트코인 투자의 인기는 대단했다. 그당시 몇몇 지인들이 비트코인에 투자해서 큰 재미를 봤다는 소식을 전하고는 했다. 하지만 이후 큰 하락장이 찾아오면서 대부분의 투자자들이 수익은커녕 원금까지 탕진해버리고 말았다. 그만큼 리스크가 큰 투자처라는 뜻이다. 주식이나 가상화폐는 실물자산인 부동산과 달리 금융자산이기 때문에 가치평가에 따른 손실이 큰 것이다.

대한민국 부자는 거의 다 부동산으로 부를 창출했다고 해도 과언이 아니다. '부동산(不動産)'이란 토지나 집처럼, 움직여서 옮길 수 없는 재산을 말한다. 이름에서 알 수 있듯이 사라지는 재산이 아니라 영원히 존재하는 재산이다. 즉 부동산은 움직이거나 사라지지 않기 때문에 시간이 흐르면서 가치가 하락하는 일은 있어도 아예 없어지지는 않는다. 그러나 부동산을 제외한 투자처는 그 대상 자체가 사라지기도 한다. 사라진다는 건 가치가 없어져 가격이 존재하지 않게 된다는 것이다.

또한 부동산은 정보가 공유되고 있다. 국토개발계획, 도시기본계획, 도시개발계획, 광역도시계획, 광역교통계획 등 각종 계획 자료들이 국가기관에서 공개적으로 발표된다. 어느 한순간 소리소문 없이 진행되는 부동산 개발은 없다. 철저히 계획과 절차를 따른다. 따라서 부동산 투자의 성공과 실패는 공개된 자료에서 얼마나 많은 정보를 얻고, 분석과 예측을 통해 움직이는가에 달린 것이다. 모든 투자자들에게 수익을 낼 수 있는 똑같은 기회가 공평하게 주어지는 셈이다.

부동산이 월급쟁이에게 최적화된 투자처인 또 다른 이유는 회사 업무에 제약을 주지 않기 때문이다. 부동산 가격은 주가처럼 요동치지 않는다. 가치의 등락에 흔들릴 일이 없어 업무에 집중할 수 있다. 정보를 찾는 손품은 스마트폰으로 출퇴근 시 틈틈이 하면 되고, 임장을 다니는 발품은 주말을 이용하면 된다. 부동산을 계약해야 하는데 휴가를 내기 어렵다면 중개인을 대리인 자격으로 내세우면 된다. 더군다나 업무시간이 주 52시간으로 제한되면서 더 많은 여가 시간을 보장받을 수 있게 됐다. 그만큼 남는 시간에 부동산 공부와 투자를 할 수 있게 된 것이다.

끝으로 부동산 투자에서 성공한 사람은 대체로 회사에서도 인정받는다. 잃지 않는 부동산 투자를 위해서는 부동산 공부가 선행되어야 하는데, 이때 부동산 시장을 분석하는 능력과 향후 시장의 움직임을 예측할 수 있는 힘이 필수적이다. 이러한 능력들은 당연히 주어진 과제를 처리하고, 보고서를 작성하고, 위기상황에 대처해야 하는 일련의 회사 업무에도 도움이 된다. 이제 왜 부동산이 월급쟁이에게 최적화된 투자처인지 이해가 됐을 것이다. 부동산 공부를 구체적으로 어떻게 해야 하는지는 뒤에서 자세히 다루도록 하겠다.

부동산 투자에 대한
편견을 버려라

우리가 투자를 하는 이유는 결국 부자가 되기 위해서다. 이런 이야기가 나오면 항상 마지막에 나오는 말이 있다. 바로 "그래서 부자는 행복해?"라는 물음이다. 이 부분에서는 "부자라고 해서 다 행복한 것은 아니다."라고 주장하는 측과 "부자는 돈이 많으니까 행복하다."라고 주장하는 측으로 의견이 나눠진다. 필자는 후자의 의견이 바로 대표적인 편견이라 생각한다. 이런 사람들은 대개 부를 늘리려는 의도로만 부동산에 손을 댄다. 여기서 확실히 말할 수 있는 것은 돈이 행복의 가치를 결정하지 않는다는 점이다. 부자는 재물이 넉넉해서 풍요로운 사람을 말한다. 다시 말해서 재물이 많은 사람을 말하는 것이지, 행복이 충만한 사람을 말하는 것이 아니다.

부자는 재물 부자와 마음 부자로 나뉜다고 생각한다. 행복은 재물에서 오는 게 아니라 마음에서 오는 것이다. 재물 부자라고 해서 마냥 마음이 편하지는 않다. 오히려 몸은 편해도 마음은 힘들 수 있다. 이것이 부자가 됐다고 해서 무조건 행복하다고 할 수 없는 이유다. 행복이란 충분한 만족과 기쁨을 느끼고 마음이 흐뭇한 상태를 말한다. 부자가 행복하지 않다는 것은 분수에 넘치게 무언가를 탐내거나 누리고자 하는 욕심 때문인 경우가 많다. 그래서 충분히 넉넉함에도 부족함을 느끼고 만족감을 느끼지 못한다. 탐욕을 버리기 전까지는 행복할 수가 없다. 그러나 현대 사회에서 욕심을 버린다는 것은 쉬운 일이 아니다. 그래서 행복해지기가 참 어렵다. 무작정 재물만 많은 것이 아니라 마음의 균형도 잘 잡혀 있는 사람이 진정한 부자다.

그렇다면 행복은 어디서 찾아야 할까? 행복은 부자가 되는 과정, 즉 투자하는 과정에서 찾아야 한다. 부자가 됐기 때문에 행복한 것이 아니라 부자의 길에서 행복을 찾아야 한다. '돈 많이 모아서 부자가 될 거야!'라는 생각만 가져서는 마음 부자가 될 수 없다. 예를 들어 투자 목적으로 아파트를 5억 원에 샀다고 가정해보자. 시세차익을 위해 전세를 끼고, 혹은 대출을 활용해 아파트를 매입했고, 2년 후 매도를 했다. 이때 순수 1억 원의 수익을 냈다고 가정하면 어쨌든 높은 수익을 냈으니 투자에 성공한 것은 맞다. 하지만 과연 그 1억 원이 소중할까? 좀 더 솔직해지자. 월급으로 모은 돈보다는 그 소중함이 덜하다. 상사에게 꾸중을 들어가며, 밥을 굶어가며, 야근을 해 잠을 줄여가며 받은 월급으로 모은 1억 원이라면 진정으로 그 돈이 소중할 것이다. 소중함이 부족하기 때문에 돈이 쉬워 보이는 것이고, 그렇게 쉽게 더 많은 돈을 벌기 위해 '묻지마 투자'를 감행하게 되는 것이다. 보통은 이렇게 돈의 소중함을 잊고 무분별하게 투자를 해 막대한 손해를 입게 된다. 이처럼 오직 돈을 벌겠다는 목표만 가지고 살아간다면 마음 부자가 될 수 없다.

그렇다면 마음 부자의 자세는 무엇이고, 그들은 어떤 가치를 견지하며 살아가고 있을까? 임대 수익을 목적으로 소형 아파트를 샀다고 가정해보자. 가족 모두가 합심해 아빠는 전등을 교체하고, 엄마와 딸은 페인트칠을 한다. 이런 과정에서 가족의 소중함과 행복을 느끼는 것이다. 주말농장을 운영하기 위해 땅을 샀다고 가정해보자. 온 가족이 합심해 채소를 심는다. 봄이 되면 아빠는 땅을 갈고, 엄마와 딸은 모종을 심는다. 여름에는 정성스레 물을 주고 가을엔 수확을 한다. 그리고 겨울에는 오순도순 모여서 모두가 함께 나눠 먹는다. 이와 같이 소소하지만 부동산 투자 과정에서 가족과 함께 행복을 느끼는 것이 마음 부자가 되는 길이다. 자녀나 배우자가 아니더라도 어머니와 아버지, 형제자매도 좋다. 혹은 친우도 상관없다. 부동산을 단지 돈을 버는 수단으로 이용해서는 안 된다. 단순히 돈을 많이 벌겠다는 생각으로 부동산 그 자체가 목적이 돼버리면 마음 부자가 될 수 없다. 그런 마인드라면 아무리 많이 사고팔아서 100억 원을 모아도 결코 행복하지 않을 것이다.

부동산 투자자가
바로잡아야 할 편견들

...

투자 과정에서 소중한 사람들과 함께하며 행복을 찾아야 한다. 그런 경험이 하나둘 모여 마음 부자가 되는 것이다. 우리는 결국 모두 다 진정한 부자가 되고 싶다는 목표를 가지고 있다. 부자가 되기 위한 노력, 즉 투자를 꾸준히 하면서 그 과정에서 소중한 이들과 행복을 찾는 것이 부자로 가는 길이고, 끝끝내 부자가 됐을 때 진정으로 행복해지는 유일한 방법이다. 사람들은 흔히 '부자만 되면 행복하다.'라는 식의 편견처럼 잘못된 생각과 방법으로 부동산 투자에 접근하고는 한다. 본론에 앞서 부동산 투자자가 바로잡아야 할 7가지 편견에 대해 알아보겠다.

1. 안정을 우선시하면 오히려 위험하다

필자의 회사에서 40년을 근무하고 정년을 맞이한 부장님이 계셨다. 참 복받은 사람 중에 한 명이다. 앞으로는 한 회사에서 정년을 맞이한다는 게 더더욱 쉽지 않을 것이다. 흔히 기업의 규모가 클수록 구성원들은 소속된 회사가 안정적인 삶을 제공해줄 수 있다는 착각을 한다. 하지만 기업이 업계에서 압도적이거나 독보적인 지위를 차지하고 있다고 해도 구성원들에게 영원한 안정을 제공해주지는 못한다.

사기업이든 공기업이든 모든 조직은 살아남는 게 최우선이고, 이 과정에서 필요한 조치(구조조정, 조직 개편 등)를 계속해서 추친한다. 따라서 기업의 운명을 결정짓는 것은 조직의 규모가 아니라 시장의 트렌드이고, 그 속에서 조직원들은 끊임없이 변화해야 살아남을 수 있다. 2000년대 초반까지 업계에서 세계 1등을 유지한 조선업과 해운업이 순식간에 몰락한 사실만 봐도 알 수 있다. 조직에 몸담고 있는 사람이라면 미래를 준비할 만한 시간과 에너지가 있을 때 깨달아야 한다. 썩어서 더 이상 성장이 필요 없는 고목은 변할 필요가 없지만, 우리들처럼 살아 있는 나무라면 변화를 두려워하지 말고 즐겨야 한다.

주변 지인들을 보면 의료 분야에 종사하고 있지 않으면서 자녀가 의과대학에 들어가길 원하는 경우가 많다. 의사뿐만 아니라 변호사와 회계사도 비슷한 상황이다. 한때 대한민국에서 의사, 변호사, 회계사 등은 부와 출세, 안정의 상징이었다. 그러나 이제는 모두 과거의 일이 돼버렸다. 남보다 훨씬 더 긴 시간을 투자해야 하고, 남보다 훨씬 더 많은 것을 희생해야 하는 전문분야에서 일어나고 있는 일들을 보면 더 이상 안정된 직업 같은 건 없다는 걸 알 수 있다. 그럼에도 불구하고 젊은이들은 각종 고시, 공무원 공부에 젊음을 쏟고 있다. 진정으로 그 직업을 원해서 시작한 공부라면 상관없다. 하지만 그저 안정을 추구하기 위해 젊음을 투자하고 있다면 큰 문제가 아닐 수 없다.

현실에서 과연 '안정'이 가능한 일일까? 안정은 '바뀌어 달라지지 아니하고 일정한 상태를 유지함'이라는 뜻이다. 하지만 오늘이 안정된 상태라 해도 내일 당장 불안정한 미래가 닥쳐올 수 있다. 지금 이 순간에도 우리에게 영향을 주는 다양한 요소들이 변수가 돼 끊임없이 안정을 불안정으로 바꾸고 있다. 결론은 평생직장은 없다는 것이다. 입사 후 시간이 흘러 직장에서 적응을 마치게 되면 드디어 안정됐다고 안심할 수도 있겠지만, 그렇게 생각하고 안주한 순간에도 끊임없이 알 수 없는 불안정한 미래가 닥쳐오고 있다.

가장 현명하게 미래를 대비하는 방법은 처음부터 안정이라는 단어가 없다고 생각하는 것이다. 물론 단순히 없다고 치부하는 것에서 끝내지 말고 불안정한 미래를 맞이할 준비를 해야 한다. 자신이 할 수 있는 일을 지체 없이 바로 시작해보자. 필자에게는 그것이 부동산 투자였다. 문제는 미래가 불안정하다는 사실을 잘 알고 있으면서 아무 대책도 없이 살아가는 나태함에 있다.

그렇다면 어떻게 해야 미래를 잘 대비할 수 있을까? 방법은 안정이라는 울타리가 사라지기 전까지 투자를 통해 새로운 울타리를 만드는 것이다. 그 울타리가 스스로와 가족을 지켜주는 든든한 보호망이 될 것이다. 부모가 부자여서 안정된 울타리를 가지고 시작할 수도 있지만 대부분의 월급쟁이는 무조건 투자를 통해 자력으로 부자가 될 수밖에 없다. 월급쟁이에서 투자자가 되기 위해서는 생활비를 제외한 여유자금이 필요하다. 여유자금은 1천만 원이 될 수도 있고, 1억 원이 될 수도 있다. 자금의 규모는 중요하지 않다. 중요한 건 지금 당장 투자를 시작하고, 공부하며, 경험을 축적하는 일이다. 그렇게 미래를 대비하면 기회를 잡아 당신이 원하는 부자가 될 수 있다.

보통 일반인은 평생을 모아서 집 1채를 마련한다. 2013년부터 최근까지 서울과 수도권은 집값이 유리천장을 뚫고 나갈 기세로 치솟았다. 그래서 내집마련을 포기하는 사람이 늘었다. 주 52시간 근무제로 인해 시간은 늘어났지만 연봉은 줄어드는 슬픈 현실도 내집마련을 포기하는 원인이 됐다. 점점 돈 모을 수 있는 기회가 사라지고 있는 듯하다. 그래서 목돈 모으기를 언감생심이라 치부할 수 있다. 하지만 조금만 생각을 달리해보자. 주 52시간 근무제는 월급쟁이가 업무와 부동산 투자를 병행할 수 있게 해주는 고마운 제도다.

100명 중 99명은 일반인이고 1명은 그 틀에서 벗어난 사람, 즉 부자가 될 수 있는 사람이다. 일반인은 안정된 삶에서 벗어나는 것을 두려워한다. 그러한 이유로 남자는 공무원, 여자는 교사를 장래희망 1순위로 고려하는 것이다. 그래서 일반인은 부동산 투자보다는 이율이 적어도 안전한 적금이나 예금을 선호한다. 당신이 그 99명 중에서 1명이라면 무작정 안정을 추구하고자 하는 안일함에서 벗어날 필요가 있다. 월급쟁이의 한계에서 벗어나기 위해서는 지금 당장 투자를 시작해야 한다.

2. 세상에 위험이 없는 투자는 없다

보통 재테크로 돈 불리는 방법을 이야기할 때 눈사람 만드는 과정을 예시로 든다. 처음에는 야구공만 한 크기로 최대한 딱딱하게 만들고, 그다음에는 여러 번 이리저리 굴려서 축구공만 한 크기로 만든다. 이때부터가 중요한데 얼마나 튼실하게 기초를 다졌는지에 따라 반으로 쪼개질 수도 있고, 타이어 크기의 튼튼하고 커다란 눈덩이를 만들 수도 있다. 투자도 마찬가지다. 종잣돈과 투자 마인드가 튼튼하게 중심을 잡아주지 못한다면 투자도 실패로 돌아갈 확률이 높다. 투자를 하면서 실패와 좌절의 순간이 올 수도 있다. 하지만 무섭다고 피할 수 없는 것이 투자이고, 자신과 가족을 위해 반드시 거쳐야 하는 것이 투자다.

또한 커다란 눈사람을 만들기 위해서는 이리저리 눈이 쌓인 곳을 돌아다니면서 눈덩이를 만들어야 한다. 하늘에서 내리는 눈은 누구에게나 눈사람을 만들 수 있는 공평한 기회를 준다. 물론 눈사람이 저절로 만들어지지는 않는다. 쌓인 눈만 보고 가능성을 가늠하며 만족하는 데 그치는 것이 아니라 직접 눈덩이를 만들어야지만 자신의 것이 되는 것이다. 결과는 그냥 나오지 않는다. 부동산 투자 역시 누구에게나 공평하게 눈을 굴릴 수 있는 기회를 준다. 앞에서도 언급했지만 부동산 정보는 국가기관을 통해서 모든 국민에게 오픈되어 있다. 그 정보를 얼마나 본인의 것으로 만들고, 얼마나 손품과 발품을 팔았는지에 따라 기회를 잡을 수 있는 확률이 달라지는 것이다.

| 국토교통부 홈페이지 화면

부동산 정보는 국가기관을 통해서 모든 국민에게 오픈되어 있다.

　　필자는 충청도 시골에서 태어났다. 어린 시절에 우리 집 안마당에는 수동 펌프가 있었는데, 우리 가족은 그 물로 생활했다. 펌프에서 물이 나오기 위해서는 한 바가지 정도 마중물이 필요한데, 한 바가지로 물이 나올 때도 있었고 두세 바가지 더 채워야 나올 때도 있었다. 마중물은 많은 양이 필요하지 않지만 그로 인해 뽑아낼 수 있는 샘물은 무궁무진하다. 마중물이 아까워 사용하지 않는다면 샘물의 물을 빼낼 수 없다. 그래서 마중물은 농사로 치면 종자라고 볼 수 있고, 투자의 관점에서는 종잣돈이라고 볼 수 있다. 종잣돈은 부동산 투자로 부자가 되기 위해 필요한 최소한의 자금을 말하는데, 기회비용을 줄이기 위해 종잣돈을 최대한 빨리 모아서 마중물로 사용해야 한다. 그러기 위해서는 지나친 지출을 줄이고 월급의 대부분을 저축하려고 노력하는 습관이 필요하다.

네이버, 다음 등 포털사이트에는 '짠돌이', '푼돈', '재테크'를 키워드로 내세우는 카페가 많다. 그중 네이버의 대표적인 재테크 카페는 '월급쟁이 재테크 연구카페'로, 이 카페를 들여다보면 많은 인사이트를 얻을 수 있다. 회원 중에는 월급의 80% 이상을 꾸준하게 저축하는 고수들도 많다. 필자도 사회초년생 시절에는 그러한 노하우를 배우고 익혀 '월급으로 적금 풍차 돌리기', '10만 원으로 한 달 생활하기' 등 많은 절약방법을 시도했다. 그리고 그러한 도전들이 밑바탕이 돼 월급의 80% 이상을 저축할 수 있었고, 남들보다 빨리 종잣돈을 모을 수 있었다.

하지만 그보다 더 중요한 게 있다. 종잣돈을 모았다면 망설임 없이 투자를 해야 한다. 누구보다 빨리 부동산에 관심을 가져야 하며, 시장을 볼 수 있는 눈을 키워야 한다. 손과 발만 바삐 움직인다면 부동산 시장을 예측할 수 있는 통찰력이 생길 것이다. 통찰력을 키웠다면 종잣돈에 맞는 투자 물건을 선정하고, 투자하는 기간 동안 또 다른 투자 물건을 잡기 위해 다시 종잣돈을 만드는 과정을 반복해보자. 종잣돈의 크기는 중요하지 않다. 그리고 잃는 것에 대한 두려움은 잊어라. 필자도 한때 인생의 전부를 경매로 잃었지만 금세 다시 일어섰다. 잃으면 다시 만들면 된다는 마인드가 중요하다.

3. 투자와 투기를 구분하라

월급쟁이는 대부분 재테크를 한다. 재테크의 목적은 노후 대비와 양육비, 내집마련, 빚 청산 등으로 다양하며, 그 수단도 예적금, 주식, 채권, 펀드, 보험, 연금, 부동산·경매, P2P, 가상화폐 등 다 열거하기 힘들 만큼 다양하다. 결국 재테크의 목적은 돈을 버는 것이다. 즉 수익을 낼 수 있어야 올바른 투자법이라 할 수 있다. 하지만 재테크에서는 소위 대박이라고 말하는 일확천금을 가장 경계해야 한다. 재테크는 하루아침에 부자가 되기 위한 것이 아니라 꾸준히 오랫동안 부를 일구기 위한 것이다.

재테크에서 가장 중요한 것은 일확천금의 허황된 꿈을 접고, 본인에게 맞는 투자처와 투자방법을 찾는 것이다. 성공적인 투자를 위해서는 본인의 성격, 환경, 여건 등을 고려한 투자처를 선정해야 하며, 남보다 앞선 생각과 끊임없는 고찰이 필요하다. 무엇보다도 자신의 성향에 맞는 투자 수단을 찾는 게 중요하다. 필자도 사회초년생 시절에 주식과 펀드에 손을 댄 적이 있었다. 그러나 그 투자처는 필자와 잘 맞지 않았다. 매일 출근해서 주가 그래프를 들여다봐야 하는 게 곤혹스러웠고, 주식으로 수익을 내도 행복을 느낄 수 없었다. 차분했던 성격이 조급해지고 회사 일에도 집중할 수 없었다. 그러다 2010년 조선사의 몰락과 함께 주식에서 완전히 손을 뗐다.

극단적인 표현이지만 미래에는 2개의 손잡이가 있다고 한다. 하나는 폐지 리어카의 손잡이, 다른 하나는 여행 캐리어의 손잡이다. 재테크를 해야 하는 현실적인 이유는 새벽 4시에 폐지를 줍지 않기 위해서다. 그러기 위해 무분별한 '투기'가 아닌 '투자'를 해야 한다. 투자와 투기의 차이점이 무엇이냐고 물어보면 "내가 하면 투자, 다른 사람이 하면 투기", "법을 준수하면 투자, 불법을 저지르면 투기", "리스크가 작으면 투자, 크면 투기", "수익이 상상을 초월하면 투기, 아니면 투자" 등 여러 가지 이야기를 들을 수 있다. 그러나 이러한 차이로 투자와 투기를 구분할 수는 없다. 투자와 투기는 이익을 목표로 한다는 점에서는 같지만 궁극적으로 추구하는 바가 다르다.

투자는 생산 활동을 통해 이익을 추구하지만 투기는 생산 활동과 관계없이 이익을 추구한다. 투자와 투기의 개념을 좀 더 이해하기 쉽게 설명하면 전자는 노력이 소요되고 운영 또는 관리가 필요하다. 하지만 후자는 그렇지 않다. 예를 들면 방을 나눠 쓰는 셰어하우스는 투자라고 볼 수 있지, 투기라고 하지 않는다. 원룸을 매수해서 월세를 받는 방법도 사업으로 볼 수 있다. 마찬가지로 원룸 투자라고 하지 원룸 투기라고 하지 않는다. 반대로 아파트 청약은 실거주가 목적인 사람도 있지만 시세 상승을 예측해 시세차익만이 목적인 사람도 있다. 이런 사람을 분양권 투기꾼이라고 한다. 서울에서 거주하는 사람이 자신과 아무런 연고도 없는 제주도에 있는 땅을 시세차익 때문에 매수했다면 땅 투자보다는 땅 투기라고 보는 게 맞다.

이처럼 투자는 실수요자의 행위를 일컫는다. 즉 실사용 목적이 강해 장기간 소유하는 경우가 많고, 수익도 예측 가능한 정당한 수준이며, 대상 부동산이 자신이나 타인에게 긍정적으로 기여한다. 반면 투기는 가수요자의 행위이며, 땅값이 낮은 미성숙지 등을 시세차익을 목적으로 필요 이상 대량으로 구입하는 경우가 많다. 따라서 매입 이후 사용·관리하려는 목적이 약하고, 오로지 양도차익이 목적이며, 보유기간이 단기간이다. 임장을 하기는 하지만 대개 도박적인 금전 투입을 감행한다. 그리고 무엇보다 대상 부동산이 자신이나 타인에게 긍정적으로 기여하지 못한다.

하지만 현실에서는 칼로 무 자르듯이 투자와 투기를 구분할 수 없다. 어떤 부분은 투자로 볼 수 있고 또 어떤 부분은 투기로 볼 수 있는 경우도 많다. 왜냐하면 시세차익을 노리고 아파트를 분양받았지만 실거주를 위해 입주할 수도 있고, 원거리에 있는 땅을 샀지만 직접 농사를 지을 수도 있기 때문이다. 이럴 때는 마냥 투기라고 단정 지을 수 없다. 5년 후 귀촌을 위해서 매수했다면 원거리의 토지라도 투자라고 봐야 할 것이다. 반면 서울 사람이 대구에 전세를 끼고 아파트를 매수했다면 이는 갭투자로 투기에 가깝다. 시세차익의 목적이 강하기 때문인데, 만일 서울에서의 생활을 정리하고 대구로 이사할 생각이었다면 투자라고 볼 수 있다.

투자와 투기의 구분은 누군가가 정하는 것이 아니라 본인만이 가늠할 수 있는 부분이다. 즉 스스로가 해당 부동산에 금전을 투입하는 행위가 투자인지 투기인지 분별해야 한다. 만일 부동산을 투자 수단으로 삼을 생각이 있다면 부디 투기가 아니라 건전한 투자로 시작하기 바란다.

4. 서울 부동산 투자만 정답일까?

물가상승률보다 금리가 더 낮은 작금의 상황에서 이제 저축은 투자가 아닌 보관 정도의 의미만 남았다고 보면 된다. 세상이 바뀌어 예금 금리가 대폭 오르지 않는 이상 저축이 평생 재테크가 될 수는 없다. 그래서 종잣돈을 모아 어떤 일이나 사업에 투입하고 노력과 시간을 쏟아서 수익을 창출해야 하는데, 이것을 우리는 투자라고 한다. 이때 쓰이는 종잣돈은 크기도 크기지만 어디에 어떻게 심는지도 무척 중요하다.

┃ 서울 아파트 전세가율 추이

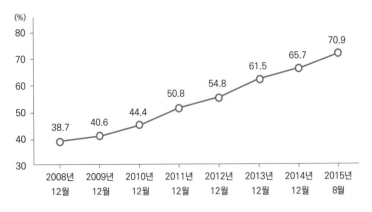

자료: KB국민은행

필자의 경우 줄곧 지방 부동산에만 투자를 해왔다. 돈이 없었기 때문에 서울에 투자한다는 것은 꿈도 못 꿀 일이었다. 처음 투자를 시작했던 2007년 서울의 전세가율은 약 40%대였다. 즉 5억 원짜리 아파트에 투자하기 위해서는 3억 원이 필요했다. 종잣돈이 얼마 없었던 당시에는 소액으로도 투자가 가능한 투자처를 찾아다녀야 했고, 그중에서도 전세가율이 높은 지역을 선별해내야 했다. 그 당시 천안은 전세가율이 80%가 넘는 아파트가 많았다. 1억 원짜리 아파트의 경우 전세가가 8천만 원이었고 미분양도 넘쳐났다. 20~40% 할인 분양은 기본이고 미분양 소진을 위해 정부에서 각종 세제 혜택까지 주던 시기였다. 당시는 내집마련보다 전세를 더 선호하던 시기여서 전세가율만 점점 올랐다. 결국 여건과 상황을 고려해 2007년부터 2010년까지 4년 동안 천안의 아파트를 꾸준히 매수했는데, 1채당 대략 1,500만~2천만 원 정도가 들어갔다.

그렇게 전세를 2번 돌리고 매도하는 시점이 되자 투자금 대비 3배가 넘는 시세차익을 얻을 수 있었다. 2014년까지 그동안 매수한 대부분의 물량을 매도했는데, 매도를 한 결정적인 이유는 그 지역에 대규모 아파트 분양이 예정되어 있었기 때문이다. 만약에 그 당시 스스로의 여건을 무시한 채 서울 부동산 시장에 치중했다면 수익을 내기 어려웠을 것이다. 이후 얻은 수익의 대부분은 토지에 투자하고 일부는 아파트에 재투자했다. 이처럼 투자금이 적었던 필자에게는 지방 투자가 적당한 투자처였다. 부동산은 시장 상황에 따라 변수가 많아 늘 통용되는 방법은 아니지만, 어쨌든 지방까지 시야를 넓혔기 때문에 소액의 종잣돈으로도 남보다 빨리 더 많은 수익을 낼 수 있었다.

필자가 투자했던 2009년은 천안시에 입주 물량이 평균치 이상으로 쏟아지던 시기였다. 그러나 반대로 인허가는 줄어들었다. 새 아파트를 짓기 위해서는 '토지 매입', '설계', '인허가', '착공', '분양', '입주' 순으로 일을 진행해야 하는데, 착공 후 입주까지의 기간은 규모에 따라 다르지만 일반 아파트는 26~30개월, 고층 주상복합은 36개월 정도가 소요된다. 이때 공급과 수요를 파악하기 위해서는 인허가 물량을 확인해볼 필요가 있다. 인허가 신청이 모두 착공으로 이어지는 것은 아니지만 인허가의 증감 추이가 착공될 물량을 가늠할 수 있는 중요한 지표이기 때문이다. 이처럼 아파트를 구매하기 전에 처음부터 공급과 수요, 인허가 물량을 바탕으로 분석한다면 최소한 실패하지 않는 투자를 할 수 있다.

정부는 부동산 가격을 안정적인 상태로 유지하기 위해 정책으로 투자자와 심리전을 벌인다. 가격이 하락하면 부양정책으로 가격을 끌어올리고, 가격이 급등하면 규제정책으로 가격을 끌어내려 부동산 시장을 통제한다. 이때 투자자는 부동산 정책의 허점을 노리다가 틈을 발견하면 놓치지 말고 파고들어야 한다. 결국 수익은 공급과 수요의 균형이 깨져야 발생하기 때문에 투자자는 공급과 수요, 부동산 정책에 민감할 수밖에 없다. 따라서 인허가 물량의 추이와 정부의 부동산 정책 등을 기반으로 자신만의 투자 기준을 세울 필요가 있다. 이를 기반으로 부동산 시장을 분석한다면 정책에 휘둘리지 않고 높은 수익을 낼 수 있을 것이다.

5. 큰돈 없이도 투자할 수 있다

흔히 '부동산에 투자하기 위해서는 큰돈이 필요하다.'라고 오해하는 사람들이 많다. 이는 부동산 투자에 입문하려는 사람들의 의지를 꺾는 잘못된 생각이다. 오히려 필자는 부동산 투자에 대한 경험이 많지 않다면 투자금을 낮춰서 투자할 것을 추천한다. 물론 첫 투자에서 운 좋게 큰 수익을 낼 수도 있고, 호황일 때는 그 운이 실력처럼 여겨질 수도 있다. 그래서 그런지 운 좋게 큰 수익을 낸 사람들 중 일부는 운도 실력이라 말한다. 하지만 정말 운이 실력일까?

투자는 확률에 베팅을 하는 것이다. 만일 첫 투자에서 승률이 50%라면 그다음 투자에서의 승률은 25%, 그다음 투자에서의 승률은 12.5%로 급격하게 떨어질 것이다. 운도 실력이라고 믿고 있다가 막대한 손실을 입게 되면 누가 책임을 질 것인가? 운이 실력이라는 생각이 탐욕이 돼 리스크를 포장하고, 그 포장지가 찢어지는 순간 탐욕은 곧 공포로 바뀌게 된다. 호황일 때는 그 운이 행운이지만, 침체기일 때는 불운으로 되돌아오는 것이다. 결국 '운 좋은 바보'와 '실력 있는 투자자'를 구분하는 방법은 탐욕과 리스크 관리, 그리고 다양한 투자 경험에 있다고 생각한다.

운 좋은 바보는 경험과 시장을 바라보는 통찰력이 부족해 어느 순간 확률 싸움에서 패배할 수밖에 없다. 그래서 처음에는 눈높이를 낮추고 소액으로 여러 방면에 투자하면서 경험을 쌓아야 할 필요가 있다. 그렇게 부동산을 보는 안목을 키워나가다 고수가 되었을 때 자신 있는 몇 개 종목에 집중하는 게 좋다. 첫술에 배부를 수는 없다. 큰 눈덩어리를 굴리기 위해서는 많은 실패를 경험할 필요가 있다. 그래야 단단한 토대를 마련할 수 있다. 종잣돈은 그 규모가 얼마라고 딱 정해져 있지 않다. 상황과 능력에 맞게 만들면 되는 것이고, 종잣돈에 맞는 투자처를 찾으면 되는 것이다. 종잣돈은 1천만 원이 될 수도 있고 1억 원이 될 수도 있다. 종잣돈의 크기, 즉 씨앗의 크기가 중요한 것이 아니라 언제, 어디에, 무엇을 심는가가 중요하다. 투자는 한 방에 이뤄지는 것이 아니라 평생에 걸쳐 꾸준하게 이어지는 것이기 때문에 장기적인 안목으로 접근해야 한다.

종잣돈을 뜻하는 '시드머니(seed money)'는 열매를 맺기 위해 뿌리는 씨앗에서 비롯된 말로 투자를 위한 일정 규모 이상의 자금을 의미한다. 여기서 투자란 저축과는 다른 의미로 리스크를 감수하면서 수익을 얻으려는 시도를 뜻한다. 앞서 이야기했듯이 그 규모는 정해져 있지 않다. 가진 돈이 10만 원이든, 100만 원이든, 1천만 원이든, 1억 원이든 '투자'를 목적으로 활용하면 그 돈 자체가 종잣돈이라 볼 수 있다. 종잣돈의 규모를 남들이 설정한 액수로 잡는 것이 아니라 본인의 능력과 투자 대상에 맞게 설정하면 된다.

필자가 투자한 토지 중에는 200만 원짜리도 있었다. 매매가격이 3천만 원에 달하는 아파트도 몇 채 있었다. 소액으로 매수한 토지는 주말농장으로 사용하고 있으며, 3천만 원짜리 소형 아파트에서는 매달 22만 원의 월세를 꼬박꼬박 받고 있다. 레버리지를 활용하지 않고도 소액으로도 충분히 투자할 수 있는 부동산 물건은 많다. 처음에는 소액으로 투자 가능한 물건을 찾고, 투자 연습을 하면서 실력을 쌓아야 한다. 경험이 축적된 다음에 조금 더 큰 투자 물건을 찾는 것이 현명하다. 한두 번 투자하고 그만두는 게 아니라면 말이다. 저축에만 복리가 있는 것이 아니다. 부동산 투자에서도 복리 효과를 누릴 수 있다. 푼돈으로는 큰 투자 수익을 얻을 수 없지만 이러한 투자가 반복될수록 실력은 빠르게 향상된다. 이렇게 끈기 있게 투자를 계속한다면 수익이 기하급수적으로 늘어나는 경험을 하게 될 것이다.

6. 인구절벽으로 모든 부동산이 폭락할까?

통계청 추계인구 자료에 따르면 우리나라 전체 인구수는 2031년부터 감소할 것으로 전망된다. 이 전망은 합계출산율이 중위 수준을 유지한다는 점을 전제로 산출된 것이다. 참고로 2018년에 발표된 2017년 전국 합계출산율은 1.05명으로 역대 최저 수준을 기록했다.

통계청의 인구 전망을 합계출산율 저위 수준으로 가정하면 인구가 감소하는 시점은 10년 후인 2028년으로 앞당겨질 예정이라

| 지역별 합계출산율(2017년 기준)

서울	부산	대구	인천	광주	대전	울산	세종	경기
0.84명	0.98명	1.07명	1.01명	1.05명	1.07명	1.26명	1.67명	1.07명

강원	충북	충남	전북	전남	경북	경남	제주	전국
1.13명	1.24명	1.28명	1.15명	1.33명	1.26명	1.23명	1.31명	1.05명

자료: 통계청

한다. 현재의 합계출산율은 이미 합계출산율 저위 수준보다 현저하게 낮다. 실제로 인구가 감소하는 시점이 2031년보다 더 빨라질 수 있다는 것이다. 인구절벽과 지방 소멸은 더 이상 먼 미래의 문제가 아니다. 바로 코앞에 닥친 현실의 위기다.

저출산과 고령화에 기인한 인구구조 변화로 우리 사회는 교육, 고용, 부동산, 지방 재정, 복지 등 다양한 분야에서 위기가 현실화되고 있다. 인구 감소와 관련된 유의미한 분석자료가 최근에 여러 차례 나오기 시작했다. 한국지방행정연구원에서 발표한 〈저출산·고령화에 의한 소멸지역 분석〉 보고서와 한국고용정보원에서 발표한 〈한국의 지방 소멸에 관한 7가지 분석〉 보고서가 대표적이다. 이상호 연구위원은 〈한국의 지방 소멸에 관한 7가지 분석〉에서 228개 시·군·구를 소멸위험지수로 구분했는데, 2013년 7월부터 2018년 6월까지 집계된 광역시·도별 소멸위험지수를 살펴보면 사태의 심각성을 한눈에 알 수 있다. 이 책에서는 인구가 상위권인 5개 도시(서울, 부산, 인천, 대구, 대전)의 데이터만 추려보았다.

지역	2013년 7월	2014년 7월	2015년 7월	2016년 7월	2017년 7월	2018년 6월
전국	1.16	1.09	1.04	1.00	0.95	0.91
서울	1.42	1.33	1.26	1.20	1.14	1.09
부산	1.04	0.97	0.91	0.86	0.81	0.76
인천	1.51	1.43	1.35	1.30	1.22	1.15
대구	1.18	1.09	1.02	0.98	0.92	0.87
대전	1.51	1.42	1.32	1.25	1.18	1.11

자료: 한국고용정보원 〈한국의 지방 소멸에 관한 7가지 분석〉

　지방 소멸에 대한 우려는 현실이 되고 있다. 출산율이 평균에 미치치 못하고 꾸준하게 인구가 줄고 있는 서울도 안전하지 않은 상황이다. 1인 가구 증가로 인한 세대수 분화와 노후 주택 재건축 등이 부동산 가격 상승을 견인할 수 있지만, 이대로 시간이 흘러 인구절벽 시대가 도래하면 한계에 부딪히게 된다. 서울의 부동산 불패가 얼마나 더 갈지 의문이다. 대한민국의 수도인 서울은 최고의 입지를 자랑하지만 동시에 빠르게 늙어가는 도시라는 것을 기억해야 한다. 서울이라고 다 만사형통은 아니라는 뜻이다. 서울 안에서도 좋은 입지를 선별해 투자해야 한다.

　지방은 혁신도시와 광역도시를 중심으로 접근해야 한다. 국가 균형발전을 위해 수도권에서 지방으로 공공기관이 이전됐다. 2013년부터 2018년까지 5년간 혁신도시의 인구는 약 12만 3천 명이 순유입됐는데, 비중으로 살펴보면 혁신도시 주변에서

45.3%가 유입됐고, 타 시·도로부터 55.7%가 유입됐다.

국정기획자문위원회에서 발간한 〈문재인 정부 국정운영 5개년 계획〉에 따르면 이미 조성된 혁신도시 중심으로 신산업 테스트베드(새로운 기술·제품·서비스의 성능 및 효과를 시험할 수 있는 환경 혹은 시스템, 설비)를 구축하고, 기업 유치 등을 통해 혁신 클러스터를 조성할 예정이라 한다. 혁신도시를 지역 신성장 거점으로 육성하고, 산업단지를 활력 넘치는 혁신 공간으로 전환시켜 지역 경제를 살리는 방향으로 나아갈 예정이란 뜻이다. 또한 정부에서는 국가 균형발전을 위해 중앙행정기관을 세종시로 이전하고, 서울과 세종을 잇는 고속도로를 조기 구축할 예정이다. 결국 인구절벽 시대에도 핵심입지는 살아남는 것이다. 정부의 개발계획을 계속해서 눈여겨보며 미래의 부동산 시장을 예측하는 자세가 필요한 연유다.

7. 자산가와 부자는 다르다

"수십억 원의 건물 또는 아파트 100채가 있다면 부자인가?" 이 질문에 대해 부자가 아니라고 답할 수 있는 사람은 많지 않을 것이다. 그것은 수십억 원짜리 건물과 아파트 100채를 보유함으로써 많은 자산을 운용하고 있기 때문이다. 우리는 이런 사람을 '자산가(資産家)'라고 부른다. 여기서 말하는 자산이란 무엇일까? 자산이라는 것은 '자본+부채'를 뜻한다. 즉 자산가란 재산을 많이 가지고 있는 사람을 의미하는데, 부채가 많고 적음에 상관없이 재산이 많은 사람을 말하는 것이다. 그렇다면 '부자(富者)'란 어떤 뜻일까? 부자는 재물이 많아 살림이 넉넉한 사람을 말한다. 얼핏 보기에는 같아 보이지만 다시 잘 생각해보면 분명한 차이가 있음을 알 수 있다.

부자란 재산이 많아 노동 없이도 꾸준히 돈이 나오는 시스템이 있는 사람을 말한다. 즉 경제적 독립을 이룬 사람이다. 대중매체나 부동산 책에 나오는 유명인들은 자신이 50채, 100채 심지어 300채의 집이 있다고 소개하고는 한다. 하지만 과연 이들이 부자일까? 자산이 있다는 걸 부정하는 것이 아니다. 50채, 100채, 300채의 아파트가 있다고 해서 꼭 부자는 아니라는 것을 이야기하고 싶은 것이다. 이러한 경우 대부분 레버리지를 활용한 갭투자의 결과라고 볼 수 있다. 경매를 통해 소액으로 수년 만에 100채의 집을 갖게 됐다면 자산에서 부채가 차지하는 비율은 거의 90% 이상일 것이다. 이는 속 빈 공갈빵과 같다.

1채당 1억 원인 빌라를 9천만 원의 레버리지를 활용해 100채까지 매수했다고 가정해보자. 10억 원으로 100억 원의 자산가가 된 것이다. 그래도 우리는 그들을 100억 원대 자산가라고 말한다. 빌라 100채가 있는 가상의 인물 나백채 씨를 통해 더 자세한 이야기를 들어보자. 나백채 씨는 5년 동안 전국을 돌며 100채를 경매와 공매, 급매를 통해 매수했다. 레버리지를 극대화하기 위해서 제2금융권의 대출을 활용하기도 했다. 담보대출 금리는 연 5~7%로 낮은 편은 아니었지만 월세로 대출금을 상환해도 1채당 10만 원이라는 수익을 얻을 수 있었다. 나백채 씨는 자칭 전문가라서 자기자본이 거의 안 들어가는 갭투자를 활발히 활용했다. 1억 원에 빌라를 매수해서 보증금 2천만 원에 월세 40만 원을 받았다. 1억 원의 80%인 8천만 원은 대출을 받고 남은 2천만 원은 월세 보증금으로 충당했다. 월세 40만 원에서 한 달 대출 이자 33만 원(연 5%)을 제외하면 1채당 월 7만 원의 수익이 발생했다.

'월 7만 원×100채'라는 계산대로라면 700만 원의 수익이 발생하는 구조다. 일반 월급쟁이 월급의 2배 가까이를 버는 것이다. 겉으로는 엄청난 자산가로 보일 수 있다. 그러나 실상은 그렇지 않다. 우선 제2금융권의 대출만 80억 원에 달한다. 그리고 담보대출이 하나가 아니라 100채 다 따로따로 설정되어 있는 것도 문제다. 100채를 전부 한 곳에서 낙찰받은 게 아니기 때문에 은행 업무를 위해 주기적으로 대전, 부산, 창원, 광주, 목포, 서산, 강릉 등 전국을 투어해야 한다. 수첩은 중개인, 임차인, 인테리어업자, 설비업자, 월세금 및 입금일, 대출 상환일 등으로 빼곡할 것이다. 하루만 쉬어도 여기저기서 공실, 하자 처리, 수리 요청, 계약 갱신, 대출 연장 등 크고 작은 문제가 터져 나온다. 무엇보다 가장 큰 문제는 공실이다.

아무리 입지가 좋은 지역도 항상 100채 모두를 임차인으로 채울 수는 없다. 100채 중에서 공실률이 10%, 다시 말해서 10채의 공실이 발생했다고 가정하면 '40만 원×10채'의 손실을 입게 된다. 즉 400만 원의 월세가 안 들어오는데 이자는 매달 330만 원(33만 원×10채)씩 꼬박꼬박 빠져나간다. 100채 모두 임차인이 있을 때만 700만 원의 수익을 얻을 수 있는 것이다. 여기에 공실로 인한 손해와 대출 이자, 관리비, 수리비 등 여러 비용을 제하고, 외부적으로 부동산 규제 강화, 금리 인상까지 닥치면 수익은 마이너스로 곤두박질치게 된다. 금리가 1%만 상승해도 빛 좋은 개살구가 되는 것이다. 물론 레버리지를 활용하는 것도 좋은 투자 방법 중 하나다. 하지만 미국의 금리 인상 기조가 꾸준히 이어지고 있는 상황에서 무분별한 갭투자는 큰 도박이다. 갭투자는 담보대출 규제 강화, 금리 인상 리스크 등을 철저하게 고려해서 준비가 된 다음에 시도해야 한다.

매수한 빌라를 100채씩이나 관리하려면 시간이 없어 멀쩡히 잘 다니던 회사도 그만둘 수밖에 없을 것이다. 그러니 보유한 부동산 개수에 집착하지 말자. 필자는 젊은 시절 한낮 온도가 40도가 넘는 중동 사우디아라비아와 쿠웨이트에서 3년 동안 일을 했었다. 그때 했던 공사가 송유관을 설치하는 작업이었다. 원유는 송유관을 통해서 공장으로 이동하고 정제돼 여러 나라로 수출된다. 송유관이 없다면 석유를 온전히 인력과 운송 장비로 옮겨야만 했을 것이다. 송유관이 생기면서 인력과 운송 장비 없이도 꾸준하게 석유를 수출하고 끊임없이 돈을 벌 수 있게 됐다. 사우디아라비아 왕가가 부유한 이유가 송유관에 있다는 것을 깨달은 순간이었다.

중동의 송유관처럼 우리는 일을 안 해도 돈이 나오는 시스템을 구축하는 것이 최종 목표다. 그것이 필자가 말하는 진정한 경제적 자유다. 그러나 앞에서 설명한 나백채 씨의 빌라 100채 투자법은 일을 해야만 돈이 나오는 시스템이다. 즉 임대업이라는 또다른 직업을 가졌을 뿐이지 부자가 된 것은 아니다. 몇 년 보유하고 매도하면 시세차익이 발생하지 않겠냐고 반문할 수도 있다. 맞다. 시세차익이 발생할 수도 있다. 그러나 빌라는 매수했던 시세대로 팔기 어려운 상품이다. 설사 운이 좋아 가격이 오른다 할지라도 아파트에 비해 미미하다. 이것은 진정한 부자로 가는 길이 아니다. 다시 한 번 말하지만 부자가 목표라면 부동산 개수에 연연하지 말기 바란다.

진정한 부자는
따로 있다

...

그렇다면 진정한 부자가 되기 위해서는 어떻게 해야 할까? 바로 꾸준히 거시적인 관점으로 시장을 바라보며 공부하는 것이다. 부동산 투자는 한 방에 성사되고 한 방에 대박이 나는 요행으로 할 수 없다. 10년 전, 필자에게도 우연히 기회가 찾아왔다. 우연이었을까, 필연이었을까? 건설 회사에 입사해 세종시로 현장 발령을 받았다. 세종시에서 일을 해야 하니 행정중심복합도시라는 그곳이 궁금해졌다. 그래서 2년 동안 세종시를 공부했고, 그렇게 세종시의 기본계획과 개발계획을 달달 외울 정도가 되었을 때 투자해도 된다는 확신을 가졌다. 공부하면 할수록 앞으로 세종시가 더 발전할 것이라는 확신이 생겼다. 그래서 이후 10년 동안 세종시 투자로 많은 기회를 잡을 수 있었다.

그중에서 소액으로 수익을 낸 이야기를 해보려 한다. 다른 부동산 물건 때문에 돈이 필요해서 어쩔 수 없이 청약통장을 해지했던 시점에 있었던 일이다. 다시 청약통장을 개설했지만 6개월이 막 지난 시점이라 청약 1순위 조건을 채울 수 없었다. 하지만 2순위였음에도 불구하고 2012년 봄, 세종시 도담동에 위치한 소형 평형 타입의 아파트를 분양받았다. 당시 전국에서 유일하게 미분양이 없는 도시가 세종시였는데, 2010년 초반에는 미분양이 일부 있었고 분양이 되더라도 낮은 경쟁률로 당첨될 수 있었다. 분양가는 1억 5,300만 원이었다. 중도금 무이자 조건이라서 계약금 1,500만 원만 있으면 분양받을 수 있었고, 이후 매도해 3천만 원의 수익을 얻었다. 종잣돈이 얼마 없었지만 꾸준히 관심을 가지고 시장을 들여다봤기 때문에 얻을 수 있었던 기회였다.

수익이 많고 적음은 의미가 없다. 꾸준히 실패하지 않는 투자를 하는 것이 무엇보다 중요하다. 그러니 지금 당장 부동산에 투자할 돈이 없다고 포기하지 말자. 부동산에 투자할 시기가 아니라고 단정 짓지도 말자. 자기위로와 합리화의 늪에 빠져 기회를 놓쳐버릴 수 있다. 도전하지 않으면 기회가 오지 않듯이 투자할 돈이 없다고 가만히 손을 놓고 있으면 안 된다. 월급쟁이라면 신용대출도 있고, 사내대출도 있으며, 저축담보로도 대출이 가능하다. 또는 전세 레버리지를 활용하는 방법도 있다. 남의 돈을 빌려서 투자하라는 말은 아니다. 돈이 없어 투자하지 못한다는 핑계를 대지 말라는 것이다. 돈이 없어 투자를 못한다는 건 그저 리스크에 대한 두려움을 감추기 위한 거짓말이다. 언제 어떤 부동산에 투자하는 것이 최선인지 항상 확인해야 실제로 기회가 왔을 때 놓치지 않는다는 것을 명심하자.

직장 생활과
투자를 병행하라

월급쟁이의 입장에서 전업 투자자는 부러움의 대상이다. 전업 투자자는 시간제한이 없기 때문에 부동산 물건 분석과 임장, 경매 입찰 등에서 월급쟁이보다 유리한 면이 한두 가지가 아니다. 소속에 얽매일 수밖에 없는 월급쟁이는 당연히 전업 투자자를 따라갈 수 없다. 몇몇 부분만 비교하면 그렇다는 이야기다. 다른 부분까지 종합해 함께 비교해보면 월급쟁이가 부동산 투자자로서 더 유리한 면도 많다. 장점이 있으면 단점이 있듯이 잘 생각해보면 월급쟁이만이 누릴 수 있는 혜택도 더러 있다. 이러한 장단점을 모두 고려하지 않고 당장 전업 투자자가 되겠다는 건 어불성설이다.

월급쟁이 vs.
전업 투자자

...

남의 떡이 더 커 보인다고, 다른 사람이 하는 일은 왠지 쉬워 보이고 좋아 보일 때가 많다. 하지만 전업 투자자의 고충을 살펴보면 실상은 많이 다르니 환상에서 깨어나자. 그럼 월급쟁이가 누릴 수 있는 혜택으로는 무엇이 있을까?

첫 번째, 가장 큰 혜택은 매달 꼬박꼬박 수백만 원의 돈이 통장으로 들어온다는 것이다. 성과가 좋으면 연초나 연말에 덤으로 월급만큼 더 들어오기도 한다. 이런 정기적이고 안정적인 수익의 즐거움은 전업 투자자가 누릴 수 없는 부분이다. 또한 회사마다 차이는 있지만 소소하게 식대를 주거나 식사를 제공해주기도 한다. 복지후생으로 자녀의 등록금(학자금)을 지원해주는 경우도 많아지고 있다. 물론 당연히 회사마다 지원 기준이 다르고 조건도 까다롭다.

두 번째로 규칙적인 시간 관리가 용이하다는 점이다. 보통 9시에 출근해서 오후 6시까지 근무하게 되는데, 이렇게 하루 8시간씩 주 40시간을 일한다고 가정하면 자투리 시간이 많이 남는다. 자기계발 등 여가 시간을 가질 수 있다.

세 번째로 월급쟁이에게는 전업 투자자보다 더 다양한 기회가 주어진다. 흔한 일은 아니지만 업무로 인해 국내외 출장을 가게 되면 겸사겸사 여행도 즐길 수 있다. 출장 수당까지 덤으로 받을 수 있으니 일석이조다. 또한 회사에서 지원을 받아 온라인, 오프라인 강의를 들을 수 있으며, 영어 시험과 자격증 취득도 가능하다. 다양한 경로로 전문 지식을 쌓을 수 있는 것이다. 그리고 회사에는 직장 동료가 있기 때문에 경쟁과 협력을 통해 스스로를 발전시킬 수 있다. 경쟁자가 있어야 자신의 부족한 부분을 찾아 보완할 수 있다.

네 번째 장점은 개인 신용 관리가 용이하고, 직급이 올라가면 대출 조건도 좋아진다는 점이다. 직장인은 일정한 고정 수입이 있기 때문에 신용도가 좋고 신용대출 금리도 프리랜서보다 낮다. 또한 회사마다 사내대출이 있어 저금리로 급전을 빌릴 수도 있다. 반대로 전업 투자자는 무담보대출에 어려움이 많다.

다섯 번째는 회사 사무실을 이용할 수 있다는 점이다. 회사 사무실이라고 해서 무조건 회사 업무만 볼 수 있는 건 아니다. 개인 작업실처럼 이용할 수 있다. 때로는 인터넷 검색이나 계좌 이체, 개인 전화, 자료 복사 등 개인 업무도 볼 수 있다. 물론 이렇게 개인적인 일을 보기 위해서는 공적인 일, 즉 회사 업무에 소홀해서는 안 된다. 사무직은 비가 오나 눈이 오나 사무실을 이용할 수 있다는 장점이 있다.

여섯 번째, 주기적으로 건강검진을 받을 수 있다. 건강이 자산이란 말이 있다. 건강을 잃으면 직장도 자산도 모두 잃게 된다. 건강보험을 포함한 4대 보험도 월급쟁이가 지역가입자보다 저렴하다.

이러한 6가지 장점 외에도 소소한 혜택들이 많다. 그럼에도 불구하고 직장을 그만두고 전업 투자자의 길로 가고 싶은가? 그저 남의 떡이 더 커 보이는 것은 아닌지 곰곰이 생각해보기 바란다. 그렇다고 오롯이 직장 생활에만 충실해야 한다는 것은 아니다. 가장 좋은 방법은 월급쟁이 생활을 유지하면서 부동산 투자를 병행하는 것이다. 부동산 투자는 다른 투자와는 다르게 일과 후에도 자유롭게 할 수 있다. 임장은 주말을 이용하면 되고, 계약도 퇴근 후 저녁에 하거나 주말을 이용하면 된다.

은행처럼 관리하고
기업처럼 투자하라

...

은행은 돈을 빌려주고, 회사는 빌린 돈으로 투자를 한다. 은행은 고객의 예적금을 통해 저렴한 금리로 돈을 빌려왔다가 다시 다른 고객에게 고금리로 빌려준다. 쉽게 말해 1%대의 저금리 예적금으로 돈을 빌려왔다가 5%대의 높은 금리로 대출을 해주는 식이다. 은행이 이자 차익으로 엄청난 이윤을 추구한다고 비난을 받고 있지만 이보다 쉽게 효율적으로 수익을 내는 사업은 없을 것 같다. 확실히 돈 관리는 은행처럼 해야 한다. 잃지 않는 투자는 꾸준히 일정하게 수익을 내는 것이다. 그런 면에서 은행은 잃지 않는 돈 관리를 하고 있는 것이다.

대출은 크게 소비형 대출과 투자형 대출이 있다. 소비는 말 그대로 쓰기 위해서 빌리는 대출을 말하며, 소비형 대출금이 늘어날수록 가계에 안 좋은 영향을 준다. 반대로 투자형 대출은 잘만 이용하면 빌린 돈으로 수익을 내 원금과 이자를 함께 상환해도 돈을 남길 수 있다. 가계에도 좋은 영향을 준다. 기업가도 회사를 운영하면서 투자형 대출을 활용해 공장을 짓고 제품을 생산해 판매한다. 각종 비용을 제외하고 남는 돈이 발생하면 그것이 회사의 이윤이 되는 것이다. 아무리 좋은 아이디어가 있어도 자금이 없으면 실행할 수 없는 일이 있다. 마찬가지로 부동산 투자에서도 아무리 좋은 투자처가 있어도 자금이 없으면 투자할 수 없는 물건이 있다. 그래서 돈을 은행처럼 관리하고 기업처럼 투자해야 한다.

우리가 신용 관리에 애쓰는 이유는 무엇인가? 높은 금리로 저축하려고 하는 것은 아니다. 낮은 금리로 대출을 받기 위해서다. 그런데 기껏 신용 관리를 잘해놓고 투자는 실천하지 않는다. 기업가들처럼 낮은 이자로 빌려서 그 이자보다 더 많이 벌 수 있는 투자처가 있는지 연구해야 한다. 만일 그런 투자처가 있다면 적극 활용해보길 바란다. 쉽게 생각해서 1억 원을 3%의 금리로 대출받았다면 3% 이상의 수익률을 달성하면 되는 것이다.

필자가 소유한 아파트 중에 3천만 원짜리 꼬마 아파트가 있다. 보증금 200만 원에 월세 22만 원을 3년째 받고 있다. 투자금 3천만 원은 3%의 사내대출로 빌렸다. 이자를 제외하고 매달 14만 원의 월세가 통장에 찍힌다. 1년이면 174만 원인 셈이다. 이제 3년이 되었으니 자기자본 없이 500만 원의 순수익이 발생한 것이다. 부동산이 호황일 때 레버리지를 잘 활용하고 관리하면 좋은 수익을 꾸준하게 낼 수 있다. 물론 과도한 대출은 자제할 필요가 있다. 부동산 경기가 침체기에 접어들면 리스크가 커지기 때문이다. 침체기에는 고정금리 대출을 활용한 투자법이 적합하다.

2006년 첫 월급을 받은 날, 필자는 스스로의 신용도가 궁금했다. 그래서 주거래 은행에 방문해 신용등급을 물어봤다. "고객님은 신용카드가 없으시고, 담보대출도 없으시고, 아무런 자료가 없어서 신용등급이 잡히지 않습니다."라는 말을 들었다. 그렇다. 필자는 신용등급이 없었다. 100만 원 한도의 마이너스 통장 개설도 거절당했다. 신용카드를 만들고 실적을 쌓아 6개월 뒤에 방문하라는 답변만 듣고 은행을 나왔던 기억이 있다.

6개월이 지나야 500만 원짜리 마이너스 통장을 개설할 수 있었다. 이후 3천만 원의 종잣돈과 마이너스 통장의 500만 원이 첫 부동산 투자의 씨앗이 됐다. 사회초년생 시절에는 집을 사기 위해 전세 레버리지와 대출 레버리지를 적극 활용했다. 전세 레버리지란 전세를 끼고 아파트를 매수하는 갭투자를 말하는데, 종잣돈이 부족했던 시절에 자산을 불리는 데 크게 일조한 투자법이다. 전세가율이 높으면서 공급이 줄어들어 향후 오를 가능성이 높은 지역은 이렇게 전세를 끼고 투자하는 게 좋다. 철저한 분석으로 좋은 물건을 선별했는데 종잣돈이 부족해 매수하지 못하는 투자자에게 적합한 투자법이다.

부동산 투자는 다른 투자처와 달리 종잣돈이 적게 들어가도 운영자산이 크다. 전세금이 1억 8천만 원인 2억 원의 아파트를 갭투자로 매수하면 실투자금은 2천만 원이지만 2억 원의 부동산을 운영·관리하는 것과 같다. 같은 돈을 다른 투자처에 넣었다면 운영자산은 자기자본인 2천만 원이었을 것이다. 그만큼 레버리지를 잘 활용하면 운영자산이 커져 수익을 극대화시킬 수 있다.

과거가 아니라
미래를 보자

최근 들어 통계자료를 기반으로 부동산 투자 타이밍을 잡는 방법
이 유행하고 있다. 여러 부동산 데이터를 취합하고 비슷한 사이
클을 찾아 매수 타이밍을 예측하는 방법으로, 마치 주식의 다양
한 차트분석법과 유사하다.

이번에는 가상의 인물 나확신 씨로 예를 들겠다. 나확신 씨는
자칭 통계 전문가다. 어느 정도 종잣돈을 모은 그는 알맞은 투자
처를 찾기 위해 천안으로 눈을 돌렸다. 그러던 중 요즘 가장 인기
있는 전용면적 59m²의 'A아파트'가 눈에 들어왔다. 평소에 각종
통계자료를 기반으로 한 투자법에 자신이 있었던 그는 이번에도
과거의 가격 추이선을 분석하기 시작했다.

2011년 8월부터 2014년 7월까지 A아파트 가격 추이

나확신 씨가 인터넷에 올라온 A아파트를 찾은 시기는 2011년 말부터 2012년 말인 ⓐ 시점이다. 2011년 이후 무려 5천만 원이나 급상승한 소형 아파트를 찾아낸 것이다. 매매가격 그래프를 보니 최적의 투자 시점은 1년 전인 2011년이었다. 최고의 매수 타이밍을 놓쳤다는 사실에 그는 매우 아쉬워한다. 그래서 미련을 못 버리고 다음 투자 타이밍이 올 때까지 기다렸다.

그는 과거의 통계자료를 통해 3년 동안 주기적으로 가격이 상승하는 것을 확인할 수 있었다. 나확신 씨는 A아파트가 계단형으로 상승했기 때문에 한 번 더 크게 상승할 것이라고 판단했다. 그래서 나확신 씨는 2013년부터 2014년 상반기까지, 즉 ⓑ 시점에

2014년 8월부터 2018년 7월까지 A아파트 가격 추이

갭투자로 A아파트를 매수한다. 그 사이 전세가격도 급등했다. 그래서 전세 레버리지를 활용해 그동안 모아둔 종잣돈 1억 원과 신용대출 5천만 원으로 A아파트를 매수할 수 있었다. 그리고 가격 추이를 지켜보며 상황이 예상했던 방향으로 흘러가자 즐거워 환호했다. 2014년 상반기까지 A아파트의 가격은 꾸준히 상승한다.

투자 성공을 확신한 나확신 씨는 비슷한 시세 그래프를 보이는 다른 지역의 아파트를 찾게 된다. 그리고 그 아파트까지 추가 매수하기로 결심했다. 앞선 투자로 이미 자신감을 얻었기 때문에 무서울 게 없었다. 이렇게 차트가 유사한 아파트를 선별해 다른 지인들에게도 권유했다. 나확신 씨는 A아파트가 5년 가까이 계

단식으로 꾸준하게 상승했고, 앞으로도 과거와 마찬가지로 오를 것이라 확신했다. 그래서 이렇게 투자한 아파트들에 대한 이야기를 여러 투자자들에게 공유했고, 그는 사람들 사이에서 차트분석 전문가로 인정받게 됐다.

문제는 그때부터였다. ⓑ 시점이 지나고 ⓒ 시점에 접어들자 가격이 하락세로 돌아선 것이다. 끝없이 올라갈 줄 알았던 아파트 가격은 이미 하락선을 타고 있었다. 투자원금과 이자, 세금 등을 생각하니 본전 생각에 손을 뗄 수도 없었다. 그렇게 약 2년이 지났다. ⓓ 시점에 접어들자 가격이 더 빠르게 폭락해 수익은 고사하고 오히려 1채당 수천만 원씩 뱉어내야 하는 상황이 됐다. 이후의 결과는 상상에 맡기겠다.

도시를 알아야
미래를 알 수 있다

...

과거를 분석해서 미래를 예측하는 통찰력이 있다면 그것은 초능력에 가까운 신적인 능력이다. 정말 과거의 가격 추이를 분석해서 미래의 가격을 예측할 수 있을까? 그것이 가능하다면 아마도 빌 게이츠를 능가하는 재벌이 됐을 것이다. 과거에는 미래를 예측할 수 있는 어떤 정보도 없다. 과거는 이미 끝난 것이다. 가격을 움직이는 요소는 공급, 수요, 정책, 도시계획, 인구, 세대수, 개발계획, 금리 등으로, 가격은 이 요소들이 어떻게 조합되는가에 따라서 움직인다. 시간이 흘러 똑같은 일을 반복한다 해도 우리가 다시 젊은 시절로 되돌아갈 수 없는 것처럼 과거의 차트는 큰 의미가 없다. 과거의 차트를 보고 투자를 결정하는 건 후방을 주시하면서 운전하는 것과 같다. 우리의 인생도 지금부터 앞으로 무엇을 어떻게 할 것인가에 따라 달라지지 않는가?

미래를 결정짓는 건 지나쳐온 길이 아니라 앞으로 나아갈 길이다. 과거의 통계자료가 미래를 예측하고 투자를 결정짓는 중요한 요소가 되면 안 된다. 현재의 위치에서 미래에 대한 개발계획을 보고 판단하는 것이 더 중요하다. 그만큼 눈에 보이지 않는 미래를 판단하고 분석하는 것은 결코 쉬운 일이 아니다. 그래서 투자라는 것은 차트만 보고 쉽게 판단해서는 안 되는 것이다.

과거 통계치를 집계한 자료를 보면서 섣부르게 미래를 판단하거나, 그 자료에 큰 의미를 둔다면 오히려 매수 타이밍을 놓칠 수 있다. '과거에도 이 시점에 올랐으니 미래에도 이 시점에는 오를 것이다.' 이런 생각으로 투자를 하면 실패할 확률이 크다. 그렇다면 잃지 않는 투자를 하기 위해서는 향후 전망을 어떻게 예측해야 할까?

부동산 중에 주거시설, 그중에서도 공동주택인 아파트는 주로 도시에 있다. 도시는 사람이 많이 사는 지역을 말한다. 그래서 우리나라의 대표 주거시설인 아파트가 도시에 몰려 있는 것이다. 도시를 알아야 제대로 된 아파트에 투자할 수 있다. 다시 말하면 아파트에 투자한다는 것은 도시에 투자하는 것이고, 아파트에 투자하기 위해서는 투자할 가치가 있고 수익을 낼 수 있는 도시부터 먼저 선별해야 하는 것이다. 도시는 크게 이전부터 사람들이 모여 살아 성숙한 구도시와 개발계획으로 만들어진 신도시로 나뉜다.

구도시는 인프라가 대부분 완성된 상태로 철저하게 공급과 수요에 의해 등락을 반복한다. 인허가, 착공 및 분양물량, 인구 유입, 세대수 증가를 중심으로 분석하면 투자 타이밍을 잡기가 수월하다. 신도시는 구도시 분석에 필요한 인허가, 착공 및 분양, 인구 유입, 세대수뿐만 아니라 개발계획 진행 여부까지 함께 봐야 한다. 그래서 신도시 투자가 위험하고 어려운 것이다. 신도시는 '계획적으로 개발된 새로운 도시 주거지'를 포괄적으로 지칭하는데, 대표적으로는 '위성도시(satellite town)'와 '침상도시(bed town)'처럼 모도시에 의존적인 형태가 있다. 위성도시는 도심의 과밀 인구와 과도하게 밀집한 각종 시설을 분산시키기 위해 건설된 신도시이며, 침상도시는 주택 지역이 특화된 신도시를 말한다. 이들 외에도 대도시 인접 지역에 계획적으로 개발한 '확장도시(expanding town)' 등도 신도시에 포함된다.

넓은 개념에서 신도시는 '새로이 개발된 독립된 도시'를 뜻한다. 하지만 좁은 의미의 신도시는 대도시에 대항해서 새로운 지역 거점으로 개발하려는 '지역 거점 도시(regional growth center)'만을 뜻한다. 지역 거점 도시는 대도시 주변의 계획 도시 가운데 기존의 도시들과 공간적으로나 사회·경제적으로 독립성을 유지하는 자족형 도시를 의미한다. 그렇다면 우리나라의 신도시는 어디에 있을까? 수도권을 중심으로 개발 중인 신도시는 파주 운정신도시, 김포 한강신도시, 평택 고덕신도시, 화성 동탄2신도시, 양주 옥정신도시, 남양주 별내신도시, 시흥 군자배곧신도시, 송파 위례신도시, 인천 검단신도시, 천안 아산배방신도시 등이 있다. 지방에도 세종시를 비롯한 다양한 기업도시와 혁신도시가 있어 눈여겨봐야 한다.

앞서 부동산, 그중에서도 아파트에 투자하기 위해서는 도시부터 먼저 알아야 한다고 했다. 그렇다면 신도시는 어떤 방식으로 접근해야 할까? 우선 신도시의 형성 과정을 알아야 투자가 가능하다. 신도시는 아무것도 없는 무(無)에서 유(有)를 창조하는 것으로, 건물을 지어 인간이 거주할 수 있는 새로운 공간을 만드는 것이다. 여기서 '무'는 주거 공간이나 인프라가 없다는 것을 의미한다. 하지만 개발계획에 따라 점차 '유'로 바뀌면서 사람이 살 수 있는 장소로 탈바꿈하게 되고, 인프라가 구축돼 시설물들이 갖춰지면 주거시설 역시 쾌적해진다. 불과 몇 년 전에는 먼지 날리는 공사판이었지만, 도시가 성숙기에 접어들면서 불편함이 하나씩 해소되고 사람들이 전입하면서 살기 좋은 행복한 도시로 성장하는 것이다.

이때 부동산 가격은 거주민들의 불편함이 해소될 때마다 큰 폭으로 상승한다. 신도시에서 인프라와 시설물은 부동산 가격에 지대한 영향을 미치는 요소이므로 이것을 우리는 호재라고 부른다.

투자자는 호재의 가치에 따라서 아파트 매수를 결정하며, 실수요자는 편리함을 보고 아파트 매수를 결정한다. 그래서 항상 투자자가 실수요자보다 한 발 빠른 것이다. 신도시 개발 초기에 투자자들이 호재를 보고 먼저 매수해 선점하고, 그 뒤에 실수요자가 시장에 진입하기 때문이다.

호재는 부동산 가격을 올리기도 내리기도 한다. 호재가 지연되거나 좌초되면 악재가 돼 시세 하락의 원인이 되므로 리스크가 된다. 즉 큰 수익을 원하는 투자자는 시작부터 리스크를 안고 매수하지만 실수요자는 리스크가 해결될 때 매수하려는 심리가 강하다. 투자자는 리스크가 곧 수익이라고 생각한다. 이러한 이유로 신도시는 구도시보다 가격이 더 크게 등락하는 현상을 보인다. 구도시는 이미 인프라가 형성되어 있기 때문에 공급과 수요에 따라서 가격이 움직인다. 하지만 신도시는 공급과 수요, 호재가 함께 움직이기 때문에 가격 형성이 조금 더 복잡하다. 복잡한만큼 가격을 예측하는 것도 상당히 어렵다.

개발이 완료되고 성숙기에 접어들면 투자자층에서 실수요자층으로 손바꿈이 이뤄진다. 이 과정에서 높은 가격에 매도하려는 투자자와 낮은 가격에 매수하려는 수요자 사이에 종종 힘겨루기가 생기는데, 항상 손해 보는 쪽은 실수요자 측이다. 사업 지연은 인구 유입 속도를 늦추고 아파트 분양을 저조하게 만들어 미분양 적체와 기존 주택의 가격 하락으로 이어진다. 이때 보통 부동산 거품(버블)이 언급되고는 하는데, 그래서 버블 논쟁은 구도시보다 신도시에서 자주 등장한다.

신도시를 구성하는 요소는 인프라와 시설물이다. 인프라는 '인프라스트럭처(infrastructure)'에서 나온 말로 사회기반시설을 뜻하며, 동력·에너지 관계시설, 도로·수로·공항·항만·전신·전화 등의 교통·통신시설, 상하수도·관개·배수시설 등을 포함한다. 그리고 학교·박물관 등의 교육·문화시설, 보건·의료·복지 등의 모든 시설을 통칭한다. 시설물은 공공시설물, 체육시설물, 교통시설물 등이 있으며 이러한 구조물들이 사람들이 삶을 편리하게 영위할 수 있게 돕는다. 즉 인프라와 시설물이 제대로 갖춰줘야 살기 좋은 도시가 완성되는 것이다.

서두에서 이야기했듯이 신도시에 인프라와 시설물이 들어선다는 소식은 모두가 호재이며, 호재가 모이고 모여서 부동산 가격을 형성하고 상승시키는 요소로 작용하는 것이다. 부동산 시장의 등락을 예측하기 위해서는 과거가 아닌 미래가 중요하다. 과거는 의미가 없다. 오로지 호재가 어떻게 진행되는지에 초점을 맞춰 시장을 분석하고 예측해야 한다. 호재의 향방에 따라 부동산의 가치와 가격이 결정되며, 여기에 공급량 등 다른 변수가 더해져 더 상승하기도 하고 하락하기도 하는 것이다. 과거의 가격 추이를 나타내는 통계자료는 아무리 들여다봐도 소용이 없다. 호재는 미래 요소라서 답은 개발계획에서 찾아야 한다. 그러니 통계자료에 큰 관심을 두지 말자. 과거의 가격은 하등 중요하지 않다. 과거와 현재의 가격 차이는 먼저 움직인 투자자들의 몫이다. 과거와 현재가 아닌 현재와 미래의 가격 차이가 본인의 수익이라는 점을 잊지 말자.

성공적인 투자를 위해서는 서로 다른 여러 측면을 동시에 신중하게 살펴야 한다. 어느 하나라도 놓치거나 빠지면 미래의 가격을 예측할 수 없다. 벽돌 하나하나가 쌓여서 튼튼한 벽이 되고 건물이 완성되듯이 미래가치를 결정짓는 요소 하나하나를 종합하면 성공적인 판단이 가능해진다. 투자는 확률적 사고로 접근해야 하는데, 그 성공 확률을 높이기 위해서는 심도 있는 판단이 필요하다.

유연하고 선제적인
투자 전략이 필요하다

...

투자는 실수가 발생하고 변수가 많다는 점에서 수학보다는 예술에 가깝다. 정량적 지표로 값이 나오고 그 값으로 투자한다면 필승 전략이겠지만 현실은 녹록지 않다. 특히 부동산 투자는 변수가 많기 때문에 좀 더 유연하고 선제적인 투자 전략이 필요하다. 변수와 호재가 가늠이 된다면 남보다 한발 앞서 빨리 움직여야 한다.

과거에 효과적이었던 투자 전략일지라도 매번 통하지는 않는다. 경우에 따라서 유효할 뿐 무조건 성공하는 필승 전략은 없다. 그 이유는 부동산의 외부 환경은 늘 통용되는 절대적인 규칙이 없고, 변수 역시 매번 변하기 때문이다. 그래서 과거에 투자로 큰 성공을 거두었다고 해도 늘 공부하는 자세를 잃지 말아야 한다. 부동산 가격을 움직이는 변수는 공급, 수요, 정책, 도시계획, 인구, 세대수, 개발계획, 금리, 멸실주택의 수, 투자자 심리 등 셀 수 없이 많다. 그 변수가 얽히고설켜 수시로 변하기 때문에 똑같은 상황이 반복되는 일은 드물다. 한 가지 투자 전략이 한동안은 유효했을 수도 있지만 다수의 대중이 그 전략을 따라가면 실효성이 떨어지게 되고, 이윽고 새로운 투자 전략이 필요해진다. 한동안 전세가율이 높은 지역을 중심으로 인기를 끌었던 갭투자가 대표적인 예다. 그 방법이 미래에도 변함없이 유효한 투자방법이라고 생각하지 말기 바란다.

투자에서 속된 말로 '평타'라는 말이 있다. 평균적인 수익률을 얻고자 할 때 "평타라도 하자."라고 이야기한다. 평타는 누구나 할 수 있으며, 평타를 성공적인 투자라고 말하지는 않는다. 부자가 되기를 원하는 투자자는 그 이상을 원한다. 평균치보다 높은 수익률, 즉 다른 투자자보다 더 높은 수익을 내는 것만을 성공한 투자라고 생각한다. 이러한 성공적인 투자를 위해서는 다른 투자자에게 없는 무엇인가가 더 필요하다. 그것은 운이 될 수도 있고, 시장을 바라보는 탁월한 통찰력이 될 수도 있다.

결국 투자자들은 서로 경쟁을 할 수밖에 없다. 그중에서 누군가는 승자가 되고 누군가는 패자가 된다. 당연한 이야기지만 남보다 한발 앞선 사람이 승자가 될 것이다. 남보다 더 많이 공부했거나, 체력이 좋아 발품을 더 많이 팔거나, 더 좋은 투자 스킬이 있다면 평균치의 수익률은 올릴 수 있다. 하지만 평균치를 넘어선 수익을 얻기 위해서는 뛰어난 통찰력이 필요하다. 평균 이상의 수익을 지속적으로 올리기 위해서는 통찰력, 직관, 가치에 대한 감각, 투자자들의 심리를 파악하는 능력 등이 있어야 한다. 그리고 누구나 후천적 노력을 통해 이러한 능력들을 익힐 수 있다. 옳은 판단을 하는 것은 성공적인 투자를 위한 필요조건이지 충분조건이 아니다. 다른 투자자들보다 더 적절한 판단, 즉 남과 '다르게' 생각해야 한다. 남과 다르게 생각하지 않는다면 결코 '평타의 늪'에서 벗어날 수 없을 것이다.

2장

월급쟁이를 위한
부동산 투자의 첫걸음

수익을 만드는
투자 사이클

앞서 월급쟁이에게 왜 저축 이후에 투자가 필요한지, 그리고 성공적인 투자를 위해선 어떤 마인드가 필요한지에 대해 알아보았다. 이번에는 '투자 사이클'에 대해 이야기해보려고 한다. 투자는 일회성으로 끝나기보다 반복적으로 꾸준하게 이어지는 경우가 많다. 한 번 사는 인생이라 생각해 과감하게 움직일 수도 있지만 그렇게 투자하기에는 리스크가 너무 크다. 리스크를 낮추고 성공적인 투자를 이어나가기 위해서는 투자 사이클을 이해할 필요가 있다. 그래야 체계적이고 외부의 영향에도 흔들림 없는 자신만의 기준을 세울 수 있다.

큰 틀에서 투자 사이클은 4단계로 '준비', '계획', '실천', '수익' 순으로 볼 수 있다. 이 중 첫 단추를 채우기가 가장 어렵다. '준비'는 종잣돈을 모으는 과정, '계획'은 투자를 공부하는 과정, '실천'은 물건을 매수하는 과정, '수익'은 물건을 매도해 돈을 버는 과정이다. '수익'의 과정이 끝나면 다시 '준비'로 돌아가 다음 투자를 대비한다.

이해하기 쉽게 종잣돈을 모으는 준비는 다이어트, 실천 이후의 과정은 농사라고 생각해보자. 농부가 농사를 짓기 위해서는 종자(씨), 토양, 농기구, 물, 비료 등 많은 조건이 필요하다. 우리 몸에 필요한 3대 영양소가 있듯이 농사에서도 3대 필요조건이 있는데 종자와 토지, 물이다. 이를 부동산 투자에 대입하면 종자는 돈, 토지는 지역, 물은 공부인 셈이다.

종잣돈은 투자를 하기 위한 최소한의 자본을 말한다. 요즘 같은 저금리 시대에 저축은 큰 의미가 없다. 투자 없이 저축만 한다는 건 원금을 보전만 하겠다는 뜻이다. 아니, 물가상승률을 고려하면 오히려 손해를 보고 있는 것이다. 그렇기 때문에 저축만 하는 것은 재테크라 할 수 없다. 그 자본을 어떤 일이나 사업에 투입하고 노력과 시간을 쏟아서 수익을 창출해야 하는데, 이때 필요한 것이 투자다.

자신만의
투자 기준을 세워라

...

투자를 농사에 비유한 이유는 투자를 하는 과정이 농사를 짓는 과정과 유사한 점이 많기 때문이다. 2006년 말, 첫 투자 후 필자는 부동산 공부와 직장 생활을 병행했다. 그 기간 동안 필자에게는 따로 투자 멘토가 없었다. 그렇기에 투자 과정에서 흔들릴 때마다 스스로를 잡아줄 투자 기준이 필요했다. 이때 어린 시절 시골에서 경험했던 농사가 투자 기준을 세우는 데 큰 도움이 됐다. 이렇게 세운 투자 기준이 내비게이션이 돼 흔들림 없이 스스로를 믿고 투자를 해나갈 수 있었다. 물론 내비게이션이 항상 옳은 길을 안내해준 것은 아니었다. 성공이 있기 전에 실패도 있었다. 하지만 투자방법, 투자처를 알려준 멘토가 없었기 때문에 원망할 대상도 없었다. 그렇다고 자책하지도 않았다. 실패하게 되면 스스로 반성하고 교훈으로 삼았다. 그리고 내비게이션을 업데이트했

| 재테크 사이클

푼돈   저축   종잣돈   씨 뿌리기   재배   수확   거래   수익 창출   저축 및 소비

저축 과정   투자 과정

다. 비록 성공에 다다를 때까지 많은 시간이 소요됐지만, 지금은 그 누구보다 정확하고 확고한 투자 기준을 갖게 됐다.

농부가 파종할 종자를 아무리 많이 갖고 있어도 자연적으로 수익이 창출되지 않듯이 종잣돈이 많다고 저절로 부자가 되지는 않는다. 하나를 심어도 제대로 심어야 하고, 투자처를 자식 키우듯이 관리해야 비로소 수익을 창출해낼 수 있는 것이다.

재테크란 보유 자금을 효율적으로 운용해 최대 이익을 창출하는 방법을 의미한다. 이 관점에서 본다면 푼돈을 모아 종잣돈을 만들고 투자를 하는 일련의 과정 전체를 재테크라 볼 수 있다. 앞서 기본적인 투자 사이클을 '준비', '계획', '실천', '수익'의 순환이라 설명했는데, 이를 농사와 연관 지어 조금 더 자세히 살펴보겠다. 필자는 재테크 사이클을 '푼돈', '저축', '종잣돈', '씨 뿌리기', '재배', '수확', '거래', '수익 창출', '저축 및 소비' 순이라고

생각한다. 이 모든 과정을 재테크 사이클이라고 정의하고 싶다.

저축으로 종잣돈을 만들면 투자를 해야 한다. 그다음은 씨 뿌리기의 과정이다. 투자를 위한 씨, 즉 종잣돈은 주식, 펀드, 채권, 부동산 등 여러 투자처로 퍼져나갈 수 있다. 직장인에게 가장 좋은 씨는 무엇일까? 앞서 이야기했듯이 바로 부동산이다. 씨 뿌리기는 혼자서도 할 수 있지만 가족, 지인, 친구와 함께한다면 더 즐겁다. 가족, 지인, 친구와 함께하는 게 여의치 않다면 인터넷을 이용하는 것을 추천한다. 이전에는 투자를 주로 혼자 하는 경우가 많았는데, 최근에는 첫 공부, 첫 투자를 온라인 공간(블로그, 카페 등)에서 만난 사람들과 함께하는 경우도 많다.

씨 뿌리기 이후 재배와 수확, 거래를 거쳐 수익금이 창출되면 이를 다시 부동산 씨를 구매하기 위한 밑천으로 삼으면 된다. 이러한 과정을 계속해서 반복하면 삶이 윤택해질 것이다. 일련의 재테크 사이클이 건강하게 반복되면 말 그대로 돈이 돈을 버는 부의 시스템이 구축된다.

투자에만 사이클이 있는 것이 아니다. 부동산 시장에도 사이클, 즉 흐름이 있다. 수요보다 공급이 많으면 가격은 내려가고, 수요보다 공급이 적으면 가격은 올라간다. 간과하는 이들도 많지만 이는 누구나 알고 있는 경제상식이다. 모든 일과 행동은 상식에서 시작하고, 결코 상식 수준에서 벗어나지 않는다. 상식의 틀 안에서 부동산 시장의 흐름을 읽어야 한다.

흐름을 이해하면
답이 보인다

...

가파르게 경제가 성장했던 과거에는 높은 물가상승률과 함께 부동산 시장도 떨어지지 않고 성장만 했었다. 그러나 1997년 IMF 구제 금융 사태와 2008년 금융위기를 겪으면서 지금의 우리나라 부동산 시장이 어떻게 변했는지 살펴봐야 한다. 2009년 전후로 서울과 수도권의 아파트 가격 폭락이 이어지면서 '부동산 불패'의 신화가 깨졌다. 시장이 폭락하자 많은 부동산 투자자들 역시 큰 손실을 입었다. 하지만 같은 기간 지방의 아파트 가격은 대폭 상승하기도 하면서 국지적으로 오르내리는 모습을 보였다.

실거주가 목적이면 직주근접성과 편의시설이 잘 갖춰진 지역, 즉 입지를 최우선 순위로 고려한다. 시세차익을 목적으로 하는 투자자와 달리 실거주가 목적인 이들은 가격 변동에 대한 관심이 덜하고 주거성을 우선시한다. 그러나 시세차익이 목적인 투자자는 굳이 입지를 최우선 순위로 고려하지 않는다. 유명한 투자서를 살펴보면 백이면 백 모든 저자가 부동산은 입지가 제일 중요하다고 말한다. 결론부터 먼저 말하면 반은 맞고 반은 틀리다. 물론 입지가 중요하지 않다는 말은 절대 아니다.

입지는 서울이 가장 좋고 후순위로 수도권, 광역시를 따라올 곳이 없다고 한다. 그런데 우리는 2009년 이후 4년 동안 서울과 수도권의 부동산 폭락장을 몸소 겪었다. 이는 오직 입지만이 가격

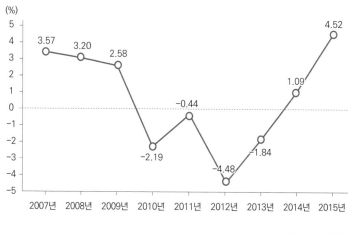

| 서울 아파트 매매가격 상승률 추이

(%)

자료: KB국민은행

을 움직이는 것이 아니라 다른 요소도 있다는 뜻이다. 그래서 실입주가 목적이 아닌 이상 입지 하나만을 우선순위에 두고 접근해서는 안 된다. 그보다 더 중요한 것은 부동산의 흐름을 잘 타고, 흐름이 바뀔 때마다 눈치 빠르게 남보다 먼저 대처하는 자세다. 대응이 빠르면 빠를수록 수익도 커지는 무한 경제 자유시장이라 보면 된다.

부동산 시장은 정부 정책, 도시계획, 세계 경제, 신규 물량과 멸실주택의 수, 대선·총선 공략, 국토개발계획, 인구 증감 및 이동, 세대수 등 수없이 많은 여러 요소가 복합적으로 작용해 이뤄진다. 이러한 변수들이 모여 부동산 시장을 형성하고 흐름을 바꾸는 것이다. 그렇다면 부동산 시장이 동시다발적으로 상승하지 않고 국지적으로 움직이는 건 무엇 때문일까? 부동산을 거래하는 집단은 크게 투자 집단과 실사용자 집단으로 구분할 수 있다. 투자 집단은 저금리를 무기로 레버리지를 활용해 국지적으로 움직이면서 시세차익을 노린다. 그들이 전국 곳곳에서 부동산을 사고팔기 때문에 일시적인 공급과 수요의 불균형이 생기는 것이다. 마치 소설 「허생전」에 나오는 매점매석과 유사한 방식으로 부동산 시장을 교란에 빠트린다. 실수요자 집단은 이후 뒤늦게 투자 집단의 움직임을 대중매체를 통해 알게 되고, 후발 주자가 돼 부동산 시장에 접근한다. 정부는 뒤늦게 부동산 정책을 내놓지만 뒷북 정책일 따름이다. 그래서 부동산 시장은 끊임없이 상승과 하락을 반복하는 단순한 사이클을 보인다.

대한민국에서 대표적인 부동산 상품은 아파트인데, 아파트 시장은 정부 정책, 건설사, 투기 세력이 함께 만들어낸 작품이다. 그중에서 정부의 부동산 정책에 가장 발 빠르게 대응하는 세력이 투기세력이다. 이들은 한 곳에 레버리지 자금을 집중 투하해 가격을 끌어올리는 황소개구리다. 이후 어느 정도 투자 세력이 달라붙기 시작하면 실수요자 세력이 가세를 한다. 정부는 꼭짓점에 다다르면 부동산 규제정책 강화 등으로 압력을 가하기 시작한다. 하지만 투기 세력은 아파트를 거주 목적으로 생각하지 않기 때문에 규제가 잘 통하지 않는다. 그래서 부동산 시장에서 가장 피해를 보는 것은 오로지 내집마련을 위해 아등바등 살아가는 실수요자들이다. 이런 일련의 사이클을 잘 파악하고 부동산 시장에 접근하면 흐름을 읽을 수 있게 된다. 지역마다 사이클의 단계가 모두 다르기 때문에 관심 지역이 어느 단계에 접어들었는지 살펴보는 게 중요하다. 그런 식으로 투자 타이밍을 잡는다면 적어도 실패하지 않는 투자를 할 수 있다.

목표 수익률보다
목표 수익금이 중요하다
...

투자금이 적으면서 수익률과 수익금이 높다면 좋을 것이다. 하지만 대출을 이용해 투자할 때 수익률과 수익금을 동시에 높이는 방법은 없다. 대출금을 어느 정도의 비율로 활용하는가에 따라 수익률은 고무줄처럼 늘어나고 줄어든다. 대출이 늘어날수록 수익금은 줄어들지만 수익률은 비례적으로 증가하게 된다. 그래서 레버리지 효과, 즉 대출을 이용해 수익을 낼 때는 수익률이 큰 의미가 없다.

최대의 수익을 올릴 수 있는 조건(레버리지 효과가 없는 조건)에서 수익률을 따져봐야 한다. 무조건 수익률을 투자의 기준으로 삼으면 안 되는 것이다. 투자금을 적게 투입하면 수익률은 당연히 상승한다. 그래서 수익률은 그저 숫자 장난에 불과하다. 수익률의 눈속임에 속지 말아야 한다. 수익형 부동산을 분양할 때 보통 아둔한 투자자들은 높은 수익률에 현혹되고는 한다. 대출비율을 최대로 증가시켜 레버리지 효과를 극대화하면 당연히 수익률은 높

아질 수밖에 없다. 그러나 확정된 수익률을 보장하는 저축과 달리 투자는 필연적으로 리스크가 수반된다. 어떤 변수가 발생할지 모르기 때문이다. 그래서 불확실성이 커질수록, 즉 큰 수익이 나거나 큰 손실이 발생할 가능성이 높을수록 리스크가 큰 투자가 된다. 대출이 많아지면 수익률이야 높아지겠지만 그만큼 리스크도 함께 치솟는다는 것이다. 이를 간과하면 큰 화를 입을 수 있다.

지나친 레버리지는
독이 된다
...

총 투자액에서 자기자본을 줄이면 투자 레버리지는 상승한다. 하지만 부채는 많이 사용하면 사용할수록 독이 될 수 있다. 부채로 자금을 조달하는 기업을 떠올리면 이해하기 쉬울 것이다. 부채를 끌어모아 사업을 하면 경제 상승기에는 효과를 톡톡히 볼 수 있다. 그러나 경제가 하락할 때는 상장폐지와 워크아웃(기업의 재무구조를 개선하는 작업) 등 회사가 존폐 위기에 몰릴 수도 있다.

부동산 투자에서도 레버리지를 자주 활용하고는 한다. 앞서 철저한 공부와 분석이 선행되어야 한다는 전제가 있었지만 갭투자가 종잣돈이 부족한 투자자에게 좋은 투자법이라 이야기한 바 있다. 전세를 끼고 아파트를 매입하는 전세 레버리지 투자 등이 대표적이다. 예를 들어 5억 원인 아파트를 4억 원의 전세를 끼고 자기자본 1억 원에 매입했다면 전세 레버리지는 5배(500%)가 된다. 2년 뒤 운 좋게 1억 원 상승해 6억 원이 되면 자기자본 1억 원에 대한 수익률은 100%로 치솟을 것이다. 하지만 집값이 하락하면 어떻게 될까? 20% 하락해 4억 원이 되면 수익률은 -100%가 돼 집값이 전셋값과 동일하게 된다. 기타 비용까지 포함하면 원금 전액을 손실하게 되는 '깡통 전세'로 전락하는 것이다. 이처럼 레버리지로 이익을 극대화할 수 있지만 그만큼 손해도 극대화될 수 있기 때문에 양날의 칼인 셈이다.

부동산에 처음 투자할 때는 간이 작아 보통 조심스럽게 레버리지를 사용한다. 하지만 기대 이상의 수익을 내기 시작하면 점차 자신의 능력을 과신해 과감하게 레버리지를 활용하게 되는데, 이렇게 지나친 욕심에 남의 돈을 끌어서 쓰게 되면 큰 화를 입을 수 있다. 우리는 1997년 IMF 구제 금융 사태와 2008년 금융위기 때 잘나가던 기업과 개인 사업가들이 하루아침에 망하고, 도심의 빌딩들이 헐값에 외국에 팔리는 것을 목격했다. 모두가 지나친 레버리지로 사업을 했기 때문이다. 주식 투자에 무리하게 심취한 사람은 보통 자기자본은 물론이고 신용거래와 대출까지 쏟아부어 투자액을 늘리고는 한다. 그러나 경제 상황이 항상 좋을 수는 없다. 하락장에서는 어느 정도 버텨줘야 하는데 그 시기를 이기지 못하는 것이다.

그래서 부동산 투자자도 주식 투자자도 성공에 심취한 그 시기가 가장 위험하다. 투자는 한 번에 큰 수익을 내서 끝내는 것이 아니라 잃지 않고 꾸준히 이어나가는 것이다. 그렇다면 굳이 지나친 레버리지를 사용할 이유가 없다. 본인 스스로가 감내할 수 있는 수준 내에서 적절하게 레버리지를 사용하는 것이 가장 좋다.

습관을 고치고
종잣돈을 모아라

필자는 지독할 정도로 돈을 절약하는 습관이 있다. 아무래도 부모님의 영향을 제일 많이 받았을 것이다. 어머니는 시골에서 여섯 남매를 키우시느라 늘 돈이 없으셨다. 그래도 꼬박꼬박 필자에게 1천 원씩 저축하라며 용돈을 주셨다. 그 돈의 가치를 알기에 함부로 쓸 수 없었다. 버스비가 아까워 학교에서 초등학교까지 왕복으로 6km나 되는 거리를 눈이 오나 비가 오나 매일 걸어 다녔다. 비가 많이 내리는 날에는 양말이 다 젖어서 복도에 발자국이 남아 부끄러워했던 기억이 난다.

지금도 이런 상을 주는지 모르겠지만 필자는 초등학교 졸업식 때 저축상을 받았다. 6년 동안 고작 10만 원을 저금했는데 말이다. 참 의아했다. 한참을 잊고 지내다가 스승의 날 때 담임선생님을 만나 "고작 10만 원 저축했을 뿐인데 왜 제가 저축상을 받았는지 모르겠습니다."라는 말을 농담 삼아 꺼낸 적이 있다. 선생님은 그때 "얼마를 모았는지가 중요한 게 아니라 얼마나 꾸준히 모으는가가 중요하다."라고 이야기하셨다.

그렇다. 저축을 많이 해서 상을 받은 게 아니었다. 졸업하는 동안 한 번도 빠짐없이 저축해서 상을 받은 것이다. 그때 생긴 저축 습관이 지금의 돈 관리 마인드를 만들었다. 금액이 문제가 아니라 습관이 중요하다. 속담 중에 "티끌 모아 태산"이라는 말이 있다. 티끌을 우습게 보지 말아야 한다. 태생이 부자가 아닌 이상 티끌부터 시작해야 하는 것이 순리다. 그런데 그 과정을 생략하고 막연하게 부자가 되고 싶다는 생각만 해서는 안 된다. 한두 푼씩 모아서 작은 종잣돈을 만들고 이렇게 돈 모으는 과정을 끊임없이 반복해 행복과 성취감을 느껴보자. '습관을 고치고 종잣돈을 모아라'라고 제목을 붙인 이유는 돈 모으는 습관이 부동산 투자의 첫걸음이기 때문이다.

종잣돈을 모으는
7가지 방법
...

종잣돈을 모으는 데만 주안점을 두라는 이야기는 아니다. 애써 모은 종잣돈을 썩히지 말고 적극적으로 투자에 활용해야 한다.

어린 시절에는 돈만 잘 모으면 부자가 된다고 생각했다. 어머니에게 그렇게 배웠기 때문이다. 하지만 저축만으로 부자가 될 수 없다는 것을 사회에 나와 첫 월급을 받고 나서야 깨달았다. 종잣돈을 많이 모으는 것도 중요하지만 시의적절하게 잘 투자하는 것도 중요하다. 이러한 점을 명심하면서 종잣돈을 효율적으로 모으는 방법에 대해 알아보자.

1. 적금 풍차 돌리기

사회초년생이 종잣돈을 가장 빨리 모을 수 있는 방법은 '적금 풍차 돌리기'다. 해보지 않은 사람은 적금 풍차 돌리기를 회의적으로 생각한다. '이자가 몇 푼이나 된다고 그래?', '통장 하나 관리하기도 어려운데 매달 1개씩 통장을 늘리라고?', '1년이면 통장이 12개인데 어떻게 관리하란 말이야?' 등 부정적인 시선도 다양하다. 너무 복잡하고 번거로워 구시대적인 재테크 방식이라 치부하는 이들도 많다. 하지만 적금 풍차 돌리기는 저축 이상의 역할을 하는 유의미한 방식이다. 저축하는 습관과 돈 관리하는 기술을 자연스럽게 배울 수 있기 때문이다. 이자가 적다고 무시하지 말고 꼭 한번 시도해보기 바란다.

　적금 풍차 돌리기는 강제로 종잣돈을 모으는 방식이다. 이자가 적다고 푸념해서는 안 된다. 저축 개념이지 투자가 아니기 때문이다. 적금 풍차 돌리기는 최대한 돈을 아껴서 모으는 것이고, 몇 푼 안 되는 이자는 그저 부수적인 덤이라고 생각하면 된다. 현

| 적금 풍차 돌리기 예시

구분	적금 1	적금 2	적금 3	적금 4	적금 5	적금 6	적금 7	적금 8	적금 9	적금 10	적금 11	적금 12
1월	10만원	10만원	10만원	10만원	10만원	10만원	10만원	10만원	10만원	10만원	10만원	10만원
2월		10만원	10만원	10만원	10만원	10만원	10만원	10만원	10만원	10만원	10만원	10만원
3월			10만원	10만원	10만원	10만원	10만원	10만원	10만원	10만원	10만원	10만원
4월				10만원	10만원	10만원	10만원	10만원	10만원	10만원	10만원	10만원
5월					10만원	10만원	10만원	10만원	10만원	10만원	10만원	10만원
6월						10만원	10만원	10만원	10만원	10만원	10만원	10만원
7월							10만원	10만원	10만원	10만원	10만원	10만원
8월								10만원	10만원	10만원	10만원	10만원
9월									10만원	10만원	10만원	10만원
10월										10만원	10만원	10만원
11월											10만원	10만원
12월												10만원
월계	10만원	20만원	30만원	40만원	50만원	60만원	70만원	80만원	90만원	100만원	110만원	120만원
합계	10만원	30만원	60만원	100만원	150만원	210만원	280만원	360만원	450만원	550만원	660만원	780만원

재 은행 금리는 1~2%대다. 월 10만 원씩 적금으로 풍차 돌리기를 해서 얻을 수 있는 이자 수익은 1만 원대에 불과하다. 1만 원을 벌기 위해서 풍차 돌리기를 하라는 것이 아니다. 불필요한 지출을 막아 목돈을 만드는 데 진짜 목적이 있다. 적금 풍차 돌리기를 통해 소액이라도 그만큼 안 쓰고 묶어둘 수 있는 것이다. 적금 풍차 돌리기를 비난하기 전에 저축과 투자의 개념부터 이해하길 바란다.

필자도 사회초년생 때 적금 풍차 돌리기로 종잣돈을 꽤 모았다. 1년에 12개 통장을 만든 것은 아니었고 자금 상황에 따라 격월과 분기별로 신규 통장을 만들었다. 월 납입금도 상이했다. 그러나 원칙인 목표 금액과 기간은 설정돼 있었다.

기본 원리는 매달 1년 만기에 새로운 적금 상품에 가입하는 것이다. 그렇게 1년을 기준으로 12개의 통장을 개설한다. 통장의 개수와 금액은 중요하지 않다. 본인의 재무 상황을 고려해 목표 금액과 기간을 설정하면 된다. 그렇게 1년이 지나면 매달 만기 통장의 기쁨을 맛볼 수 있다. 이런 소소한 결실이 반복되면 저축에 재미를 붙이게 된다. 한 번에 고액의 장기 적금에 가입하면 중도에 해약해야 할 때 이자 등의 손실이 발생한다. 그러면 종잣돈 모으기를 금세 포기할 수 있다. 적금 풍차 돌리기는 소액으로 돈을 쪼개서 저축하는 방식이므로 전부 다 해약하지 않고 필요한 자금만큼 해약할 수 있다. 매달 만기 적금을 찾는 즐거움은 덤이다.

2. 돈줄 새는 구멍 막기

종잣돈 만들기의 기본은 줄줄 새는 푼돈부터 막는 것이다. 부자들의 돈 관리 방법에 대해 생각해보자. 일반인이나 부자나 모두 큰돈은 잘 아낀다. 그러나 푼돈에 대해서는 차이가 있다고 본다. 보통 일반인은 잔돈은 푼돈이라 생각해 소중하게 다루지 않는다. 그리고 나도 모르게 호주머니에서 줄줄 빠져나간다. 하지만 그 얼마 안 하는 100원이 모이고 모여 1천 원이 되고, 1만 원이 되고, 다시 10만 원, 100만 원, 1천만 원이 된다. 잔돈이 모여 목돈이 된다는 걸 알면서도 그 소중함을 모르고 사는 것이다.

푼돈을 우습게 보면 큰돈을 모을 수 없다. 필자는 얼마 안 되는 푼돈 230만 원으로 땅을 샀고 매달 임대료 4만 원을 받고 있다. 적은 임대료지만 절대 푼돈을 우습게 보면 안 된다는 생각에 소중하게 관리하는 중이다. 목돈을 모으는 방법은 어렵고 멀리 있는 게 아니라 작은 생활 습관에서부터 시작되는 것이다. 그런 습관을 만들기 위해 푼돈이 새는 구멍부터 차단해야 한다. 자신이 쓰는 돈의 규모가 얼마인지 지속적으로 확인할 필요가 있다.

그래서 추천하는 방법이 가계부를 쓰는 것이다. 바쁜 현대인이 언제 일일이 가계부를 쓰냐고 반문할 수도 있다. 하지만 수기 가계부가 어렵다면 엑셀 가계부도 있고, 스마트폰으로 쓸 수 있는 무료 가계부 애플리케이션도 있다. 물론 가계부를 쓰는 행위 자체가 새는 푼돈을 막는 것은 아니다. 저축이 작은 습관에서부터 시작된다고 말했듯이 돈을 줄이겠다는 마음가짐을 가져보자는 뜻이다. 주기적으로 가계부를 들여다보면 지출 현황을 파악할 수 있고, 스스로 돈을 어떻게 쓰는지 패턴을 명확하게 파악할 수 있다. 그리고 궁극적으로 푼돈이 새는 것을 줄이는 해결 방안도 찾을 수 있다.

"밑 빠진 독에 물 붓기"라는 말이 있다. 밑 빠진 독에 아무리 물을 부어도 독이 채워질 수 없다는 뜻이다. 푼돈 역시 아무리 아낀다 해도 한 번에 큰돈이 나가면 헛된 일이 돼버린다. 그래서 밑 빠진 독에 물 붓는 꼴이 되지 않기 위해서는 큼직하게 나가는 돈이 무엇인지 체크해보고, 줄일 수 있는 방법을 강구해야 한다.

사회초년생 시절, 자녀 공부법이 남다른 부장님이 계셨다. 그 부장님은 중학교를 다니는 2명의 자녀가 있었는데, 주말이면 부장님이 직접 자녀들과 함께 공부를 했다. 인터넷 카페에 있는 문제들을 문제집처럼 엮어 자녀들에게 나눠주고 가르치는 식으로 교육비를 아낀 것이다. 지금 부장님의 두 자녀는 명문 사립대와 국립대를 잘 다니고 있다. 평일 내내 업무에 시달려 쉬고 싶을 만도 한데 직접 시간을 할애해 자녀들을 지도한 것이다. 이처럼 고단하지만 노력 여하에 따라 교육비라는 큰 지출을 줄이는 방법도 있다.

가계 지출 중에서 은행 대출 이자 상환이 가장 큰 지출이라면 그 이자를 줄이는 방법을 찾아야 한다. 대출 상품을 갈아타는 방법, 금리 인하 요구권을 행사하는 방법, 조금 작은 평형 아파트로 이사 가는 방법 등 여러 방면으로 고민하는 것이 좋다. 이 외에 식비, 여행, 충동구매, 중복 혜택으로 가입한 보험 등도 큰 구멍 중에 하나임을 명심하자.

돈을 모은다는 것은 다이어트와 같다. 다이어트에 실패하는 이유는 맛있는 음식과 주변 사람들의 유혹 때문인 경우가 대부분인데, 그 유혹을 단호하게 뿌리쳐야만 성공할 수 있다. 돈 모으는 일역시 여러 유혹을 뿌리쳐야만 가능하다. 1억 원을 모으기 쉽다고이야기하는 사람은 별로 없을 것이다. 그 이유는 우리 주변에 산재하는 많은 유혹들을 다 뿌리치지 못하기 때문이다. 목돈이 생기면 외식을 하거나 해외여행을 가고 싶다는 욕구가 생긴다. 신차도 뽑는 등 고생한 자신을 위해 선물을 해주고 싶다는 생각을하게 된다. 그래서 종잣돈을 써버리니 투자할 돈이 남지 않는다.욕구대로 소비하면 결국 큰돈을 모을 수 없다. 푼돈이 모여서 목돈이 되고, 이 목돈이 투자를 위한 종잣돈이 된다. 부동산 투자의첫걸음은 큰돈이 나가는 구멍을 막는 것임을 명심하자.

3. 식비 줄이기

인간 생활의 3가지 기본 요소는 '입을 것(衣)', '먹을 것(食)', '생활하는 곳(住)', 즉 의식주다. 의식주를 통제하고 절제한다는 것은고통과 인내가 수반되는 쉽지 않은 일이다. 그중에서 소비 지출의 대표 항목은 먹을 것, 즉 식비다. 어느 조사기관의 지출비용 설문조사 결과, 카드명세서 내역 중 식비가 절반 이상을 차지하는경우가 많았다고 한다. 다시 말해 식비를 줄이면 지출의 반은 줄일 수 있다는 이야기인데, 이론은 알아도 실천이 어려운 게 현실이다. 하지만 3인 가족의 식비로 월 100만 원씩 지출하다가 80만 원으로 20만 원을 줄이면 1년에 240만 원의 목돈이 만들어진다. 이렇게 2년이면 500만 원을 만들 수 있다. 누군가에게는 하찮은 푼돈에 불과할 수도 있겠지만, 누군가에게는 이 500만 원이 부동산 투자의 밑거름이 되기도 한다.

대개 식비를 줄이라고 이야기하면 값싼 인스턴트로 주식을 대체해 건강이 악화된다는 인식이 강한데, 식비라고 해서 집밥에 들어가는 비용을 줄이라는 것이 아니다. 외식을 줄이라는 것이다. 외식을 줄이면 단순히 목돈만 만들어지는 게 아니다. 집밥을 자주 먹으면 건강까지 얻을 수 있다. 집밥은 자극적인 외식보다 건강에 도움이 되고 가계에도 보탬이 된다. 그리고 부모 자녀 간에도 대화의 기회가 많아져 화목한 가정을 만드는 데 주요한 역할을 한다. 건강도 건강이지만 비용 역시 집밥이 몇 배는 더 싸다. 반드시 식비와 건강이 비례하지는 않는 것이다. 건강한 식단을 준비해서 집밥으로 끼니를 해결한다면 건강에 도움도 되고 지나친 지출도 줄이는 효과를 얻을 수 있다.

무엇보다 실천이 중요한데, 오랫동안 보관하고 있는 냉장고의 식자재를 우선 비우는 것도 좋은 방법이다. 집에서 자기가 먹는 밥인데 비주얼을 따질 필요도 없고 예쁘게 차릴 필요도 없다. 가족이 맛있게 먹어주기만 하면 된다. 가공식품은 대형마트에서 한 달에 한 번 구입하고, 신선재료는 필요할 때마다 구매하는 것이 좋다. 재래시장, 로컬푸드 매장, 동네 마트를 이용하자. 대형마트에서는 유통기한이 임박한 식자재로 '1+1 행사' 등을 자주해 필요 이상으로 많이 구매하게 되는 경우가 잦다. 먹지도 못하고 한 주 뒤에 음식물 쓰레기통으로 갈 수 있어 유의해야 한다. 대형마트와 재래시장의 차이점은 신용카드와 체크카드의 차이라고 생각하면 쉽다. 불편하더라도 재래시장을 이용해 필요한 만큼만 사는 습관이 필요하다. 식비 절약이 종잣돈 모으기의 첫 단추임을 잊지 말자.

4. 수입 늘리기

월급쟁이의 근무시간이 주 52시간으로 제한되면서 시간적 여유가 많이 늘어났다. 바뀐 근무제 정책은 워라밸을 지향해 만들어졌지만 월급쟁이의 실질적인 수익을 줄여버리는 악효과도 생겨났다. 그래서 투잡을 뛰는 수요가 늘어나고 있는 실정이다. 한 취업 사이트에서 직장인 10명 중에 3명이 부업을 하고 있다는 통계 자료를 발표했다. 어쩌면 이제 부업은 선택이 아니라 필수가 될지도 모른다는 생각이 든다. 기술과 재능을 살려 부수익을 창출하는 것도 수입을 늘리는 좋은 방법이다.

필자는 대학교에 다닐 때는 작업반장을 따라다니며 건설 현장에서 미장일을 했었다. 그 경험을 살려 아파트를 매수하면 셀프 인테리어를 한다. 첫 월급을 받고 불안한 미래를 걱정하던 시절에는 퇴근 후에 수학강사로 일했었다. 아내 역시 사교성이 많고 손재주가 좋아서 소모임 강좌를 개설해 소소한 부수익을 냈다. 전부 불안한 미래를 벗어나기 위한 발버둥이었다. 주말에 외식도 즐기면서 소소하게 용돈을 벌 수 있는 방법으로 하객 아르바이트가 있다. 결혼식은 호텔이나 뷔페에서 진행된다. 그래서 아내와 연애하던 시절, 주말에는 하객 아르바이트로 외식을 해결한 적도 있었다. 이 외에도 할 수 있는 일은 많다. 본인의 재능을 살려서 부업을 찾는다면 보다 더 빨리 꿈에 가까워질 수 있다. 물론 부업이 본업에 악영향을 미쳐서는 안 된다.

부업 외에 근본적인 수익을 늘리는 방법은 스펙을 쌓아 더 좋은 회사로 이직하는 것이다. 필자는 대학교 졸업 후 바로 중소기업에 입사했다. 각종 수당을 포함한 첫 월급은 200만 원이었다. 얼마 후 첫 아이가 세상에 나왔고 생활비가 늘어나니 투자를 위한 종잣돈 마련이 힘들어졌다. 그래서 부동산 투자금을 만들기 위해 일을 하면서 스펙 쌓기를 시작했다. 가정과 회사 어느 한 곳도 소홀히 하지 않기 위해 정말 누구보다 열심히 살았다. 그리고 5년이 지난 후 지금 다니고 있는 대기업에 입사했다. 10년이 지나면서 월급은 3배가 상승했다. 앞으로 또 다시 도약해야 할 시기가 다가올 것이다. 인생은 4쿼터로 이뤄져 있다고 생각한다. 사회초년생이라면 이제 막 1쿼터를 마치고 2쿼터를 시작했을 따름이다. 더 많은 보수를 바란다면 스펙을 쌓아 불안정한 미래를 대비하기 바란다. 누구에게나 하루는 똑같이 24시간이라는 걸 명심하자.

5. 똑똑하게 통장 관리하기

직장 생활을 해보면 서류 관리가 얼마나 중요한지 깨닫게 된다. 문서는 작성 후 성격에 맞는 폴더에 저장하고 관리한다. 사람들이 누가 시키지 않아도 폴더를 만들고 구분해 파일을 저장하는 이유는 뭘까? 서류 정리만 잘해도 불필요한 업무가 줄어들고 핵심 업무에 집중할 수 있기 때문이다. 업무 흐름을 빨리 파악해 생산성을 높여 시간을 단축할 수 있다. 직장에서 서류 관리만 잘해도 업무시간의 반은 줄어들 것이다.

당신이 적은 월급을 받을지라도 그 월급을 어떻게 관리하느냐에 따라 재테크 결과는 확연히 달라진다. 서류 관리하는 노력의 반만 통장 관리에 투자하면 돈이 마술처럼 불어나는 효과를 경험할 수 있다. 목적과 방법을 몰라서, 귀찮아서, 바빠서, 효과가 없어서 안 했다는 핑계는 접어두자. 이번에는 가장 효율적인 돈 관리법인 '통장 관리하기'에 대해 다뤄보겠다.

통장 쪼개기의 목적은 수익을 늘리기 위함이 아니다. 지출을 통제해 크고 작은 구멍으로 새는 돈을 막는 게 목적이다. 하나의 통장으로 관리하면 어디로 얼마나 새어나가는지 보이지 않는다. 통장 관리를 잘하는 사람은 보통 '선 저축 후 지출' 생활형이다. 반대로 통장 관리를 잘 못하는 사람은 '선 지출 후 저축' 생활형인 경우가 많다. 얼핏 보면 비슷해 보이지만 돈을 통제하는 능력에 따라 결과가 크게 달라진다. 돈을 통제할 수 있어야 큰돈을 모을 수 있다.

통장을 쪼갠다고 수익이 늘어나는 것도 아닌데 무슨 의미가 있 겠냐고 생각할 수 있다. 통장에 모으는 돈은 저축이지 투자가 아 니라서 당연히 큰 수익이 발생하지 않는다. 그러나 투자할 수 있 는 종잣돈을 더 빨리, 더 많이 모을 수 있는 방법이 통장 쪼개기 다. 통장의 종류는 크게 월급통장, 월세통장, 지출통장, 청약통 장, 예적금통장, 비상금통장, 투자통장, 노후통장, 여행통장 등 으로 나뉜다.

차례대로 살펴보면 월급통장은 급여가 들어오는 통장을 말한 다. 여기로 들어온 수익을 통장 쪼개기로 목적에 맞는 통장에 적 절하게 배분해야 한다. 이로 인해 현금 흐름이 좋아지고 돈을 편 하게 관리할 수 있다. 월급이 들어오면 수일 내에 나머지 통장들 로 자동이체가 되게 하는 것이 좋다. 각 목적에 맞는 통장으로 돈 을 배분해야 하므로 월급통장에는 월급 날 외에는 돈이 남아 있어서는 안 된다.

지출통장은 매달 고정으로 나가는 돈을 관리하는 통장이다. 교육비, 아파트 관리비, 보험료, 교통비, 통신비, 경조사비, 각종 세금 등이 해당된다. 지출통장을 고정 지출과 유동 지출로 구분할 수 있는데 가능하면 두 통장으로 분리해서 관리하는 것이 좋다. 분리가 어렵다면 고정 지출의 30% 이상을 추가로 지출통장에 넣은 후 남은 금액을 비상금통장 또는 자유식 적금에 넣는 것이 좋다. 문자 알림 서비스를 신청하면 신용카드, 체크카드 사용 시 지출 내역을 확인할 수 있다. 또한 통장 입출금 시 입금, 인출, 잔고 내역을 바로 확인할 수도 있다. 활용도가 우수한 무료 가계부 애플리케이션이 많아서 수월하게 가계부 정리도 할 수 있다.

예적금은 종잣돈을 만들기 위한 가장 중요한 단계다. 그래서 예적금은 금리가 높은 은행을 선택해야 한다. 시중 은행이 안전하지만 5천만 원 이하의 소액 종잣돈 모으기라면 상호저축은행 등 금리가 유리한 제2금융권에 저축하는 것도 하나의 방법이다. 시중 은행보다 약 1%의 추가 금리 혜택을 받을 수 있다. 금리 1%는 엄청난 차이가 있다. 1천만 원의 1%는 10만 원이다. 10만 원은 사실 크게 느껴지지 않는다. 3천만 원을 시중 은행 예적금(금리 2%)과 저축은행 예적금(금리 3%) 상품에 넣으면, 후자의 경우 1년에 30만 원, 2년이면 60만 원을 더 받을 수 있다. 물론 세금을 뺀 단순 계산이지만 그만큼 1% 차이가 크다는 이야기다. 소소한 금리부터 관심을 가지는 것이 재테크의 시작임을 기억하길 바란다.

❘ 저축은행중앙회 홈페이지 화면

저축은행중앙회 홈페이지에서 금리가 높은 예적금 상품을 쉽게 찾을 수 있다.

작은 돈을 잘 관리하는 사람이 큰돈이 생겼을 때도 잘 관리한다. 저축은행중앙회 홈페이지(www.fsb.or.kr)에서 금리가 높은 상품을 쉽게 찾을 수 있으니 참고하기 바란다.

다음은 비상금통장이다. 종잣돈을 모으기 위해 허리띠를 졸라매고 있다면 비상금통장은 꼭 마련해둬야 한다. 예기치 못한 지출이 발생하는 경우가 종종 생기기 때문이다. 비상금이 없으면 힘들게 모으고 있던 적금이나 예금을 해지해야 하는 상황이 발생한다. 마이너스 통장을 만들어 사용할 수도 있으나 신용카드 사용 내역이 없어 신용도가 낮으면 이마저도 거절당할 수 있다. 비상금은 일반적으로 월급의 3~6배 정도를 준비해놓으면 좋다고 보는데, 상황이 개인마다 다르기 때문에 정해진 기준은 없다.

단기 급전이 필요할 때 비상금통장이 없거나 돈이 부족한 경우에는 보험금 내에서 대출을 받을 수 있는 보험계약대출(약관대출)을 활용하는 방법도 있다. 보험계약대출의 장점은 신청 절차가 간편해 보험사 홈페이지나 스마트폰 애플리케이션 등에서 대출을 받을 수 있다는 점이다. 전화 통화만으로도 보험료를 담보로 대출을 받을 수 있다. 보험계약대출은 잘 활용하면 비상금통장이 없어도 자금을 유용하게 사용할 수 있는 방법이지만, 대출 금리가 비싸서 상환 부담이 크기 때문에 고금리에 내몰릴 수 있으니 유의해야 한다. 비상금통장은 돈을 단기간에 운용하는 용도라서 CMA통장을 많이 사용한다. 단 하루를 넣어놓아도 이자가 붙기 때문이다. 단점 중 하나는 증권사 상품이기 때문에 타행 ATM기를 사용할 때 많은 수수료가 발생할 수 있다는 점이다. 수수료 면제 혜택이 되는지 확인하고 가입할 필요가 있다.

투자통장은 시중 은행에서 통장을 만들기보다는 CMA통장으로 개설하는 것이 좋다. 예를 들어 올해 5천만 원으로 지방 부동산에 투자하려고 한다고 가정해보자. 예금으로 4천만 원을 모은 상태라 5개월 뒤에 1천만 원을 더 모아서 5천만 원을 만들 예정이다. 그 5개월의 기간 동안 적합한 투자 물건이 나오면 일단 계약을 진행해야 하기 때문에, 입출금이 자유롭고 이자도 받을 수 있는 통장이 필요하다. 이때 적합한 게 CMA통장이다.

마지막으로 월세통장이다. 수익형 부동산에 투자하게 되면 월세통장이 생긴다. 월세는 수입이므로 급여통장과 동일한 방법으로 관리하면 된다. 월세를 1~2곳에서 소소하게 받는다면 월급통장으로 통합해 관리해도 된다. 하지만 들어오는 월세가 많다면 별도의 통장 관리가 필요하다. 임대계약서 작성 시 월세 들어오는 일정을 월급일과 동일한 일자로 지정해야 통장 관리가 편하다. 월세통장에 입금된 돈은 목적에 맞는 통장으로 자동이체를 신청해놓는 게 좋다.

6. 청약통장을 만들자

청약통장은 중요한 부분이기 때문에 따로 소제목을 붙여 할애했다. 금수저를 제외하고 평범한 사람이라면 내집마련을 꿈꾸기 마련이다. 그 꿈의 첫 단추는 주택청약종합저축통장, 즉 청약통장을 개설하는 것이다. 부동산 규제정책 강화로 청약 조건이 까다롭게 바뀌었는데도 불구하고 가입자 수는 꾸준하게 증가하고 있다. 2018년 말 기준으로 2,200만 명 수준이다. 미성년자를 제외하면 성인 대부분이 가입한 상태라고 볼 수 있는데, 혹시 이 글을 읽고 있는 독자 중에 아직 가입하지 않은 사람이 있다면 당장 오늘이라도 개설하기 바란다. 청약통장이 내집마련의 꿈을 실현시켜줄 사다리가 될 것이다.

주택청약종합저축통장은 2009년 5월 6일 출시된 상품으로, 전용면적 85m² 이하의 공공주택을 위한 청약저축, 모든 민영주택과 전용면적 85m²를 초과하는 공공주택을 위한 청약예금, 전용면적 85m² 이하의 민영주택을 위한 청약부금 등 기존의 청약 관련 상품에서 구별했던 기능을 통합한 것이다. 국민주택과 민영주택을 가리지 않고 모든 신규 분양주택에 사용할 수 있어 '만능청약통장'이라고 불린다.

주택 소유 및 세대주 여부, 연령 등에 관계없이 누구나 가입할 수 있는 것이 특징이다. 단 청약 자격은 만 19세 이상이어야 하고 (19세 미만인 세대주는 허용), 1인 1통장 제도가 적용되어 기존에 청약통장에 가입한 경우에는 이를 해지하고 신규로 가입해야 한다. 2개 이상의 은행에 중복 가입하는 것도 허용되지 않는다. 신규로 가입한 경우에는 기존 청약통장의 가입 기간이나 납입 금액 등을 인정해주지 않는다.

납입 방식은 일정액 적립식과 예치식을 병행해 매월 2만 원 이상 50만 원 이내에서 5천 원 단위로 자유롭게 불입할 수 있다. 잔액이 1,500만 원 미만인 경우에는 월 50만 원을 초과해 1,500만 원까지 일시 예치가 가능하다. 잔액이 1,500만 원 이상인 경우 월 50만 원 이내에서 자유롭게 적립할 수 있다. 가입일로부터 1개월 이내는 무이자, 1개월 초과 1년 미만은 연 1.0%, 1년 이상 2년 미만은 연 1.5%, 2년 이상은 연 1.8%의 금리를 적용한다. 참고로 금리는 정부의 고시에 의해 언제든지 바뀔 수 있다. 예금자보호법에 의해 보호되지는 않으나 국민주택기금의 조성 재원이므로 정부가 관리해 안전하다. 가입자가 사망한 경우 그 상속인 명의로 명의 변경이 가능하며, 본인 한도 내에서 비과세종합저축 가입이 가능하다.

1순위는 청약 가입 기간, 청약 지역(투기지역, 투기과열지구, 조정대상지역, 그 외 지역), 소유한 주택 수, 청약 당첨 사실 여부 등에 따라서 달라진다. 1순위 여부는 관심 지역 모델하우스 오픈 시 상담사에게 문의하는 것이 가장 정확하다. 20세 미만의 가입자인 경우에는 1순위가 되더라도 청약할 수 없다. 기존의 청약저축·청약예금·청약부금에서 전환 가입은 허용되지 않는다. 헷갈린다면 일단 신분증을 가지고 근처 은행을 방문하자. 국민주택기금을 취급하는 은행인 우리은행·농협은행·기업은행·신한은행·하나은행·국민은행·대구은행·부산은행에서 만들 수 있다. 금리도 일반 보통예금보다 높으니 일석이조다.

해당 지역에 몇 평대의 아파트를 청약하느냐에 따라서 지역별 예치금액이 다 다르다. 서울 기준으로 평형대가 85m² 이하인 경우 최소 300만 원 정도의 예치금이 있어야 하며, 102m²는 600만원, 135m² 이하는 1천만 원의 예치금이 필요하다. 모든 평형대를 마음껏 청약하고 싶다면 예치금이 1,500만 원 예치되어 있어야 한다. 주택 규모를 선택 또는 변경하는 것은 즉시 가능하다. 청약 통장의 가입 기간과 무주택 기간, 부양가족 수 등 여러 가지 조건을 계산해서 점수가 계산되며, 만점 84점을 기준으로 점수가 높은 순으로 청약자가 선택된다. 그래서 당첨률을 높이기 위해서는 우선 본인이 몇 점 정도 나오는지 파악하고, 이후 점수를 높이기 위해 어떻게 해야 하는지 전략을 세울 필요가 있다.

2015년에 결혼한 회사 후배가 있다. 빌라 전셋집에 살던 후배에게 청약통장으로 내집마련을 해보라고 조언해줬는데, 1년이 조금 지난 후 10번의 도전 끝에 특별공급으로 서울 내집마련에 성공했다. 지금은 프리미엄이 3억 원이나 붙은 상태다. 신혼 초라서 담보대출이 많지만 이른 나이에 서울 내집마련이라는 큰 목표를 이룬 것이다. 그 후배는 담보대출을 20년 장기 후불식 적금이라고 생각하니 마음이 편해졌다고 한다. 지금도 아내와 맞벌이하며 성실히 대출 이자와 원금을 상환하고 있다.

7. 청년우대형 청약통장에 가입하기

정부에서는 만 34세 이하 청년들만 가입할 수 있는 청약통장을 만들었다. 매달 2만 원에서 50만 원까지 금액을 정해서 저축할 수 있는데, 청년우대형 청약통장은 일반 청약통장보다 이자가 2배 이상 높다는 장점이 있다. 보통 10년 동안 매달 10만 원씩 청약통장에 저축하면 1,200만 원이 모인다. 그런데 청년우대형 청약통장은 이자로 약 200만 원은 더 받을 수 있다. 청년들이 집을 구할 때 돈을 더 쉽게 모을 수 있도록 나라에서 돕는 것이다. 가입 기준은 만 19세 이상부터 만 34세까지며, 1년에 버는 돈이 3천만 원이하여야 한다. 그리고 신청하는 사람과 그 가족들까지 자기 이름으로 된 집이 없어야 한다. 주택청약 기능이 있는 만큼 무주택세대주만 가입이 가능하며, 기존에 다른 통장에 가입한 경우에는 자격 요건이 된다면 청년우대형 청약통장으로 전환이 가능하다.

노후를 위해
부자를 꿈꿔라

...

지금까지 목돈을 모으는 7가지 방법에 대해 알아보았다. 우리가 이렇게까지 돈을 모으기 위해 애쓰는 이유는 쥐꼬리 월급으로 부자가 될 수 없는 시대에 살아가고 있기 때문이다. 2018년 하반기 기준으로 청년 실업자 수는 34만 명에 달한다. 앞날은 더 캄캄하기만 하다. 인공지능 시대를 맞아 일자리 감소는 더 가속화될 것이다. 하지만 불확실한 시대에 살수록 목표는 더 뚜렷해야 한다. 행복한 노후를 위해 부자를 꿈꿔야 한다. 대단한 부자가 아니더라도 넉넉하게 살 정도는 돼야 한다. 사실 부자는 재테크로만 가능한 것이 아니다. 금수저로 태어났거나 특별한 재능이 있다면 재테크를 안 해도 부자가 될 수 있다. 중동의 오일 왕자는 태생이 부자이고, 컴퓨터를 개발한 빌 게이츠는 발명으로 부자가 됐다. 운동 재능이 있는 스포츠 선수나 목소리가 아름다운 가수 등은 태어날 때부터 타고난 본인의 특별한 재능으로 부자가 될 수 있다. 하지만 당신에게 이러한 능력이 없다면 빨리 인정하고 부자가 되는 다른 길을 찾아야 한다.

평범한 사람이 부의 추월차선에 올라탈 수 있는 유일한 방법은 부동산 투자다. 필자가 성공적인 투자를 할 수 있었던 건 뚜렷한 계획을 세워 하나씩 실천한 덕분이다. 여담이지만 그 방법 중에 하나를 소개하자면 대표적인 게 '만다라트'다. 중심 목표

부동산	저축	펀드
사업	중심 목표: 부자 되기	습관 만들기
부업	자기계발	주식

독서하기	운동하기	저축하기
일찍 기상하기	세부 목표: 습관 만들기	신문 읽기
글쓰기	중개사무실 가기	정부 자료 찾기

를 설정하고, 그 목표를 달성하기 위해 해야 할 8개의 주요 실천 목표를 만든다. 그리고 8개 각각의 세부 목표에 대한 실천 방안 또는 세부 아이디어를 다시 8개 더 적는다. 그런 식으로 우선순위를 기록해서 무엇부터 실행에 옮길지 결정하고 하나씩 실천하는 것이다.

이 방법이 흔들리지 않는 투자 기준을 만들어줄 것이다. 만약 목표가 '부자 되기'라면 부자가 되기 위한 세부 계획 8개를 만들고, 각각의 실천 계획을 만들어보자. 중심 목표에서 세부 목표 8개를 정리하고, 다시 세부 목표의 실천법을 8개 더 정리하면 한눈에 볼 수 있어서 자연스럽게 복잡했던 생각이 정리된다. 무엇부터 해야 할지 뚜렷한 목표가 없다면 미루지 말고 바로 만다라트 기법으로 복잡한 생각들을 정리해보길 바란다.

만다라트표를 완성하면 큰 목표를 달성하기 위해서 실천해야 하는 64개의 세부 실천 계획이 나오는데, 투자 기준을 만드는 데 큰 도움을 받을 수 있다. 당장 돈이 없더라도, 부동산 공부를 안 했더라도 가장 중요한 것은 목표를 세우고 꾸준히 실천하는 것이다. 목표가 없으면 제대로 된 기회조차 생기지 않는다. 진정한 부자가 되겠다는 목표를 세워 끝까지 포기하지 말고 정진해보자.

투자 철학을 세워
중심을 잡자

부동산 투자에도 철학이 필요하다. 성공적인 투자를 위해서는 서로 다른 여러 측면을 동시에 신중하게 살펴야 한다. 어느 하나라도 빠지면 만족하는 결과를 얻지 못할 수도 있다. 벽돌 하나하나가 모여 튼튼한 벽이 되고 집이 만들어지듯이 천천히 노력을 통해 성공적인 투자의 기반을 마련해야 한다. 부동산 투자에 성공할 가능성을 높이기 위해 해야 하는 일들은 어떤 것들이 있을까?

훌륭한 투자자가 될 수 있는 조건을 처음부터 가진 사람은 많지 않다. 배우면 가능한 사람도 있지만 이는 모든 사람에게 해당되는 것은 아니며, 가능한 사람일지라도 노력 없이는 투자의 모든 것을 알 수는 없다. 그래서 필요한 게 투자 철학이다.

왜 투자 철학이
필요할까?

...

효과적인 투자 전략도 경우에 따라서만 유효할 뿐, 매번 효과적이지는 않다. 그 이유는 투자에서 늘 적용 가능한 규칙이 없기 때문이다. 필자가 10년 동안 꾸준히 취득한 부동산은 30여 개가 넘는다. 그중에는 고수익을 낸 효자도 있고, 손해만 보고 있는 불효자도 있다. 만일 같은 방식이 계속 통했다면 모든 부동산이 다 효자가 됐을 것이다. 하지만 수익의 유무와 상관없이 그동안 매수한 부동산은 직접 조사하고 발품 팔아 매수한 필자의 자식들이다. 개인적으로 필자는 소유한 부동산을 물건처럼 보는 게 아니라 살아 있는 생명체처럼 아낀다. 농부가 농작물을 키우듯이, 부모가 자녀를 키우듯이 소유한 부동산은 모두 다 자식처럼 애틋하다. 그만큼 애착과 애정이 간다.

필자처럼 부동산에 애정을 쏟으라는 말이 아니다. 부동산 투자는 결국 평생 동안 해야 하는 일이다. 자신의 가치와 성향을 기반으로 한 투자 철학을 갖추지 않으면 결코 거시적이고 장기적으로 이어나갈 수 없다. 필자는 부동산에 애착과 애정을 쏟는 투자 철학을 갖고 있다. 물론 단기 투자로 여러 번 사고팔기를 반복했다면 더 많은 수익을 낼 수도 있었을 거라 생각한다. 그러나 필자의 성향을 봤을 때 결코 쉬운 일은 아니다. 실제로도 하나를 사서 진득하게 오랫동안 가지고 있는 것이 더 좋은 결과로 이어졌다. 한 차례 운 좋게 투자 철학과 상관없이 다른 방법으로 수익을 냈다고 치자. 다음 투자에서도 계속 운이 좋아야 하는데 그럴 수 있을까?

필자가 어렸을 적에 아버지께서 식사 중에 하셨던 말씀이 기억난다. "아빠, 생선 몸통 드세요."라고 말하면 아버지께서는 "난 생선 대가리가 더 맛있어."라고 답하셨다. 그러나 아버지는 그저 살이 많은 몸통 부위를 자식들에게 양보하셨을 뿐이었다. 당시에는 정말로 생선의 대가리가 몸통보다 더 맛있다고 생각했다. 그래서 지금은 늘 반성하는 자세로 살고 있다.

이제는 필자가 한 집안의 가장이 됐다. 아버지의 자식이므로, 당연히 늘 아버지가 살아온 길을 견지하며 살아가고 있다. 아버지처럼 현재는 필자도 자식을 보배처럼 여기며 키운다. 부모님은 농작물을 재배하고 도매 시장에 판매해 육남매를 키우셨다. 돈이 남으면 모아서 재산을 늘려나갔다. 부모님은 단 한 번도 땅값이 올랐다고 해서 차익을 보기 위해 팔지 않으셨다. 지금의 필자처럼 부모님 역시 핏줄로 만든 자식과 노력으로 만든 자식이 따로 있었던 것이다.

지금에서야 부모님의 마음을 조금씩 알아가는 것 같다. 필자는 부동산 투자를 그저 취미로 생각할 따름이다. 그래서 부동산 투자가 지겹지 않다. 전업 투자자의 길을 걷지 않았던 건 부동산을 물건으로 취급하지 않았기 때문이다. 부동산을 물건이라 생각했다면 이토록 오랫동안 성공적으로 투자를 이어오지 못했을 것이다. 불효자도 자식이고 효자도 자식이다. 매수한 부동산의 가격이 하락하면 타산지석으로 삼아 교훈을 얻으면 된다.

꿈을 크게
가져라
...

자라나는 아이들에게 꿈을 크게 가지라는 이야기를 많이 한다. 필자도 어린 시절 웃어른들에게 꿈을 크게 가지라는 이야기를 많이 들었다. 그러나 성인이 되면서 꿈이 점차 작아지기 시작했다. 세상을 사는 게 만만치 않아 자라면서 현실과 타협했기 때문이라 생각한다. 하지만 현실이 어렵다고 꿈까지 겸손하게 작아질 필요는 없다. 필자도 큰 꿈이 있어 네 아이의 아빠가 됐고, 대기업의 차장이 됐고, 부동산 투자에도 성공할 수 있었다.

꿈을 크게 가질수록 쉽게 현실과 타협하지 않게 된다. 필자 역시 최종 목표가 확고했기 때문에 지지부진하든 빠르든 그것을 향해 달려갈 수 있었다. 꿈의 크기가 작은 사람은 역경이 생길 때마다 타협하고 단념하기 일쑤다. 꿈 없이 살아간다는 것은 나침반 없이 항해하는 것과 같다. 그럼 부동산 투자자가 가져야 할 꿈은 무엇일까? 부동산 투자를 시작하기도 전에 대부분의 사람들은 현실과 타협한다. 그래서 '월세 200만 원 받기', '재산 10억 원 만들기'가 꿈이 된다. 그러나 아무리 현실이 힘들어도 꿈은 크게 꿔야 한다. 시작부터 현실과 타협을 하면 절대로 부자가 될 수 없다. 요즘 부동산 책을 보면 월세 부자 이야기가 많이 나온다. 그리고 마치 그것이 최종 목표인 것처럼 이야기한다.

한 달에 200만~300만 원씩 월세를 받는 게 꿈인가? 부동산 경기가 좋을 때 종잣돈만 잘 마련하면 2~3년 이내에 이룰 수 있다. 그러니 보다 더 큰 그림을 그리고 부동산 투자에 뛰어들어야 한다. 꿈을 목표로 세분화해보자. 단계별로 1단계는 1천만 원, 2단계는 1억 원, 3단계는 5억 원으로 목표액을 구체적으로 산출하는 것이다. 그렇게 차차 단계를 늘려 최종 단계에서는 100억 원을 모으겠다는 목표를 세워보자. 단계별 목표를 달성하기 위해서 온 힘을 다해 노력해 하나씩 해결해나가는 것이다. 각각의 목표를 달성하는 과정에서 성취감과 행복을 얻을 수 있다. 작은 성취감이 모이고 모여 본인도 모르게 꿈에 가까워지는 것이다. 그렇게 누구나 진정한 부자가 될 수 있다.

꿈은 말 그대로 꿈이어서 현실성이 부족하다. 그러니 꿈보다 소박한 목표를 세워 하나씩 달성해보자. 하루 24시간은 누구에게나 똑같기 때문에 경쟁자보다 앞서 가기 위해서는 시간을 잘 관리해야만 한다. 쉽지만 간과하기 쉬운 8가지 시간 관리 방법에 대해 알아보자.

1. 시간을 기록하라

시간을 더 잘 활용하기 위한 첫 번째 단추는 자신이 지금 당장 무엇을 하고 있고, 어떻게 보내고 있는지 파악하는 것이다. 며칠 혹

은 일주일 동안 기억이 날 때마다 스스로 무엇을 하고 있는지 적
어보자.

2. 시간을 계산하라

기록된 시간을 항목별로 나눠 집계해본다. 시간을 다른 항목에
비해 지나치게 많이 할애했거나 덜 할애한 항목이 있다면 어떤
것인지 추려본다. 그리고 어떤 점이 가장 마음에 안 드는지 스스
로 냉정하게 평가한다.

3. 현실을 직시하고 계획을 세워라

시간이 부족하다고 말하는 건 어불성설이다. 누구에게나 시간은
공평하기 때문이다. 그러니 우선적으로 해야 할 일들을 정리해
매시간 메뉴를 고르듯 선별해보자.

4. 큰 꿈을 가져라

스스로 무엇을 하고 싶은지 자문해보자. 자신만의 100가지 목표
리스트를 작성해보자.

5. 목표별로 일정을 세워라

각각의 목표를 우선순위별로 나눈 뒤, 구체적으로 정리해본다.
우선순위에 따라 이행할 시기를 대략적으로 가늠한다.

6. 실행 가능한 단계로 나누어라

'목표별로 일정을 세워라'에서 우선순위가 높았던 항목 순으로 실행한다. 예를 들어 10km 달리기가 목표라면 그로부터 6개월 후에 있을 대회를 찾아 참가 신청부터 하면 된다. 매주 달리는 거리를 천천히 늘려 운동을 하고, 남는 시간에는 '좋은 운동화 구입하기', '마라톤 관련 책 읽기', '동네에서 좋은 코스 찾기' 등 자신이 세운 우선순위에 따라 행동한다.

7. 계획을 검토하라

매주 계획을 검토해야 한다. 검토가 끝나면 실행을 위한 계획을 수정하고 보완하자.

8. 스스로 책임을 지자

스스로 계속 열정적으로 움직일 수 있는 동기를 만들어주지 않으면 꿈은 공상에 그치고 말 것이다. 아침마다 운동을 하겠다고 다짐했는데 날이 너무 추워 침대에서 나가고 싶지 않을 때, 스스로를 어떻게 채찍질할 것인가? 주변의 도움을 받든지 스스로 실패할 때마다 벌을 주든지 막을 수 있는 방법을 찾아야 한다.

부동산 투자도
기초 체력이 필요하다

흔히 무슨 일을 하든지 기초 체력이 중요하다고 말한다. 운동으로 몸이 건강해야 공부든 일이든 잘할 수 있다는 뜻인데, 같은 맥락에서 건강한 부동산 투자를 위해서도 튼튼한 기초 체력이 필요하다. 어떤 일이든 체력이 뒷받침되지 않으면 금세 지치고 쉽게 포기하기 마련이다. 부동산 투자도 마찬가지다. 기초 체력이 부실하면 절대로 높은 수익을 낼 수 없다. 부동산 투자에서 무엇보다도 중요한 건 늘 겸손하게 공부하는 자세다. 과거에 조금 높은 수익을 냈다고 계속해서 같은 방식으로 투자를 하면 도태될수밖에 없다. 그렇다면 어떻게 효과적으로 기초 체력을 키울 수있을까?

기초 체력을
키우는 방법

...

기초 체력을 키우기 위한 첫걸음은 부동산, 경제, 정치 기사가 실린 신문을 구독하는 것이다. 부동산, 경제, 정치는 유기적으로 움직인다. 경제에 따라서 부동산 경기가 죽거나 살아나며, 정치에 의해서 부동산 개발 공약이 생기거나 바뀐다. 부동산 투자를 잘하고 싶다면 부동산과 경제, 정치 기사를 함께 읽어야 한다.

부동산 투자에서 중요한 부분이 고급 정보, 최신 정보를 남들보다 빨리 얻는 것이다. 이것이 신문을 꾸준히 읽어야 하는 이유다. 필자의 경험을 바탕으로 팁을 하나 주자면 신문은 비판적으로 읽는 게 좋다. 비판적으로 읽으라는 건 기사의 내용을 맹신하지 말고 주장이 실제로 사실인지 아닌지 생각하며 보라는 뜻이다. 광고하는 글이나 주장하는 글 등을 읽을 때는 해당 내용이 사실인지, 주장이 타당한지, 뒷받침하는 근거는 알맞은지 꼼꼼히 따져가며 읽어야 한다. 실제로 신문 기사에 기자의 주관적인 생각이 들어간 경우를 심심치 않게 볼 수 있다. 특히 이러한 부분은 분양 광고에서 많이 볼 수 있는데, 상품이 가지고 있는 기능을 부풀리거나 거짓 자료나 정보를 사용하기도 한다. 또는 과장된 표현으로 독자의 판단을 흐려지게 한다. 신문에 나온 문구에서 과장되거나 감추고 있는 내용이 없는지 자세히 살펴보고, 과장 광고나 허위 광고를 비판적으로 체크할 수 있는 눈을 길러야 한다.

비판적 독서는 글의 정확성, 객관성, 타당성, 효용성 등을 독자가 스스로 판단하면서 읽는 것이다. 기자의 주장이 옳은지, 논증의 방식이 타당하고 논리적인지, 제시된 자료는 적절하고 믿을 만한지 등을 평가하며 글을 읽어야 한다. 비판적 독서는 단순히 내용을 이해하는 수준의 읽기가 아니라 한 차원 높은 수준의 독서방법이다. 비판적 독서를 하기 위해서는 비판적인 사고능력이 필요한데, 가장 기본은 기사 내용의 출처와 자료를 확인하는 것이다. 참고로 부동산, 경제 뉴스는 정부기관에서 발표한 자료를 그대로 활용해 기사화하는 경우가 많다.

또한 신문 구독만큼 중요한 것이 부동산, 경제 관련 책을 꾸준하게 읽는 것이다. 유명한 저자가 썼다고, 베스트셀러라고, 홍보가 잘 됐다고 좋은 책이 아니다. 그냥 눈에 띈다고 사지 말고 소장가치가 있는 책을 선별할 수 있어야 한다. 가장 중요한 건 본인에게 맞는 책을 찾는 것이다. 참고로 실패한 이야기가 없는 부동산 책은 좋은 책이 아니다. 투자를 하면서 실패가 아예 없을 수는 없다. 보통 독자는 성공담이 아니라 실패담에서 교훈을 얻는 경우가 많다. 투자 결과를 과장해 이야기하는 것보다 과정 자체에 포커스를 맞춘 책, 성공담보다 실패담을 이야기해주는 책을 찾는 것이 좋다. 적어도 부동산 분야에서는 그렇다. 이러한 책을 읽음으로써 첫 투자의 두려움을 없애고, 투자 손실을 줄일 수 있다.

특강이나 강좌, 강연회에 참석해보는 것도 좋은 방법이다. 책을 내지 않았더라도 좋은 인사이트를 줄 수 있는 전문가들은 많

오프라인 강연에 참석해 노하우를 직접 배우는 것도 큰 도움이 된다.

다. 그런 전문가들의 오프라인 강연에 참석해 노하우를 직접 배우는 것도 큰 도움이 된다. 독서가 전문가의 정보를 눈으로 습득하는 과정이라면 강의는 귀로 습득하는 과정이다. 물론 책과 마찬가지로 강의도 모두 다 도움이 되는 것은 아니다. 투자 유치, 투자 상품을 팔기 위해 강의를 진행하는 경우도 있다. 속된 말로 '미끼 강의'라고 부른다. 그렇기 때문에 사전에 신뢰할 수 있는 전문가인지 선별하는 과정이 필요하다. 책값과 강의료 몇만 원이 아깝다는 생각은 버리도록 하자. 책과 강의가 투자에 실패할 확률을 줄여줄 수 있다.

앞에서도 이야기했지만 정부기관에서 발표하는 부동산 자료도 반드시 살펴봐야 한다. 부동산 개발계획은 결국 정부가 기획하고 설계하고 실행하는 것이다. 그래서 평소 정부기관에서 발표한 자료를 수집하는 습관이 필요하다. 정부기관의 자료가 가장 정확하고 빠른 정보다. 누구나 공평하게 기회를 얻는 것이 부동산 투자의 장점이다. 그 정보를 최대한 빨리 본인의 것으로 만들어야 한다. 부동산 정보의 반 이상은 국토교통부 홈페이지(www.molit.go.kr)에서 얻을 수 있으니 자주 방문하는 습관을 가지자. 그 외에도 통계청, 시·도청 홈페이지, LH 한국토지주택공사, SH 서울주택도시공사, 코레일 한국철도공사 등을 눈여겨봐야 한다.

신문, 책, 강의, 정부기관 자료까지 모두 살펴봤다면 이후에 온라인 카페, 블로그, 유튜브 방송 등에 관심을 가지면 된다. 여기서 주의할 점은 순서에 있다. 온라인에 떠도는 자료는 불순물, 즉 거짓과 선동이 많아서 반드시 신문, 책, 강의, 정부기관 자료를 먼저 보고 나서 손을 대야 한다. 관심사가 같은 사람끼리 모이는 곳이 온라인 카페와 블로그다. 필자는 실제로 관심 지역 부동산 카페에서 많은 정보를 얻고, 실투자에 활용하기도 한다.

입지가 좋은지는 그 지역에 사는 사람이 가장 잘 안다. 아파트가 살기 좋은지는 그 집에 거주하는 사람이 가장 잘 안다. 지금이 팔아야 할 시기인지 사야 할 시기인지 역시 그 지역 부동산 카페에 들어가보면 쉽게 파악할 수 있다. '집을 내놓았는데 몇 달 동안 보러 오는 손님이 없다.', '집 보는 손님이 늘었다.' 등의 글들을 통해 시장의 분위기를 느낄 수 있다. 그 지역 사람들의 투자 심리를 보조지표로 활용해 투자 시기를 예측하는 것이다. 블로그에도 부동산 정보를 올리는 블로거들이 많다. 잘못된 자료도 많지만 실전 투자에 활용해도 손색이 없을 정도로 분석이 잘된 자료들도 많다. 늘 배우는 자세로 인터넷에 떠도는 다양한 정보들을 선별하고 정리해보자.

본인에게 맞는
투자처를 찾아라

···

단거리가 강점인 사람은 육상이 맞고 지구력이 강점인 사람은 마라톤이 맞다. 기초 체력을 키우면서 본인에게 맞는 운동을 찾아야 한다. 부동산 공부 역시 어느 정도 수준에 도달한 뒤에는 본인에게 맞는 종목, 즉 자신에게 맞는 투자처를 찾아야 한다. 정기적인 월세를 꾸준히 받을 것인지, 시세차익으로 매도 시 수익을 한번에 받을 것인지를 투자 성향, 은퇴 시기, 가계 수준, 자금력 등에 따라 판단하면 된다.

　부동산은 수익을 내는 방식에 따라 수익형 부동산과 시세차익형 부동산으로 구분할 수 있는데, 수익 측면에서는 당연히 시세차익형 부동산이 수익형 부동산보다 월등하게 높다. 예컨대 정기예금 이자의 월이자 지급식과 만기일시 지급식을 떠올리면 된다. 월이자 지급식은 매월 이자를 예금주에게 지불하는 방식이며 금리가 만기일시 지급식보다 저렴하다. 만기일시 지급식은 만기 도

| 수익형 부동산 vs. 시세차익형 부동산

수익형 부동산이 적합한 사람	시세차익형 부동산이 적합한 사람
1.연령이 높거나 은퇴 시점이 다가오는 사람 2. 이미 많은 재산을 형성한 사람 3. 늘 불안하고 걱정이 많은 사람 4. 안전한 투자를 선호하는 사람	1. 젊은 사람 2. 종잣돈이 적은 사람 3. 시장을 예측할 능력이 있는 사람 4. 통제와 절제가 가능한 사람 5. 공격적인 투자를 선호하는 사람

래 시 이자를 한 번에 받는 방식이며 금리가 월이자 지급식보다 높다. 이러한 맥락에서 수익형 부동산은 월이자 지급식, 시세차익형 부동산은 만기일시 지급식이라고 볼 수 있다.

만약 월세 수익과 시세차익 둘 다 높다면 그것만큼 좋은 게 없을 것이다. 그러나 아쉽게도 2가지 장점을 모두 가진 부동산 물건은 존재하지 않는다. 혹시나 그런 부동산이 있다고 광고하는 이가 있다면 사기꾼이라고 보면 된다. 이는 기획부동산에서 주로 사용하는 수법이다. 기획부동산은 고수익의 월세를 보장하고 시세차익도 크다는 광고를 자주 하는데, 이런 뉘앙스의 광고가 보이면 꼼꼼하게 따져봐야 한다. 수익형 부동산에서 시세차익은 보너스로 생각하고, 시세차익형 부동산에서 월세는 용돈 개념으로 생각하면 된다.

그렇다면 어떤 것이 시세차익형 부동산일까? 대표적으로 토지를 들 수 있다. 2017년에 분양한 원주 기업도시의 단독택지는 분양 경쟁률 '1만 9천:1'이라는 경이로운 기록을 보였다. 자기 집을 짓기 위해 택지를 분양받으려는 걸까? 아니다. 중간에 되팔아 전매차익을 챙기려는 것이다. 그 차익은 보통 수억 원에 이른다. 좋은 의미로 생각하면 투자지만 행실을 따지면 투기에 가깝다. 당첨 후 전매한 비율을 보면 투기 행각임을 금방 알 수 있다. 국회 국토교통위원회 소속 최인호 의원이 발표한 자료에 따르면 2016년 기준으로 택지에 당첨된 뒤 6개월 내 전매한 비율이 99%에 달한다고 한다. 원칙적으로 소유권 이전 전에는 전매가 금지돼 있는데 전매한 비율이 99%라는 건 전매차익을 노린 투자자들이 대부분이란 뜻이다.

수익형 부동산은 안정적으로 꾸준하게 월세를 받을 수 있다는 장점이 있다. 시세차익형 부동산은 매수와 매도의 차익으로 수익을 내는 구조라서 매도 전에는 돈을 벌 수 없다는 단점이 있다. 그러나 시세차익형 부동산은 잘 선별하면 수익형 부동산과 비교할 수 없을 만큼 수익이 크다. 2011년 세종시의 수정계획으로 투자자들의 발길이 끊겼던 시점이 있었다. 투자자들이 관심을 보이지 않던 시절, 필자는 세종시 개발 지역 인근 농지 400평을 매수했다. 8년이 지난 지금 공시지가로는 4배, 거래 시세로는 7배가 올랐다. 부동산 중개사로부터 좋은 가격에 거래해주겠다는 연락이 자주 오지만, 노후 대비를 위해 앞으로도 팔지 않을 예정이다.

그렇다면 모두가 큰돈을 벌 수 있는 시세차익형 부동산을 사야하는 걸까? 상황과 여건에 따라 다르지만 은퇴를 앞둔 40~50대 월급쟁이라면 수익 실현까지 시간이 오래 걸리는 시세차익형 부

꾸준히 인기 있는 지역과 공실이 많은 지역이 따로 있으니 투자 전에 꼼꼼한 입지 분석이 선행돼야 한다.

동산보다 수익형 부동산을 택하는 게 옳을 수 있다. 은퇴를 앞둔 월급쟁이들의 로망은 꼬박꼬박 월세가 나오는 수익형 부동산을 하나라도 소유하는 것이다. 가장 대표적인 수익형 부동산이 다가구 주택이다. 가장 꼭대기 층은 본인이 거주하고 적게는 10개에서 많으면 20개의 방을 임대해주는 것이다. 1~2인 가구가 증가하면서 다가구 주택의 인기는 앞으로도 계속 치솟을 전망이다. 그러나 꾸준히 인기가 있는 지역과 공실이 많은 지역이 따로 있으니 투자 전에 꼼꼼한 입지 분석이 선행돼야 한다.

다가구 주택은 수요가 꾸준해야 하기 때문에 서울과 수도권에 입지할수록 좋다. 지방은 일자리가 중요하기 때문에 대형 국가

산업단지의 배후 지역을 중점적으로 봐야 한다. 교통과 인프라가 잘 갖춰진 주거 지역이라면 공실 걱정이 덜하다. 다가구 주택의 장점을 몇 가지 이야기하면 대출 이자가 월 임대료에 비해서 낮기 때문에 레버리지를 활용해 투자 수익을 높일 수 있다. 원룸은 주거 목적이기 때문에 경기의 영향을 상가보다 덜 받는다. 1~2인 가구의 증가로 혼밥, 혼술이 많아지고, 주 52시간 근무제로 여가 시간이 늘어나면서 상가의 수익률은 경기의 영향을 받을 공산이 크다. 반대로 1~2인 가구가 꾸준하게 증가하면서 다가구 주택은 유망한 수익형 부동산으로 자리 잡고 있다. 하지만 단점도 있다. 다수의 임차인이 거주해서 시설물 관리가 필요하고, 계약 관리가 번거로우며, 소모품에 대한 수리 및 교체가 필요하다. 상가보다 관리 측면에서 어렵고, 건물의 노후로 수익률도 저하될 수 있다.

망설이지 말고
소액 투자부터

...

기초 체력을 만들었다면 이제 망설이지 말고 소액 투자부터 시작해보자. 근로자는 근무의 대가로 보수를 받는다. 한 달 꼬박 일하고 받는 보수를 월급이라고 하는데, 헌신해서 일한 대가로 받는 보수가 높지 않아 생활이 녹록지 않은 게 현실이다. 그래서 월급쟁이들의 꿈은 일을 안 해도 꾸준하게 꼬박꼬박 보수가 들어오는 시스템을 구축하는 것이다.

❙ 아파트 가격 및 월세 상승률(2016년 6월~2018년 6월 기준)

지역	아파트 가격 상승률	월세 상승률
전국	114%	110%
서울	126%	117%
전남	122%	126%

자료: 한국감정원

　우선 수억 원의 종잣돈이 필요하다는 고정관념부터 버릴 필요가 있다. 지역을 잘 찾아보면 소액으로 투자해도 월세를 받을 수 있다. 가장 선호하는 지역은 입지가 좋은 서울이다. 그러나 서울은 평균 7억 원에 달하는 아파트를 매수해야 월세를 받을 수 있는데 현실적으로 어려운 이야기다. 물론 서울이 투자처로 가장 좋은 건 사실이지만 종잣돈이 소액일 때 꼭 한 지역만을 고집할 필요는 없다.

　서울의 아파트 가격은 2016년 6월부터 2018년 6월까지 2년 동안 126%의 상승률을 보였는데, 전남은 같은 기간 122% 상승했다. 이것의 의미는 무엇일까? 입지가 가격 순위를 형성하고 공급과 수요에 따라서 상승과 하락을 반복한다는 뜻이다. 같은 기간 동안 서울과 전남의 아파트 가격 상승률은 비슷했지만 월세는 전남이 9% 더 상승한 것을 볼 수 있다.

　자기자본이 많다면 입지가 가장 좋은 서울에 투자하는 방법이 옳은 선택이 될 수 있다. 그러나 자기자본이 적다면 지방 아파트에 투자하는 것도 시도해볼 만하다. 지방에서는 월세와 시세차익을 함께 노릴 수 있다. 물론 관건은 철저한 입지 분석이다. 지방에서 좋은 지역을 선별해내는 눈을 키우면 큰 자본이 없어도 성공적인 부동산 투자를 할 수 있다. 그렇다면 입지 외에 또 무엇을 파악해야 할까? 앞서 부동산 시장의 핵심은 수요와 공급이라고 말한 바 있다. 부동산도 하나의 커다란 시장이다. 따라서 공급과 수요가 가격을 결정짓는다. 나머지 요소는 양념이다. 양념이 공급과 수요를 거슬러 요리의 본질을 바꾸진 못한다.

서울시 인구는 약 1천만 명이다. 총인구의 20%가 서울에 모여 살고 있다. 그래서 그런지 몰라도 서울의 부동산은 불패라는 인식이 강하다. 우리나라의 최고의 입지가 어디냐고 묻는다면 누구나 서울이라 말할 것이다. 하지만 입지에 따라서 가격은 천차만별로 차이가 난다. 중요한 것은 현 시점에서의 차이가 아니라 앞으로 얼마나 오르고 내릴지에 대한 부분이다. 입지는 말 그대로 '부동(不動)'이라서 변하지 않는다. 서울은 현재 대한민국에서 최고의 입지이고 당연히 앞으로도 최고의 입지일 것이다. 하지만 그렇기 때문에 가격에 이미 어느 정도 반영되어 있다.

가격을 움직이는 요소는 공급 물량과 수요, 그리고 투자 시기다. 2008년 금융위기 이후 5년 넘게 가격이 하락하다가 2013년부터 현재까지 서울을 중심으로 아파트 가격이 가파르게 상승했다. 이 시기에는 서울의 어느 아파트에 투자해도 수익을 냈다. 부동산 호황기로 인해 사람들은 능력과 무관하게 돈을 벌 수 있었다. 서울을 중심으로 한 정부의 규제에도 가격이 계속 오른 이유는 수요 대비 공급이 부족했기 때문이다. 단순히 입지만 좋아서 그런 게 아니다. 성공적인 투자를 위해서는 현재가 아닌 미래를 예측하는 통찰력이 중요하다. 따라서 현재의 상황을 정확히 이해하고, 필요한 정보들을 수집해 다양한 시나리오에 대비하는 확률적 사고가 필요하다.

결과론적인 이야기지만 앞서 2016년 6월부터 2년간은 서울의 수익형 부동산보다 전남의 수익형 부동산이 월세 수익률이 높았다. 결국 입지가 전부는 아니란 뜻이다. 그렇기 때문에 소액으로도 충분히 투자가 가능하다. 요리에서 가장 중요한 건 요리사의 능력이다. 같은 재료와 조미료를 사용할지라도 요리사의 솜씨에 따라 요리의 맛은 천차만별일 수 있다. 투자도 마찬가지다. 투자에 필요한 정보는 누구나 쉽게 찾을 수 있다. 정부기관의 통계자료, 대중매체의 자료, 개발계획, 공약 등은 인터넷 검색만으로도 쉽게 얻을 수 있다. 하지만 같은 정보로 어떻게 미래를 예측하는가는 투자자의 실력에 따라 달라진다. 요리 실력을 갖추기 위해 쉬운 요리부터 연습하듯이 확률적 사고력을 기르기 위해 쉬운 투자부터 시작해야 한다.

부동산 투자처 중 아파트는 공급과 수요에 따라 가격을 예측할 수 있고, 투자 사이클에 따른 이익과 손해를 쉽게 확인할 수 있다. 따라서 부동산 투자를 처음 시작하는 초보자에게는 아파트 매매부터 도전해보는 것을 추천한다. 계속 반복해 말하지만 아파트를 포함한 부동산의 가격을 결정하는 건 결국 공급과 수요다. 공급과 수요의 사이클을 파악해 싼 가격에 매수해 높은 가격에 매도해야 크게 이윤을 남길 수 있다. 입지나 금리, 국가 부동산 정책 등은 상대적으로 아파트 가격에 영향을 덜 미친다. 공급과 수요를 제외한 요소들은 요리에서 조미료 정도의 역할만 한다. 아직도 서울 아파트를 살 수 있을 정도로 종잣돈을 태산처럼 쌓아야지만 부동산 투자가 가능하다고 생각한다면 생각을 바꾸기 바란다.

월급쟁이에게는
경매보다 공매다

...

부동산 '경매(競賣)'란 돈을 빌려간 채무자가 약속한 날짜까지 빌린 돈을 갚지 못할 경우, 채권자가 법원에 의뢰해 법원에서 입찰자 중 가장 높은 가격을 쓴 사람에게 팔아 정산하는 것을 말한다. 부동산 '공매(公賣)'란 국세 체납처분 절차의 최종단계로 압류재산을 강제적으로 환가처분하는 것을 말한다. 공매에는 압류재산도 있지만 국유재산도 있다.

경매와 공매의 공통점은 경쟁 입찰을 통해 가장 높은 가격을 쓴 입찰자에게 매각이 된다는 점이다. 그리고 매수자가 없으면 가격이 낮아진다는 장점이 있다. 경매는 시세보다 싸게 살 수 있다는 장점이 있지만 입찰하기 위해 법원에 방문해야 한다는 단점도 있다. 또 권리분석이 어렵고, 임장이 필요하며, 낙찰 후 가장 까다로운 명도를 진행해야 한다. 하지만 공매는 경매와 달리 법원에 가지 않고도 전자입찰이 가능하다는 장점이 있다. 또 조건에 따라서 장기 할부 등이 가능해 대금 납부조건도 덜 까다롭다. 권리분석 역시 경매보다 간단하다. 다만 부동산 물건이 경매에 비해 적어서 선택의 폭이 제한적이라는 단점이 있다.

만일 당신이 초보 투자자이거나 회사를 다니는 월급쟁이라면 경매보다는 공매를 적극 추천한다. 초보 투자자는 권리분석 과정에서 어려움을 겪을 수밖에 없다. 그래서 경매에 올라온 물건이 좋은지 나쁜지도 잘 분간하지 못한다. 또한 모아둔 연차를 법원을 오고가는 데 다 소진하는 것도 쉽지 않다. 좋은 가격에 낙찰되어도 악덕 채무자와 세입자가 버티고 있으면 명도에 많은 시간을 소비해야 하고, 스트레스도 받아야 한다.

공매는 국유재산과 공공기관의 부동산을 다루기 때문에 권리분석과 명도의 걱정이 없다. 경매보다 편하게 소유권을 넘겨받을 수 있다. 국유재산과 공공기관의 부동산은 권리관계가 분명해 거래를 투명하게 처리할 수 있고, 권리분석과 명도가 필요 없기 때문에 기초 지식만 있으면 충분히 저렴하게 매수할 수 있다.

온비드 홈페이지(www.onbid.co.kr)를 통해 공매와 관련된 공고 정보를 확인할 수 있다. 필자는 온비드에서 진행하는 공매로 국유자산 소형 아파트 몇 개를 낙찰받은 적이 있다. 그중에 하나는 전북 익산에 있는 노후된 소형 아파트였다. 당시 3,150만 원에 낙찰을 받아 셀프 등기와 셀프 인테리어를 진행했다. 250만 원의

온비드 홈페이지에서 공매와 관련된 공고 정보를 확인할 수 있다

추가 비용이 발생했지만 보증금 500만 원에 월세를 20만 원씩 받을 수 있게 됐다. 그렇게 2년 동안 월세 통장을 운영했고, 2년 후에는 4,200만 원을 받고 매도했다. 시세차익만 1천만 원이었고 월세 수익은 총 500만 원이었다. 세금과 수리비 등을 감안해도 2년 동안 3천만 원으로 1,200만 원의 수익을 낸 것이다.

　당시 입찰 경쟁률은 10:1이었다. 4명은 아예 입찰금을 내지 않아서 유효 입찰 경쟁률은 6:1이었다. 6:1의 경쟁률은 법원 경매에 비하면 상당히 낮은 수준이다. 만일 금리를 2%로 가정했을 때 3천만 원을 같은 시기에 예금했다면 100만 원 정도의 수익을 냈

을 것이다. 무려 12배의 수익 차이가 발생한 것이다. 3천만 원이 아니라 3억 원이었다면 1억 1천만 원의 차이가 발생하게 된다.

공매는 상대적으로 잘 알려져 있지 않기 때문에 경매보다 낮은 경쟁률을 보인다. 관심 있게 살펴본다면 숨은 보석을 찾을 수 있을 것이다. 경매에 비해 물건이 많지 않아서 수시로 온비드에서 물건을 검색하거나, 매각 공고 이메일을 받는 것도 좋은 방법이다.

3장

실전
부동산 투자 노하우

트렌드와
입지 분석 노하우

필자는 2006년에 아파트 공사 현장에서 건축기사로 일했다. 그때 담당했던 아파트의 전용면적은 각각 85m², 129m², 155m²로 중대형 단지에 해당됐다. 30대는 30평대, 40대는 40평대, 50대는 50평대를 사야 한다는 우스갯소리까지 있을 정도로 당시에는 중대형이 인기가 높았다. 대형 타입의 마감재는 대리석과 수입 가구 등 고급 자재를 많이 사용해 분양가도 비싼 편이었다. 불과 10년 전 이야기지만 그때는 그렇게 현재와는 사뭇 다른 분위기였다.

하지만 2008년 금융위기 이후 상황이 많이 바뀌었다. 지금은 3.3m²당 분양가를 비교하면 소형 평형이 중대형 단지보다 더 비싸게 팔린다. 수요가 급격하게 줄어들어 더 이상 10년 전처럼 중대형이 인기를 끌지 못하고 있다. 2009년 기준으로 4인 가구 이상의 구성 비율은 32.1%였는데 2018년에는 21.3%로 약 10%가 줄었다. 앞으로 10년 뒤인 2028년에는 4인 가구 구성 비율이 14.4%로 더 감소할 예정이라고 한다. 반면 2인 가구 이하의 구성 비율은 2009년 46.6%에서 2018년 57.4%로 가파르게 치솟고 있다. 2028년에는 64.9%에 달할 것이라 예측될 정도로 꾸준히 증가할 전망이다.

소형 주택에
주목해야 한다

...

해가 갈수록 1~2인 가구는 급격하게 늘어나고 있다. 그러나 이들이 거주할 수 있는 신규 주택 공급은 미미한 수준이다. 정부에서도 이를 의식하고 고시원, 다가구 주택, 오피스텔, 소형 아파트 등 소형 주택 활성화 정책을 내놓고 있지만, 부족한 공급량은 해소될 기미가 보이지 않는다. 경기도 용인, 일산 등 일부 도시에서 분양된 대형 평형은 아직까지 분양 당시의 시세를 회복하지 못하고 있다. 앞으로도 그 가격을 기대하기 어려울 것으로 보인다. 같은 입지임에도 불구하고 전용면적에 따라서 희비가 갈린 것이다. 소형 주택으로 눈을 돌려야 하는 연유다. 급격한 1~2인 가구의 증가로 불필요한 주택 규모를 줄이는 '핏 사이징(fit-sizing)'이 활발해지고 있다. 핏 사이징이란 주거 공간을 점차적으로 줄여가는 다운 사이징과는 다른 개념으로, 1인당 10평이라는 최소한의 공간에서도 생활할 수 있음을 뜻한다. 즉 주거비를 깎을 수 있다면 1인 기준으로 10평 정도는 감수할 수 있다는 의미다.

물론 소형이 대세라고 해서 무조건 소형 주택이 돈이 된다는 것은 아니다. 소형 주택의 수요에 맞추기 위해 무분별하게 공사를 앞당기다 부실공사를 초래하는 경우도 잇따르고 있어 주의가 필요하다. 2014년 충남 아산에서 완공을 열흘 앞둔 오피스텔 건물이 피사의 사탑처럼 붕괴 직전까지 가기도 했고, 2017년에는 부산에서 입주한 지 얼마 되지 않은 오피스텔이 기울어지는 일도 벌어졌다. 공급이 부족해 억지로 수요에 맞추다 보니 부실공사가 발생한 것이다. 그럼에도 불구하고 여전히 소형 주택은 매력적이다.

소형 주택을 선호하는 수요층은 다양한데, 가능하면 고소득자가 거주하는 소형 주택에 투자해야 한다. 소형 주택을 선호하는 사람은 임대 거주의 목적이 강하다. 1~2인 가구가 증가한다는 건 임대 수요가 꾸준히 늘어나고 있다는 뜻이다. 안정적인 월세 수익을 내기 위해서는 직주근접이 가능한 지역, 역세권 등 교통과 인프라가 잘 형성된 지역, 국가산업단지 배후 지역, 인구가 꾸준하게 늘어나는 지역, 평균 연령이 30대가 많은 지역에 투자해야 한다. 1~2인 가구의 증가와 베이비붐 세대(1955∞1964년생)의 정년이 맞물리면서 소형 주택의 임대사업이 활성화되고 있다. 소형

구분	주거용	상업용
전국	32.1m²	14m²
수도권	30.3m²	14m²
지방	33.8m²	14m²

자료: 국토교통부

주택은 앞으로도 꾸준한 월세 수익은 물론이고 시세차익까지 덤으로 노릴 수 있는 좋은 투자처일 것이다.

1~2인 가구의 득세로 앞으로 대형 주택은 고소득자, 출산율이 높은 지역 등 특수한 지역이 아니면 기피해야 한다. 대형 아파트에 살고 있다면 인테리어 비용을 투자해 세대 분리를 통해 임대 수익을 노리는 것도 대안이 될 수 있다. 세대 분리를 고려하고 있다면 국토교통부에서 발간한 『기존 공동주택 세대구분 설치 가이드라인』의 세대 구분 설치 기준을 참고하기 바란다. 이처럼 주거 공간의 규모는 계속해서 작아지고 있는 추세다. 혼자 사니까 주거 공간을 줄여 주거비의 부담을 줄이려는 사람들이 계속해서 늘고 있기 때문이다.

국토교통부가 발표한 '2015년 전국 건축물 현황'에 따르면 우리나라의 건축물은 모두 약 699만 동이며 면적은 35억m²라고 한다. 전체 건축물 면적을 인구수로 나눠보면 1인당 건축물 면적은 68.6m²인데, 이를 다시 주거용과 상업용으로 구분해보면 우리

국민 1인이 사용하고 있는 평균 면적을 산출할 수 있다. 주거용은 평균 32.1m²로 10평이 조금 안 되며, 상업용은 14m²다. 정리한 표를 보면 1인당 주거면적은 지방으로 갈수록 커져 지방 사람들이 수도권 사람들보다 더 넓게 사는 것을 알 수 있다.

인구가 늘어나는
도시를 선별해야 한다

...

우리나라에는 소도시부터 대도시까지 100여 개 정도의 도시가 있다. 그 도시 중에는 꾸준히 인구가 증가하는 도시와 줄어드는 도시가 있는데, 참고로 수도인 서울시의 인구는 2009년 3월부터 9년 동안 꾸준히 감소하고 있는 실정이다. 2016년 6월에 서울시의 인구는 1천만 명 선이 붕괴됐다. 상당수가 비싼 집값과 전세난으로 인해 서울에서 경기권으로 이사했기 때문이다. 그리고 재개발·재건축 등으로 멸실주택이 늘어나고, 세대가 분리되는 등 여러 복잡한 요소가 작용했다. 또한 불황으로 전세를 선호하는 경향이 깊어져 전세가율이 치솟은 것도 한몫을 했다. 40%대였던 전세가율이 2017년에 70%를 넘어섰기 때문이다.

실제로 급등한 전셋값을 감당하지 못해 직장과 거리가 먼 위성도시로 전출을 가는 경우도 많다. 서울에서 신도시로 이사하는 경우는 자녀가 성장해 더 넓은 집이 필요해졌을 때가 대부분이다. 아직 미혼인 20~30대는 편안함, 편리성, 신속성, 개인성 등을 더 추구하기 때문에 임대료가 다소 비싸고 방이 작더라도 직주 근접성을 중시하는 반면, 아이가 있는 기혼자들은 그렇지 않다.

물론 서울의 도시 재생사업이 완료되는 시점에는 전출이 줄어 들 것으로 예상된다. 나날이 늘어가고 있는 1인 가구와 맞벌이 가 구는 여전히 직장과 가깝고 생활 편의시설이 풍부한 서울을 더 선 호하기 때문이다. 생활 편의시설에서 먼 곳에 사는 고령자는 운 신이 어려워 젊은층보다 더 많은 불편함을 느낀다.

흔히 우리나라의 경제 양상이 일본과 닮은꼴이라는 이야기를 자주 한다. 전문가들 사이에서는 '맞다', '아니다'로 첨예하게 대 립하는 문제지만 일본의 주택 시장도 눈여겨볼 필요는 있다. 일 본은 한국보다 앞선 1960년대부터 대도시 주택난을 해소하기 위 해 도쿄, 오사카, 나고야 외곽 등에 신도시를 개발했다. 하지만 2000년 이후 도심 회귀가 본격화하면서 '신도시 공동화 현상'이 나타나기 시작했다. 1966년 개발된 타마 뉴타운 등의 베드타운 형 신도시가 대표적이다.

일본은 초고령화 사회로 접어들면서 고령자 대비 취학연령 인 구가 급감해 빈집, 방범 등의 문제가 계속 대두되고 있다. 지속적 으로 출산율이 떨어지는 우리나라 역시 도심 회귀가 본격화되면 경기도권에 공동화 현상이 나타날 수 있는 것이다. 특히 한국의 고령화 속도는 일본보다 빨라 이미 위험수위에 근접해 있다. 이 런 속도라면 복지 지출은 더 급속히 증가할 것이고 생산 가능 인 구도 곤두박질칠 우려가 있다. 그래서 사전에 공동화 현상을 방지하기 위해 서울과 경기도에 몰려 있는 기업과 정부 행정기관을 지방으로 분산시키는 국가 균형발전 정책이 필요했고, 이런 배경으로 인해 노무현 정권 때 행정중심복합도시와 각 지방의 기업도시, 혁신도시 등이 탄생한 것이다. 하지만 1~2인 가구의 증가라는 악재로 인해 신도시 공동화 현상이 가속화될 우려가 있다.

  위성도시는 대도시의 인구 증가, 주택 부족, 공업 용지 부족 등으로 나타난 문제를 해결하기 위해 정부에서 의도적으로 만든 도시다. 교통의 발달과 도시 인구의 증가로 교외화가 진전돼 외곽지역에 위성도시가 형성됐다. 위성도시는 대도시의 기능을 일부 담당함으로써 도시의 과밀화를 해소하고 있으며, 주택 기능과 공

| 우리나라 고령인구 비율

자료: 통계청

업 기능을 대신하기도 한다. 대표적인 서울의 위성도시로는 행정 기능의 과천, 공업 기능의 안양·부천·안산, 군사 기능의 의정부, 주거 기능의 고양과 성남 등이 있다.

통계청 자료에 의하면 우리나라는 2031년부터 인구가 줄어들 예정이라 한다. 또한 고령화 사회에서 초고령화 사회로의 진입도 얼마 남지 않았다고 한다. 결국 도시는 인구가 줄어드는 도시와 늘어나는 도시로 이분화될 것이다. 인구가 줄어드는 도시도 집에 대한 수요가 있겠지만 제한적일 수밖에 없다. 따라서 부동산 투자자는 인구가 꾸준하게 늘어나는 도시, 평균 연령이 낮은 도시, 신성장 산업도시, 국가주도형 개발도시, 자족 기능이 확보된 도시에 투자해야 한다. 사람이 모이는 곳에 돈이 있고, 돈이 있는 곳에 사람이 모인다. 인구가 늘어나는 도시를 선별해 투자한다면 실패할 확률도 줄어들 것이다.

최고의 지역은
인천시와 세종시

···

1~2인 가구, 즉 소형 평형의 주거시설이 주거 문화를 주도하고 있다는 점에 대해 이제 공감할 것이다. 육하원칙 중에서 '무엇을'을 해결했으니 이제 '어디에'에 대한 질문만 남았다. 필자는 전용면적 33m²의 아파트를 2채 소유하고 있다. 이 10평대 아파트를 3년째 보유하고 있는데, 소소하지만 꾸준히 공실 없이 월

세를 받고 있다. 계약 만기가 되기 전에 나간다는 세입자가 있어 걱정했던 적도 있었지만 금세 새로운 세입자를 구할 수 있었다. 하나의 사례일 뿐이지만 그만큼 소형 평형은 투자처로 큰 경쟁력이 있다.

2019년 최저 임금인 8,350원을 기준으로 월 209시간을 일한다고 가정했을 때 받을 수 있는 월급은 대략 170만 원이다. 여기서 각종 세금과 생활비, 주거비를 제외하면 수중에 남는 돈은 거의 없다. 소형 주택에 사는 1인 가구는 소득 수준이 낮은 경우가 많아 월세가 밀리는 일이 허다하다. 그렇기 때문에 30~40대 싱글 직장인과 전문직에 종사하는 가구가 많은 지역에서 수익형 부동산을 찾는 것이 중요하다.

1인 가구 수요층을 타깃으로 한 지역은 어디가 좋을까? 당연히 인구가 제일 많은 서울일까? 인구가 제일 많다는 건 그만큼 수요도 높을 가능성이 크다는 것이다. 그러나 통계청에서 발표한 자료에 따르면 서울을 포함한 모든 광역시 중에서 1인 가구의 증가율이 가장 높은 곳은 인천시였다. 인천시의 1인 가구는 2019년부터 2044년까지 28만 가구에서 46만 가구로 무려 64% 증가할 것으로 예측된다. 반면 같은 기간 동안 서울은 121만 가구에서 134만 가구로 11% 증가할 것으로 예측된다. 1인 가구가 차지하는 비율도 인천시의 가구 구성비가 타 지역에 비해 월등하게 높아질 것으로 보인다.

따라서 소형 주택은 서울보다 인천에서 투자 물건을 찾는 것이 더 바람직하다. 반대로 인천의 중대형 주택 수요는 시간이 갈수록 줄어든다고 판단해야 할 것이다. 그렇다면 중대형 주택은 어디에 투자하는 것이 바람직할까? 당연히 전국에서 출산율이 가장 높은 세종시다. 세종시는 1인 가족 구성비의 증가율이 가장 낮은 곳으로 앞으로도 중대형 주택의 수요가 꾸준할 것으로 보인다.

길 따라
돈이 흐른다

...

부동산 개발은 길을 따라 진행된다. 무슨 뜻이냐 하면 길이 있어야 집이 지어지고 사람이 모이기 때문이다. 그래서 부동산의 가치를 판단하는 중요한 요소가 바로 길(도로)이다. 서울과 위성도시를 잇는 전철은 도시의 성장과 소멸을 좌우하는 중대한 요소다. 전철 개통 소식만 들려도 부동산 가격이 올라가는 호재로 작용되는 것이다.

'저탄소 녹색성장 기본법', 약칭 '녹색성장법'의 '제53조 저탄소 교통체계의 구축' 항목을 살펴보면 철도에 대한 정부의 입장을 알 수 있다. 정부는 철도가 국가 교통망의 근간이 되도록 관련된 투자를 지속적으로 확대하겠다고 이야기한다. 그래서 눈여겨봐야 할 것이 바로 GTX다. GTX는 수도권의 교통난을 해소하려는 목적으로 경기도가 국토해양부에 제안해 추진되기 시작한 사

자료: 경기도청 홈페이지

업이다. 논의되기 시작한 건 2007년이지만 2010년 9월에서야 타
당성 조사가 이뤄졌다. 2025년까지 3개 노선을 건설할 예정인데,
A노선은 2014년 6월에 기본계획이 수립됐고, B노선과 C노선은

A노선	운정, 킨텍스, 대곡, 연신내, 서울역, 삼성, 수서, 성남, 용인, 동탄
B노선	송도, 인천시청, 부평, 부천종합운동장, 신도림, 여의도, 서울역, 청량리, 망우, 별내, 평내호평, 마석
C노선	수원, 금정, 과천, 양재, 삼성, 청량리, 광운대, 창동, 의정부, 덕정

예비타당성 검토를 하고 있다. 수도권 광역급행철도라고도 하는 GTX는 흔히 말하는 호재다. 만일 실현된다면 거주민의 불편이 크게 해소되어 부동산 가격까지 움직일 공산이 크다. 물론 A노선을 제외한 B·C노선은 예비타당성 결과를 포함한 사업 속도를 조금 더 신중하게 지켜볼 필요가 있다.

GTX는 지하 40~70m 터널로 건설되어 정차 시간을 감안해도 기존 전철보다 3배 이상 빠른 최고 시속 200km, 평균 시속 100km로 운행될 예정이다. A노선(파주~동탄), B노선(송도~마석), C노선(의정부~금정) 3개 노선이 추진 중이다. GTX A노선은 3개 노선 중 사업 진행 속도가 가장 빠르다. 만일 개통된다면 일산에서 삼성역까지 1시간은 더 단축된다. GTX B노선은 예비타당성 조사가 관건이다. 만일 사업성이 있는 것으로 판단된다면 2021년에 착공될 예정인데 계획이 그렇다는 것이니 신중하게 접근해야 한다. GTX B노선이 개통될 경우 송도에서 서울역까지 30분 안에 도착할 수 있어 파급력이 강할 것으로 예상된다. GTX C노선 역시 예비타당성 조사가 긍정적이라면 2019년에 착공될 예정이다. 개통된다면 의정부에서 삼성역까지 15분 안에 도착할 수 있다고 한다.

따라서 GTX역이 들어서는 지역들을 관심 있게 주목해야 한다. 특히 서울역, 청량리, 삼성은 2개의 GTX 노선이 만나는 곳이어서 많은 투자자들의 이목이 쏠리고 있다. 하지만 GTX A노선을 제외하고는 사업의 진행 여부가 확실치 않기 때문에 신중하게 접근해야 한다.

이들 지역 중 2개의 GTX 노선이 만나는 서울역, 청량리, 삼성 말고도 주목해야 할 곳이 있다. 바로 연신내, 과천, 수서, 망우, 창동 등 서울과 위성도시의 교집합 지역이다. 물론 서울역, 청량리, 삼성이 가장 확실한 투자처지만 이들 지역은 당연히 이미 가격이 높다. 따라서 이런 교집합 지역을 중심으로 놓고 투자할 곳을 선별해야 한다. 서울과 위성도시의 교집합 지역은 일단 수요가 풍부하고, 서울 중심과 인접해 직주근접성이 뛰어난 곳들이다. 만일 GTX역까지 개발된다면 가장 뜨거운 지역으로 급부상할 것이다.

신도시의
투자 타이밍

...

신도시에 투자할 계획이라면 반드시 유의해야 할 점들이 몇 가지 있다. 개발 단계별로 신도시를 구분해 투자하기에 좋은 시기인지 나쁜 시기인지 판단해야 한다는 점이다. 개발 초기부터 신도시가

━━ 신도시 완성도(좌)   ━━ 가격 누계(우)

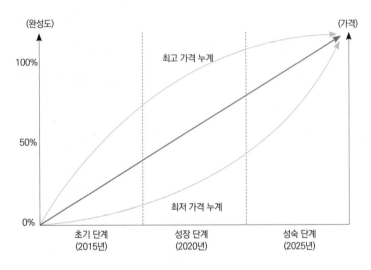

성숙·완성에 이르기까지는 짧게는 10년, 길게는 20년이 소요된다. 이해하기 쉽게 1단계는 초기 단계, 2단계는 성장 단계, 3단계는 성숙 단계로 나눠보았다. 이해를 돕기 위해 도식화한 것이다. 도표와 같이 시간에 정비례해 도시가 성장하는 경우는 거의 없다. 해당 도표는 2015년에 신도시를 개발해 2025년에 완료된다는 가정하에 만들어졌다.

신도시는 원형지 상태에서 개발이 착수된다. 여기에 도로와 편의시설, 공공시설, 상업시설, 주거시설 등이 건설되어야 가치가 생기는 것이다. 투자자라면 이러한 시설들이 언제 착수되어 완성될지 꾸준하게 흐름을 파악해야 한다. 그래야 앞으로 어떤 일이 벌어질지 사전에 예측하고 대비할 수 있다. 예측은 한 번만 하고 끝나는 것이 아니라 지속적으로 모니터링해야 하는 것이다. 다양한 변수에 대응하기 위해서는 투자하려는 신도시가 어떤 단계에 접어든 상태이고, 또 어떤 공사와 사업이 문제가 있는지 파악해야 한다. 여기서 핵심은 도시 개발계획에 나와 있는 일반적인 개발 외에 허구적인 개발 예측들, 즉 이뤄지지 않는 정치적 공약이나 단순 MOU 체결, 허위사실(속칭 찌라시) 등으로 인한 허구적인 부분들을 잘 가려내야 한다는 것이다. 이러한 허구적인 개발 예측들이 거품을 만들기 때문에 자칫 잘못 휘말리면 큰 손해를 볼 수도 있다.

1. 초기 단계

개발 전에는 도시 기획과 계획을 수립하고, 개발 초기에는 토지 보상과 택지 조성을 진행한다. 사업 초기 단계에는 토지 보상 및 문화재 조사가 이뤄진다. 문화재 조사가 어느 정도 진행되면 부지 및 도로, 통신관로 공사 등이 진행되는데, 부지 조성이 끝나면 허허벌판에 덩그러니 아파트만 짓고 첫 분양을 시작한다. 도표에서는 추이선이 시간에 비례해 상승했지만 실제로는 그렇지 않다. 도시의 완성도에 따라 상승곡선이 가파르게 치솟을 수도 있고, 느리게 정체될 수도 있다. 개발 완성도에 맞춰 가격이 형성되는 것이다. 부동산 정책과 시장 분위기 등에 따라 달라질 수 있지만 가격은 보통 '최고 가격 누계'와 '최저 가격 누계' 사이를 오고

간다. 가격이 최고 가격 누계와 비슷하거나 넘어설 경우 고평가 됐다고 말하며, 가격이 최저 가격 누계와 비슷하거나 더 낮을 경우 저평가됐다고 말한다.

초기 단계가 지나야 아파트를 비롯해 시설물을 지어 사람들이 살 수 있는 환경을 만든다. 이때는 생활편의 시설물이 굉장히 부족하고, 짓는다고 해도 공사로 인한 불편함을 가장 많이 감수해야 하는 시기다. 상권도 제대로 형성되어 있지 않다. 그래서 실수요자보다는 투자자들이 먼저 시장에 진입하는 경우가 많다. 아직 실거주 목적으로 들어오기에는 살기 너무 불편하고, 사업의 불확실성 등으로 리스크가 크기 때문이다. 분양권 거래 역시 투자자들끼리 서로 북 치고 장구 치며 이뤄진다.

2. 성장 단계

성장 시기에는 도시가 제자리를 잡아가는 시기이며, 드디어 실입주자가 관심을 가지는 시기다. 이때부터 실수요자로의 손바뀜이 시작된다. 이 시기부터 선점한 자(투자자)와 진입하려는 자(실수요자) 간의 첨예한 다툼이 시작된다. 간혹 어느 한쪽이 과하게 불리하다 판단되면 정부는 균형을 맞추기 위해 새로운 룰을 정해 간섭한다. 이처럼 신도시가 개발 단계에서 성숙 단계로 넘어가는 과정을 '신도시 성장통'이라고도 한다. 바로 현재의 세종시가 이 단계라고 보면 되겠다.

3. 성숙 단계

성숙 시기에는 상업시설과 문화시설이 완성되는 단계다. 성숙 단계는 굵직한 호재가 시설물로 만들어져 도시가 완성되는 시기로, 이 시기에는 부동산 가격도 다시 안정기에 접어든다. 편의시설이 모두 갖춰진 상태이므로 실수요자 입장에서는 '최적의 도시'라 할 수 있다. 반대로 투자자 입장에서는 호재의 활동이 멈추는 시기이기 때문에 새로운 호재가 등장하지 않는 이상 큰 수익을 내기가 어렵다. 이때부터는 공급과 수요의 불균형이 나타나지 않는 이상 원하는 만큼 큰 수익을 낼 수 없다.

결국 도시의 완성도와 리스크는 반비례하는데, 초기에 리스크가 100이라면 완성 시점에는 리스크가 0이라고 보면 된다. 물론 리스크의 정도는 어떤 시점에서 바라보는가에 따라 체감이 다르다. 신도시 개발 시기에는 호재가 사라지거나 혹은 악재가 발생되기도 하며, 이에 따라 사업이 지연 또는 중단되기도 한다. 투자는 리스크를 안고 하는 것인데 신도시에 투자하는 것은 시설물 지연의 리스크를 감수한다는 의미로, 이는 이미 성숙한 도시에는 없는 리스크를 감수하는 것이다. 그만큼 신도시는 이미 조성된 도시보다 많은 리스크를 가지고 있다. 신도시가 계획처럼 잘 성장해서 리스크가 해소된다면 그에 따른 시세차익을 얻을 수 있다. 구도시는 공급 물량과 수요층의 증감에 따라서 가격이 결정되지만, 신도시는 도시의 완성도에 따라 시세차익을 얻을 수 있다.

　그렇다면 신도시 투자 시 어느 단계에서 진입해야 가장 많은 수익을 낼 수 있을까? 정답은 초기 단계다. 초기 단계, 성장 단계, 성숙 단계 순서로 리스크가 적어지므로 가장 리스크가 큰 시기가 당연히 시세차익도 크다. 하지만 장기 투자가 아닌 단기 투자라면 이야기가 달라진다. 단기적인 수익은 도표에서 볼 수 있듯이 성장 단계가 가장 크다. 최고 가격 누계와 최저 가격 누계 사이의 격차가 클수록 단기적인 손익도 커지기 때문이다. 가장 좋은 투자 타이밍은 당연히 신도시의 전체적인 가격이 저평가된 상태일 때다. 하지만 현재의 가격이 저평가인지 고평가인지 파악하기 위해서는 외부 상황을 종합적으로 고려하는 과정이 필요하다. 신도시 형성 과정에서 현재 진행 중인 사업은 무엇인지, 개발계획에 따라 진척도는 어떤지, 특별한 이유 없이 최근에 크게 등락한 적이 있는지 등을 파악해야 한다.

　막연하게 현재의 가격을 기준 없이 비싸거나 싸다고 판단하는 건 굉장히 위험한 일이다. 분명한 기준을 세워 가격을 판단해야 한다. 앞서 강조했듯이 과거의 가격은 중요하지 않다. '1년 전 대비 5천만 원 올랐으니 비싸다.' 이런 식의 접근은 굉장히 위험하고, 결국 운에 기대 투자하는 것에 불과하다. 투자 시점과 매도 시점을 찾기 위해서는 통찰력 있는 사고가 필요하고, 호재별로 점수를 매겨 나름대로 정량적 평가를 시도하려는 노력이 필요하다. 예를 들어 도시의 완성을 100점이라 봤을 때, 고속도로를 6점, 전철을 3점, 공원을 1점 등 자신의 판단에 따라 점수를 매겨 측정해 보는 것이다. 만일 고속도로 개통이 지연되거나 백지화되면 6점을 감점하는 식으로 접근하면 조금 더 객관적으로 주변에 휘둘리지 않고 판단할 수 있게 된다. 물론 이런 정량적 분석은 완벽하지 않다. 하나의 예일 뿐이다.

그렇다면 1~2기 신도시는 어떤 단계일까? 1기 신도시 분당, 일산, 평촌, 산본, 중동은 성숙 단계이며, 2기 신도시 송파, 위례, 성남, 판교, 김포한강, 광교, 동탄, 검단, 고덕, 양주 등은 대체로 성장 단계다. 물론 일부는 완료인 성숙 단계에 이르고 있다. 정부는 최근 3기 신도시를 선정했다. 대규모 택지로 남양주, 하남, 계양, 과천을 채택했고, 중소형 택지로 다른 6곳을 채택했다. 10만m² 이하인 소형 택지는 31곳을 지정했다. GTX 등 광역교통망 축을 중심으로 신규 택지를 개발한다는 계획이다. 3기 신도시를 제외한 신도시 중에 개발 완료 시점이 가장 늦는 곳은 양주 신도시로 2025년에 완료될 예정이다. 다만 서울과 3기 신도시보다 멀리 떨어진 2기 신도시는 자족 기능이 떨어지고, 서울과의 접근성이 떨어져 성장과 성숙 단계가 길어질 수 있다. 서울과 직주근접이 유리한 3기 신도시 지역을 중심으로 투자단계별 주기를 알고 접근한다면 투자에 실패할 확률을 줄일 수 있을 것이다.

아파트 매매,
어떻게 접근해야 할까?

앞서 갭투자가 앞으로도 계속 완벽한 투자 전략일 수는 없다고 이야기했다. 하지만 철저하게 공부해 잘 활용한다면 여전히 유효한 부분도 있다. 전세금을 끼고 아파트를 매수하는 방법은 대표적인 소액 투자법 중 하나다. 이를 바로 갭투자라고 한다. 이처럼 갭투자는 전셋값과 매매가 사이의 차이가 매우 적은 아파트를 매입하는 것을 말하는데, 전세가율이 높아 소액으로도 투자가 가능하다고 해서 섣불리 접근하는 것은 굉장히 위험하다.

갭투자를 할 생각이라면 반드시 사전에 전세가율이 왜 높은지 꼼꼼하게 이유를 따져볼 필요가 있다. 입주 예정 물량이 많아서 매매가격이 하락해 매매가와 전세가 사이의 차이가 축소된 것인

자료: 부동산114

지, 인프라는 좋으나 아파트 노후화가 심해 소유보다는 전세를 선호하는 이들이 많은 것인지, 단순히 집값 상승에 대한 불확실성 심리가 작용했는지, 저금리 기조로 인한 전세 선호 현상이 지속돼 전셋값이 상승했는지 등을 잘 따져봐야 한다.

갭투자의 가장 큰 리스크는 집값이 하락세로 전환되면 전셋값 또한 상승을 멈추고 하락하게 된다는 점이다. 갭투자한 시점보다 전세가율이 하락하게 되면 시세차익이 줄어들고, 전세 만기 시 역전세로 손실을 보게 된다. 수익률과 투자금만 고려해서 투자하지 말고 자금 여건을 고려해 신중히 접근해야 하는 연유다. 투자자 입장에서는 부동산 시장이 계속 좋아서 아파트 매매가와 전세가율이 상승하면 좋겠지만, 결국 아파트도 하나의 재화이므로 가격이 늘 오르기만 할 수는 없다. 2013년 11월부터 2018년 5월까지의 서울 아파트 전세가율 추이를 보면 확실히 알 수 있다. 만일 갭투자 이후 전세가율이 낮아지면 추가 비용이 발생하게 되고, 전세 레버리지를 이용한 만큼 리스크도 커질 것이다.

가장 확실한 방법은
청약을 통한 매수다

...

아파트를 매수하는 방법은 갭투자만 있는 것이 아니다. 분양하고 있는 아파트를 청약을 통해서 매수하는 방법도 있다. 우리나라는 성인의 대부분이 청약통장을 가지고 있다. 그만큼 청약이 가장 확실하고 안전한 아파트 매수 수단이기 때문이다. 만일 이 책을 읽고 있는 독자 중 아직 청약통장이 없는 이가 있다면 나이와 종잣돈, 주택 소유 유무 떠나 반드시 만들어놓기 바란다. 앞에서 이야기했듯이 기회는 스스로 준비한 사람에게 찾아오기 마련이다.

아파트 공급방법은 특별공급(신혼부부, 다자녀 가구, 노부모 부양, 기관 추천 등)과 일반공급으로 구분된다. 특별공급 대상자는 경쟁률이 낮아 당첨 확률이 높고, 떨어져도 일반공급에서 재청약이 가능해 2번의 기회를 얻을 수 있다는 장점이 있다. 특별공급 대상임에도 불구하고 잘 알지 못해 기회를 놓치는 경우를 주변에서 여럿 보았다. 반드시 꼼꼼하게 특별공급 대상자의 조건을 살펴보기 바란다. 자신이 특별공급 대상자인지 미리 확인하고, 조건이 부

┃ 아파트투유 홈페이지 화면

청약은 아파트투유 홈페이지에서 진행된다.

족하다면 대안을 찾는 것도 필요하다.

청약은 아파트투유 홈페이지(www.apt2you.com)에서 진행된다. 이곳에서 아파트 청약과 분양 공고 등을 확인할 수 있다. 아파트투유 홈페이지에서 청약 점수 확인 및 청약통장 가입금액, 청약 일정, 경쟁률, 당첨 사실 조회가 가능하다. 청약으로 아파트 매수를 노린다면 틈틈이 아파트투유에 접속해서 정보를 확인하기 바란다.

청약주택의 종류는 국민주택과 민영주택으로 구분되고, 공급 방식은 분양과 임대로 구분된다. 국민주택은 주택도시기금을 지

| 아파트 특별공급 청약 신청방법

주택 선택 ➡ 유의사항 확인 및 로그인 ➡ 특별공급 종류 선택 ➡ 청약 자격 확인 ➡
주택형 선택 ➡ 거주지 입력 ➡ 청약통장 자격 확인 ➡ 선정 기준 입력 ➡
청약자 정보 입력 ➡ 청약 신청 내역 확인 ➡ 청약 완료

원받아 공급되는 주택 또는 지방단체, LH 한국토지주택공사, 지방공사가 건설하는 주택 중 전용면적 85m² 이하의 주택을 말한다. 민영주택은 국민주택의 지원을 받지 않고 민간 건설회사에서 짓는 주택 또는 국가, 지방단체, LH 한국토지주택공사 등 공공기관이 공급하는 전용면적 85m² 초과의 주택을 말한다.

청약에 당첨 시 지역별로 예치금액도 상이한데, 전용면적 85m² 이하만 예를 들자면 서울·부산은 300만 원, 기타 광역시는 250만 원, 그 외 지역은 200만 원이다. 도심, 즉 핵심 입지에 가까울수록 예치금액도 높아진다.

청약 제도는 단순히 청약 신청만 하는 용도가 아니라, 주택 자

| 청약통장 지역별 예치금액

구분(전용면적)	서울·부산	기타 광역시	그 외 지역
85m² 이하	300만 원	250만 원	200만 원
102m² 이하	600만 원	400만 원	300만 원
102~135m²	1천만 원	700만 원	400만 원
1135m² 초과	1,500만 원	1천만 원	500만 원

자료: 금융감독원

금 마련을 위한 저축도 함께 도와주는 주택 정책이다. 한때 2년 이상 넣은 돈에 대해 연 3.0%라는 감동적인 이자율을 적용해주기도 했지만 이는 2015년 3월까지 해당되는 이야기였다. 한국은행의 기준금리 인하에 따라 청약통장의 2년 이상 금액에 대한 이자율도 기존 3.0%에서 2.8%로 낮아졌다. 그러나 시중에 출시된 적금통장과 비교해보면 아직까지 청약통장의 금리는 상당히 높다고 볼 수 있다.

2014년부터 서울과 수도권, 부산, 대구, 광주, 세종을 중심으로 훈풍이 불어 아파트 가격이 가파르게 올랐다. 2018년도에 이르러 과열 양상으로 치닫자 정부의 부동산 규제정책도 쏟아졌다. 주택 가격 안정화를 위해 대출 기준, 청약 요건, 전매제한 등의 규제가 쏟아졌다. 정부는 그럼에도 불구하고 가격이 안정되지 않자 하루가 멀다 하고 한층 더 강력한 후속 조치 정책을 발표해 개정안을 냈다. 이에 따라 청약 1순위 조건 역시 수시로 변경되니 사전에 부동산 정책을 유심히 들여다봐야 한다. 부동산은 말 그대로 '부동'이어서 움직이지 않는다. 그러나 부동산 시장은 럭비공처럼 어디로 튈지 판단하기 어려울 정도로 유동적이다. 전문가조차 럭비공이 바닥에 떨어지기 전까진 확신 없이 확률적인 추측만 내놓을 뿐이다. 바뀐 정책이 발표되면 그때그때 진행 방향을 알수 있을 것이다. 바로 그때 정책이 어떻게 바뀌는지 관심 있게 지켜보고 움직이면 된다.

부동산 규제 지역은 규제 강도에 따라서 투기지역, 투기과열지

❘ 투기과열지구와 투기지역 현황(2018년 12월 기준)

투기과열지구
서울 전 지역, 과천시, 성남시 분당구, 광명시, 하남시, 대구 수성구, 세종시

투기지역
서울(강남구, 서초구, 송파구, 강동구, 성동구, 용산구, 노원구, 마포구, 양천구, 영등포구, 강서구, 종로구, 동대문구, 동작구, 중구), 세종시

자료: 국토교통부

구, 조정대상지역으로 분류할 수 있다. 규제가 가장 강한 투기지역은 LTV와 DTI가 40%로 제한되고 중도금 대출 발급 요건이 강화된다. 또한 주택 담보대출 건수가 세대당 1건으로 제한된다. 2건 이상 아파트 담보대출이 있는 경우 만기 연장이 안 된다. 그리고 투기지역 내 농어촌 주택은 농어촌 주택 취득 특례에서 배제된다. 투기지역은 2018년 12월 기준 서울(강남구, 서초구, 송파구, 강동구, 성동구, 용산구, 노원구, 마포구, 양천구, 영등포구, 강서구, 종로구, 동대문구, 동작구, 중구), 세종시로 총 16곳이 지정되어 있다.

투기과열지구는 LTV와 DTI가 40%로 제한되고 중도금 대출 발급 요건이 투기지역과 동일하게 강화된다. 또한 재건축 조합원 지위양도가 제한되고 조합원 분양권 전매제한이 있다. 청약 시 1순위 자격 요건이 강화되어 민영주택 일반공급에서 가점제의 비율이 확대(85m² 이하 100%, 85m² 이상 50%) 적용된다. 추가로 9억 원 초과 주택은 아파트 특별공급에서 제외된다. 투기과열지구는 2018년 12월 기준 서울 전 지역과 과천시, 성남시 분당구, 광명시, 하남시, 대구 수성구, 세종시로 총 31개 지역이 지정되어 있다.

청약 전에 반드시
점검해야 할 사항들
...

청약 전에 점검해야 할 가장 중요한 사항은 자기자본을 확보하는 것이다. 당첨 후 계약금을 마련하지 못해서 당첨 기회를 날려버리거나, 어렵사리 계약금을 구해서 계약했지만 개인신용 문제가 생기거나, 규제 지역의 중도금 대출 규제로 대출 승인이 안 되는 경우도 있다. 이런 경우에는 중도금을 별도로 준비해야 하며, 전매로 매도 시 매수인이 대출을 활용할 수 없어 매도도 쉽지 않을 수 있다. 청약 전에 계약금과 중도금 대출 가능 여부를 반드시 확인해야 한다.

또한 입지와 향후 호재도 점검해봐야 한다. 아파트 청약은 분양가격이 중요하며, 건물을 짓는 2~3년 동안 주변 환경 요소가 변화해 입주 시점에 가격이 오르거나 떨어지기도 한다. 단지 내 초등학교가 신설될 예정이었지만 취소되는 경우도 심심치 않게 볼 수 있다. 전철 개통과 도로 확충이 지연되면서 불편함이 가중

될 수도 있다. 불편함이 가중되면 당연히 아파트 가격도 떨어지기 마련이다. 반드시 예정된 호재와 확정된 호재를 구분해서 판단할 필요가 있겠다.

만일 청약 점수가 부족한 경우에는 가점이 많은 85m² 이하 면적보다는 85m² 초과 면적의 아파트에 도전하는 것도 좋다. 전략적으로 비인기 평면 타입을 선택하는 것이다. 인기 평면은 그만큼 경쟁률이 높아 당첨될 확률이 낮다. 가령 인기 평면 타입의 경쟁률이 50:1, 비인기 타입의 경쟁률이 10:1이라 예상된다면 곰곰이 고민해볼 필요가 있다. 또한 A급 입지보다는 B급 입지를 선택하는 것도 요령이라면 요령이다. A급 입지는 입지 프리미엄이 있기 때문에 누구나 선호하는 물건이다. 가령 같은 지역에 A급과 B급 입지가 있다고 가정해보자. A급이 100:1의 경쟁률을 보이고, B급이 10:1의 경쟁률을 보인다면 1%의 확률에 도전하는 것보다 10%의 확률에 도전하는 것이 나을 수 있다. 결국 투자는 확률적 사고로 접근해야 한다.

또 다른 방법은 당첨일이 비슷한 아파트 단지 중 발표일이 늦은 물건을 선택하는 것이다. 접수일이 같아도 당첨자 발표일이 다르면 여러 곳에 청약이 가능하다. 만일 당첨자 발표일이 빠른 단지에 누군가 먼저 당첨되면 늦은 곳은 자동적으로 소멸된다. 즉 청약자가 분산되기 때문에 청약 당첨 확률도 올라가는 것이다. 반대로 청약 접수일이 다른데 당첨자 발표일이 같은 아파트에 중복 청약을 하면 모두 무효 처리되니 유의해야 한다. 그리고 당첨

되었음에도 불구하고 개인 사정으로 계약을 하지 않거나 청약 자격 조건 불충분으로 당첨이 취소되는 세대도 발생한다. 이때 잔여 세대를 아파트투유에서 '내집마련 신청'을 통해 계약할 수 있다. 인기가 많은 지역의 아파트가 나올 확률은 적지만 마지막 패자부활전이라 볼 수 있다.

그럼 청약통장 해지는 언제 해야 할까? 청약통장 해지는 반드시 계약 후 해지해야 한다. 당첨됐다고 기쁜 마음에 바로 해지하거나, 계약금이 부족하다고 해지했다가 만점 통장을 제대로 써보지도 못하는 낭패를 볼 수 있다. 청약 신청 시 꼼꼼하게 체크한다고 하지만 청약 제도 개편 이후 더 복잡해진 자격 요건으로 인해 실수를 할 때가 있다. 그래서 실제로 당첨이 됐어도 계약서 작성 전에 오류가 확인되어 취소되는 일을 심심치 않게 볼 수 있다. 심지어 부적격 당첨 시 수도권은 1년, 지방은 6개월간 청약이 제한된다. 만일 계약 전에 청약통장을 해지했다면 복구가 되지 않아 통장 보유로 얻은 점수가 사라지게 되고, 가점을 0점부터 다시 얻어야 한다.

계약 이후에도 문제다. 투자 목적으로 아파트를 분양받아 단타로 분양권을 전매하는 경우가 있다. 이때 고민하는 부분은 지나치게 많은 양도세를 성실하게 납부할 것인지, 탈세를 할 것인지에 대한 여부다. 실제로 매도자가 양도세를 줄이기 위해 계약서를 조작해 부동산 거래액을 실제 거래액보다 낮은 금액으로 기재하는 계약서, 즉 다운계약서를 요구하는 경우가 많다. 하지만 금액이 허위로 기재되었다는 게 밝혀질 경우 과태료가 부과되고, 이익을 본 양도세, 취득세 등은 추징 대상이 된다. 매도인과 매수인은 취득세의 3배 이하의 과태료, 취득가액의 5% 이하 과태료를 물게 되고, 40%의 가산세, 비과세 감면 규정에서 제외된다. 중개사무실은 취득세 3배 이하의 과태료와 업무 정지 6개월 또는 자격 정지의 행정처분을 받는다. 그러므로 반드시 합법적인 테두리 안에서 거래해야 한다.

미분양도 잘 고르면
돈이 된다

...

2018년 10월 말 기준으로 전국 미분양 물건은 6만 호에 달한다. 준공 후에도 미분양으로 남는 경우가 있는데 이를 '준공 후 미분양(악성 미분양)'이라고 부른다. 지방은 미분양 추이와 함께 이 악성 미분양의 증감 추이를 잘 살펴봐야 한다. 수도권은 악성 미분양이 꾸준하게 줄어들고 있는 반면 지방은 7년 전 수준까지 미분양이 쌓이고 있다. 악성 미분양의 증가는 건설 경기 침체의 시그널로 볼 수도 있다. 미분양 적체가 심화되면 이를 떠안은 시공사와 시행사를 시작으로 금융사까지 도산 위기에 처할 수 있기 때문이다.

아파트를 짓기까지는 토지 매입, 인허가 신청, 설계, 착공, 시공, 준공, 입주 순으로 진행되는데, 관심 지역의 인허가와 착공 물량을 살펴보면 2~3년 후의 미분양 추이를 예측할 수 있다. 인허가 물량은 착공 물량을 예측할 수 있게 해주는 지표로, 입주 시점에 인구 유입과 수요에 따라 가격이 움직이게 된다. 미분양 아파트에 대한 부동산 투자자들의 시선이 나쁜 이유는 '분양되지 않는 데는 다 이유가 있다.'라는 지레짐작 때문이다. 하지만 교통이 나쁘고, 악재가 산재해 분양되지 않는 아파트도 있지만 그렇지 않은 경우도 있다. 그럼 정말 분양되지 않는 데는 다 이유가 있으니 기피해야 하는 걸까?

필자의 사례를 이야기해보려고 한다. 2008년은 전국적으로 약 16만 호의 미분양 물건이 적체되어 있던 시기다. 필자는 그 시기에 전세로 살다가 미분양 아파트를 매수해서 입주했다. 준공 후 입주 시기가 한참 지났지만 분양과 입주 저조로 인해 3년이 지나도록 70% 이상이 빈집으로 남아 있었던 물건으로, 결국 이 아파트는 2011년 20~40%의 할인 판매(분양)에 들어갔다. 그래서 전용면적 85m²를 4,500만 원 할인된 가격으로 매수할 수 있었다. 그리고 바로 얼마 전에 이 아파트를 다시 매도한 뒤 새로 분양을 받아 이사했는데, 원 분양가에 가까운 가격으로 매도할 수 있었다. 이처럼 미분양 아파트의 장점은 저평가된 물건을 싸게 매수할 수 있다는 점이다. 또한 미분양 아파트는 양도소득세를 면제받을 수 있다는 장점도 있다.

또 다른 사례도 있다. 2014년 하반기에 선착순으로 미분양 아파트를 매수했던 적이 있다. 전국에서 수년 동안 아파트 미분양이 전무한 지역은 세종시가 유일하다. 2015년부터 줄곧 미분양 제로를 유지해오고 있는데, 이렇게 부동산 불패로 잘나가던 세종시도 한때 잠시 1천 세대의 미분양이 쌓였던 시기가 있었다. 바로 2014년도인데, 그해 7월 세종시 3-2생활권(보람동)에서 분양된 아파트가 미분양되었다. 당시 세종시에 아파트 공급이 수요에 비해 과다했기 때문이었다. 그때 필자가 매수한 아파트는 전용면적이 98m²로, 분양가격은 3억 2천만 원이었다. 중도금 무이자 혜택으로 입주 시까지 계약금 3,200만 원으로 투자할 수 있었다. 전세가율이 불과 50%도 되지 않아서 전세를 안고 가져갈 수도 없는 상황이었다. 그리고 2018년 12월 기준, 이 아파트는 7억 5천만 원까지 가치가 올라 분양가 대비 2배 상승했다.

물론 모든 지역의 미분양 아파트가 훗날 무조건 가격이 오르는 것은 아니다. 입지와 호재를 잘 고려하지 않으면 골칫덩어리로 남을 수도 있다. 할인해 분양해도 그 시세보다 더 떨어질 수 있고, 가격이 회복된다 해도 가격 상승이 미미할 수도 있다. 분양 당시의 가격이 높았는지, 인구 유입이 있는지, 일시적으로 분양 물량이 많았는지, 산업 기반이 견고해서 일자리가 많은지, 기반시설이 계획대로 들어서고 있는지 등을 잘 따져봐야 한다. 준공하는 시점 혹은 미흡한 인프라가 완성되는 시점에 가치가 크게 상승할 수 있기 때문이다.

아파트의 가치를
높이는 요소들

인간은 운동으로 체력을 유지하고, 책을 읽어 지식과 교양을 쌓는다. 이러한 요소가 모여서 건강한 몸과 정신을 만든다. 아파트도 마찬가지다. 다양한 요소들이 모여 가치를 결정한다. 이해를 돕고자 중고차로 예를 들어보겠다. 중고차를 고를 때 사고 유무와 침수 여부, 주행거리, 옵션, 타이어, 엔진 상태 등 여러 가지 요소를 꼼꼼하게 확인한다. 이것은 건강한 차를 사기 위해 반드시 확인해야 할 사항들이다. 아파트도 그렇다. 신규 아파트 입주 전에 입주자는 사전점검을 통해 미흡한 공사는 없었는지 확인한다. 오래된 아파트도 구입 전에 세대 내부를 꼼꼼하게 점검해야 낭패를 막을 수 있다. 부동산은 구입한 뒤에는 환불이 불가능에 가깝다. 그래서 중고차를 사듯이 하나하나 살펴봐야 한다. 좋은 물건을 사야 오랫동안 소유할 수 있다. 그래야 소유하고 있는 동안에 마음고생할 일도 없다.

아파트의
내부 요소

···

그렇다면 아파트의 좋고 나쁨을 판단할 수 있는 내부 요소는 어떤 것들이 있을까? 건폐율과 용적률, 주차장 면적, 층고, 특화설계 여부, 커뮤니티 시설, 인테리어 및 옵션, 평면 타입, 조경, 아파트 스타일은 아파트 단지 내에서 찾을 수 있는 내부 요소들이다. 해당 요소들은 상황에 따라 가중치가 달라질 수 있다. 직접 살기 위한 목적인지, 시세차익 또는 월세 수익을 내기 위한 것인지에 따라서 요소별로 가중치가 달라지기 때문이다. 무엇보다 중요한 것은 이러한 요소들이 모여서 해당 아파트의 가치를 결정짓는다는 점이다. 차례대로 내부 요소들을 대해 살펴보자.

1. 건폐율과 용적률

건폐율은 대지면적에 대한 건축면적의 비율을 말한다. 건폐율이 높다는 것은 건물을 넓게 지을 수 있다는 의미다. 용적률은 대지면적에 대한 각층의 면적을 합계한 연면적을 말한다. 용적률이 높다는 건 건물을 높게 지을 수 있다는 뜻이다. 1970~1980년대 서울에서 건축된 저층 아파트가 재건축이 가능한 이유는 용적률이 상향됐기 때문이다. 이전보다 더 높게 지을 수 있어 새 아파트로 재탄생되는 것이다. 물론 재건축이 허가되지 않으면 공가로 남아 재산을 깎아먹는 골칫덩어리가 될 수도 있다.

2. 주차장 면적

전국 자동차 등록대수는 2010년 1,794만 대에서 2016년 2,180만 대로 22% 증가했다. 이에 반해 아파트의 주차대수는 변동이 없다. 그래서 출퇴근 시간에 주차장 확보를 위해 주민끼리 마찰이 빈번히 발생하게 되고, 주차장 면적 역시 아파트의 가치를 판단하는 중요한 내부 요소가 됐다. 주차대수가 적은 아파트는 주차장 부족 문제로 이사를 꺼리게 된다. 넉넉한 주차 공간을 확보한 아파트가 주거 만족도도 당연히 높을 수밖에 없다.

 1996년 6월에 주택 건설 기준에 관한 규정이 개정되어 그 이후에 인허가를 받은 아파트는 이전보다 주차 공간이 넓어졌다. 그때 만들어진 규정이 현재까지 이어져 주차대수를 산정하는 기준으로 사용되고 있다. 따라서 공사 기간을 고려했을 때 1999년 이후 준공된 아파트가 더 넓은 주차 공간을 가지고 있다. 이처럼 아파트의 전용면적과 준공 시기에 따라 주차대수가 달라지므로 꼼꼼히 살펴봐야 한다. 가까운 미래에는 주차장 면적이 아파트를 선정하는 중요한 요소로 자리 잡을 것이다.

3. 층고

개인마다 선호하는 층과 높이가 다르므로 층고 역시 분별해서 살펴봐야 할 요소다. 보통 집에 아이들이 많거나 나이 많은 어른이 있으면 1층을 선호하고, 개방감을 원하는 사람은 최상층을 선호한다. 채광을 선호한다면 중상층 이상을 선호한다. 일반적으로 로얄층은 해당 동의 중간층부터 최상층을 제외한 아래층까지를 말한다. 최상층이 펜트하우스로 특화설계되어 있어 로열층이 되는 경우도 있다. 최고 층수가 5층인 저층 아파트는 2층을 로열층으로 본다. 그 이유는 저층 아파트는 노후된 경우가 많아 엘리베이터가 없고, 최상층이 누수와 냉난방에 취약하기 때문이다. 1층은 채광이 안 좋고, 소음과 프라이버시에 취약하다. 반면 2층은 상대적으로 채광이 좋고, 계단 이용도 용이하다는 장점이 있다.

4. 특화설계 여부

특화설계는 기존의 설계와는 다르게 새로운 기능을 추가해 차별성을 둔 설계를 말한다. 저층 테라스, 펜트하우스, 내진 설계 향상, 광폭 거실, 복층형 구조, 돌출형 발코니, 저층부 테라스 설계 등이 대표적인 특화설계 사례다. 실제로 특화설계된 아파트가 더 인기가 높고, 가격도 높게 오르는 경우가 많다.

5. 커뮤니티 시설

단지 내 커뮤니티 시설은 단지 규모에 비례한다. 단지가 크면 그만큼 커뮤니티 시설이 많이 들어간다. 커뮤니티 시설이 크다는 건 그만큼 단지 규모도 크다는 뜻으로, 단지 규모가 크면 관리비가 줄어드는 효과가 있어 유리하다. 적정 규모의 기준은 없으나 보통 단지 규모가 1,500세대 이상이 되어야 단지 내에서 자체적으로 해결할 수 있는 시설들이 갖춰진다. 단지 주변에 편의시설이 잘 갖춰진 입지라면 단지 내 시설의 중요도는 떨어진다.

6. 인테리어 및 옵션

인테리어 유무와 옵션 사양에 따라서 아파트 가격은 수백만 원에서 수천만 원씩 차이가 발생한다. 분양 시 무상으로 해주는 옵션과 유상 옵션으로 구분할 수 있는데, 시스템 에어컨과 붙박이장, 빌트인 냉장고, 쿡탑 등은 일반 분양 아파트에서는 대부분 유상 옵션으로 선택할 수 있게 되어 있다. 실거주 목적이라면 본인 취향에 맞는 옵션을 선택하고, 투자 목적이라면 발코니 확장과 시스템 에어컨만 선택하는 것이 유리하다. 지나치게 옵션이 많으면 매수 희망자가 적어 어려움을 겪을 수 있다. 신차 구매 시 마음은 풀옵션을 사고 싶지만 가격이 부담스러워 일반옵션 차량을 선택하는 것과 같다고 보면 된다.

7. 평면 타입

아파트 평면은 크게 비확장 구조와 확장 구조로 구분된다. 그 구분 안에서 다시 2베이, 3베이, 4베이 등으로 구분된다. 비확장 구조는 발코니가 중간 공기층을 만들어 결로 발생이 적다. 오래된 아파트는 넓게 사용하기 위해서 인테리어 시 발코니를 확장하는 추세다. 새시 및 확장 공사비용은 매도 시 양도소득세 공제가 가능한 품목이니 계약서와 영수증을 챙겨둬야 한다. 최근에 분양하는 아파트는 설계 단계부터 확장형을 고려해서 설계한다. 전용면적 $85m^2$를 확장하면 $111m^2$로 쓸 수 있다. 입주 후에 별도로 확장 공사를 진행할 수 있다. 그러나 더 많은 비용이 발생하게 되고, 건설사에 하자 보수도 받을 수 없다는 단점이 있다.

8. 조경

조경은 아파트 분위기를 좌우하는 요소다. 최근에는 단지 내 정원이 더욱 넓어져 광장으로 바뀌는 추세다. 건물 자체는 이전에 비해 크게 달라진 게 없지만 단지 안에 조성된 정원이 사람들의 눈길을 끌기도 한다. 단지 전체 부지에서 조경이 차지하는 면적의 비율이 높아지면 쾌적해 보이는 효과가 있다. 조경은 아파트 단지의 부수적인 요소가 아니라 가장 중요하게 생각해야 할 핵심적인 부분이라는 걸 명심하자.

9. 아파트 스타일

아파트의 구조, 외관 등 아파트의 스타일은 형태에 따라 복도형, 계단형, 판상형, 타워형으로 구분된다. 복도형은 가격이 저렴하다는 것이 가장 큰 장점이다. 대신 복도로 내부를 볼 수 있어 사

1. 외복도형

1호	2호	3호	E/H	4호	5호

2. 내복도형

1호	2호	3호	E/H	4호

5호	6호	7호	8호	9호

3. 계단형

1호	E/H	2호	3호	E/H	4호

생활 침해의 우려가 높고 전용면적이 낮다. 복도형은 노후 아파트나 임대 아파트가 많으며, 세대당 주거면적이 작아 주차대수도 적은 편이다. 외복도형은 자연 통풍이 원활하지만 내복도형은 통풍이 어렵다는 단점이 있다.

계단형은 가장 많이 보편화된 형태다. 가격이 복도형보다는 비싼 대신에 사생활 보호가 월활하고 전용면적이 높다. 통풍과 채광이 우수해 난방도 유리하다. 1~4호 라인 중에서 가장 선호하는 라인은 2, 3호 라인이다. 1, 4호 라인은 외벽이 접하고 있어서 안쪽 라인보다 겨울에는 더 춥고, 여름에는 더 덥다.

판상형(성냥갑형)은 일자형으로 배치된 형식을 말하는데, 통풍, 채광, 환기 기능이 우수하다는 것이 가장 큰 장점이다. 전 동의 남향 배치가 가능하지만 한쪽만 바라봐야 하기 때문에 뒤에 있는 동은 조망이 나쁘다. 또한 배치가 자유롭지 않아 단지가 단조롭고 녹지공원 확보가 어렵다는 단점이 있다. 분양가는 타워형과 비교하면 건축 난이도가 낮아서 저렴하다.

타워형은 용적률이 높은 고층이나 주상복합에서 주로 볼 수 있는 구조다. 상대적으로 화려하고 세련된 미관을 자랑하며, 동 수가 적어서 조망권이 우수하다. 동별 배치가 자유로워 사생활 보호에 유리하다. 반면 북향은 일조권이 안 좋고, 발코니 확장 면적도 적고, 맞통풍이 불가능해 강제 환기 시스템을 사용해야 한다는 단점이 있다. 분양가는 판상형과 비교하면 건축 난이도가 높아서 상대적으로 비싸다.

아파트의
외부 요소
...

지금까지 아파트의 가치를 결정짓는 내부 요소들에 대해 알아보았다. 그럼 아파트의 가치를 높이는 외부 요소에는 어떤 것들이 있을까? 대중교통, 상권, 의료시설, 관공서, 학교, 조망권, 건설사 브랜드, 인구, 일자리 등은 아파트의 가치를 높이는 대표적인 외부 요소들이다. 아파트 가격 형성에도 큰 영향을 미친다. 차례대로 살펴보자.

1. 대중교통

교통은 사람이 이동하거나 짐을 옮기는 데 이용하는 수단을 말한다. 바쁜 현대인들에게 교통 수단은 생계와 직결되는 중요한 요소이기도 하다. 도심지는 BRT와 전철, 수도권은 GTX, 전국은 KTX가 주요 대중교통 수단이다.

역세권 중심으로 상권이 형성되고 그 배후에 주거 지역이 형성되는데, 역에 가까울수록 더 넓게 높게 건물을 지을 수 있다. 앞에서 이야기했지만 건폐율, 용적률과 연관이 있는 부분이다. 역세권의 범위에 대해서는 따로 정의된 것은 없으나, 통상 도보 기준으로 15분 이내의 거리를 역세권으로 보고 있다. 도보를 기준으로 하는 것은 역을 이용하는 사람들이 대부분 도보로 역사를 이용하기 때문이다. 자동차를 기준으로 삼을 시 위치와 시간에 따라 편차가 심해 도보를 기준으로 보는 것이 맞다고 생각한다. 분

| 도보를 기준으로 살펴본 역세권의 범위

양 홍보관에서 역세권에 위치한 건물이라고 홍보하는 경우를 보면, 자그마한 글씨로 '자동차로 10분 거리', '직선 거리 2km' 등의 글씨를 적어둔 경우가 종종 있다. 이것은 '역세권'이라기보다 '역을 이용할 수 있는 거리'라고 표현하는 게 맞다.

2. 상권

도시에서 상권은 '의식(衣食)'과 연관되어 있고, 삶의 만족도를 높이를 중요한 요소 중의 하나다. 상권은 역세권, 관공서, 오피스 등 교통 수단이 좋고 인구 밀도가 높은 지역에 형성된다. 백화점과 복합 쇼핑몰, 대형마트가 위치한 곳을 상권의 중심지로 보기도 한다.

3. 의료시설

통계청이 발표한 한국인의 평균 수명은 2009년 출생아 기준으로 80.5세라고 한다. 40년 전보다 약 18년이 늘었다. 의학 기술의 발달로 이제 곧 100세 시대가 멀지 않았다. 병원은 수명 연장을 위해 가장 필요한 시설이다. 2019년 개원하는 대형병원은 서울의 서울이대병원(1천 병상), 세종의 세종충대병원(500병상) 등이 있다. 1천 병상 기준으로 병원 직원은 2천 명에 달하며, 병원 근무의 특성상 병원이 들어서면 근거리 지역의 임대 수요도 풍부해질 것이다. 정기적이고 신속한 의료 서비스를 필요로 하는 노년층의 증가로 병원 접근성은 앞으로 더 중요해질 것이다.

4. 관공서

관공서 밀집 지역은 상권, 교통, 주거, 학군이 유기적으로 잘 형성되어 있다. 일례로 대전 둔산에 위치한 정부대전청사를 중심으로 살펴보면 관세청, 문화재청, 중소기업청, 산림청, 국가기록원, 조달청, 통계청, 병무청, 특허청 등을 포함한 11개 중앙 행정기관에 약 4천 명이 근무하고 있다. 그 외 시청, 교육청, 경찰청 등 주요 관공서가 밀집되어 있고, 그 주변으로 상권과 주거시설이 자리 잡고 있다. 거주자가 주로 안정적인 소득원을 가진 공무원이 대다수여서 경기 흐름에 집값이 크게 영향을 받지도 않는다.

5. 학교

'초품아'라는 말을 들어보았을 것이다. 이는 '초등학교를 품은 아파트'의 줄임말로 자녀들의 안전한 통학이 가능한 아파트를 말한다. 자녀를 둔 학부모의 입장에서는 단지 내에 초등학교가 있다는 것은 큰 메리트다. 하지만 단지 가까이에 초등학교가 있다고 해서 아이가 반드시 그곳으로 통학하게 되는 것은 아니다. 초등학교 통학 구역은 근거리 배정이 원칙이지만 바로 길 건너 초등학교를 두고 멀리 통학하게 되는 지역도 있다. 지도상 바로 코앞에 학교가 있다고 해서 그 학교로 배정되는 것이 아니기 때문이다. 이를 정확하게 확인하기 위해서는 교육청에 문의하거나 학구도안내서비스 홈페이지(schoolzone.edumac.kr)를 이용하면 된다. 학군 역시 굉장히 중요하다. 통학 가능한 일정 범위 내의 중학교와 고등학교를 합쳐서 하나의 학군이 형성되는데, 서울의 8학군은 강남교육청이 관리하는 강남구, 서초구 지역을 말한다.

6. 조망권

조망권이란 건물에서 자연경관과 역사유적, 문화유산 등 특별한 경관을 볼 수 있는 권리를 말하는데, 아파트에서는 창문이나 베란다 등을 통해 밖의 경관을 볼 수 있는 권리를 뜻한다. 경관 가치를 금액으로 환산하면 그것이 조망 프리미엄이 되는 것이다. 동일 단지 내에서 한강이 보이는 동과 보이지 않는 동이 수억 원씩 차이가 벌어질 정도로 조망 프리미엄은 중요한 요소다. 외부 공간을 얼마나 조망할 수 있는가에 따라 주거 환경과 건물 가격 등이 달라질 수 있어 이와 관련된 분쟁도 자주 일어난다.

7. 건설사 브랜드

한국기업평판연구소는 2018년 10월 5일부터 2018년 11월 6일까지 건설사 브랜드 30개의 빅데이터 약 3,500만 개를 분석해 소비자들의 브랜드 참여와 소통량, 커뮤니티 지표, 브랜드에 대한 긍정과 부정 비율을 측정했다. 이 데이터를 살펴보면 건설사의 브랜드 평판은 소비자에 의해서 결정된다는 것을 알 수 있다. 평판이 좋은 건설사 브랜드는 앞으로 더 인기를 끌 것이고, 아파트 가치와 가격을 올리는 결정적인 요소로 작용할 것이다.

대형 건설사에서 짓는 아파트가 분양가격이 높은 이유도 이 때문이다. 건설사 브랜드 프리미엄이라고 보면 된다. 똑같은 설계로 똑같이 짓는다 해도 이윤배분을 어떻게 나눌 것인가에 따라 분양가는 달라질 수 있다. 같은 재료로 가방을 만들어도 제품 브랜드에 따라 가격 차이가 천차만별인 것처럼 말이다.

건설사는 시공능력에 따라 1군, 2군, 3군 등으로 구분한다. 1군인 상위 10대 건설사는 브랜드가 강해서 경쟁력이 높고, 평판도 좋다. 지방은 지역에 따라서 선호하는 건설사 브랜드가 따로 있는 경우도 있고, 그 지역 건설사 브랜드를 선호하는 경우도 있다. 1군 건설사가 짓는 모든 아파트가 하자 없이 품질이 우수하다고 볼 수는 없지만, 입주자의 편의를 위한 사전조치와 후속조치가 2~3군보다 빠르다. 과거 집이 부족했던 시기에는 부실공사로 하자가 있어도 선택의 폭이 적어 아무 말도 못하고 사는 경우가 많았다. 하지만 주택보급률이 꾸준하게 증가해 2017년엔 103%까지 올랐다. 이제 집이 부족하지 않아 수요자들은 잠자기 위한 목적만 충족된다고 만족하지 않는다. 살기 좋은 집, 즉 쾌적성이 중요해진 만큼 분양받는 입장에서는 조금 더 돈을 주더라도 믿을 수 있는 고급 브랜드를 선택하게 되었다.

8. 인구

통계청 자료에 의하면 대한민국의 총인구는 2015년 5,101만 명에서 2031년 5,296만 명까지 증가한 후 감소할 전망이라고 한다. 2065년에는 1990년 수준인 4,302만 명에 이를 전망이다. 인구가 변동하는 요인에는 출생, 사망, 국제 이동이 있다. 저출산과 고령화의 심화로 사망자 수가 출생아 수보다 많아지는 인구의 자연감소는 2029년부터 시작되지만, 이민과 귀화 등 사회적 증감까지 더해져 실제 인구가 줄어드는 시점은 2032년부터라고 예측된다. 앞으로의 상황에 따라 더 단축될 수도 있다.

시·도별 인구 변동 추세가 지금과 같이 지속된다면, 2015년 대비 2045년에는 중부권과 수도권 인구가 각각 12.4%, 1.0% 늘고, 영남권과 호남권은 각각 7.7%, 1.3% 감소할 전망이다. 경기와 세종 등 7개 시도의 인구도 2015년 대비 증가하고, 서울·부산 등 10개 시도는 감소할 것으로 보인다. 인구가 꾸준하게 줄고 있는 지역은 서울시, 부산시, 대구시, 광주시, 전라남도, 전라북도이며, 2030년까지 늘어나는 지역은 인천시, 대전시, 세종시, 경기도, 충청북도, 충청남도, 제주도다.

즉 인구는 2030년 전후까지 증가했다가 감소하며, 그 시기는 지역별로 다르다는 것을 알 수 있다. 합리적으로 추론해보자. 과연 아파트는 어디에 지어야 할까? 당연히 사람이 많이 밀집해 그 지역의 중심이 되는 도심에 지어야 한다. 그렇다면 어디에 투자해야 할까? 인구가 꾸준하게 늘어나 앞으로 더 성장할 가능성이 높은 도시에 투자해야 한다. 그렇다면 어떤 도시가 유망한지는 명백하다. 인구가 줄어든다는 것은 도시의 기능을 잃고 쇠퇴하게 된다는 뜻이기 때문이다.

9. 일자리

일자리는 인구 유입과 도시의 자생능력을 결정짓는 중요한 외부 요소다. 지방 도시의 소멸과 밀접한 관계가 있어 산업단지의 유무와 종류가 굉장히 중요하다. 일례로 1990년대부터 2010년까지 국가 경제산업의 수장이었던 조선, 철강, 해운이 무너지고 말았다. 그 후유증으로 현재 그 일대는 손쓸 기회도 없이 부동산 폭락장을 맞이했다.

지방은 30만 명의 인구를 유지해야 자생능력이 생긴다고 한다. 지방 도시의 인구 감소는 일자리의 영향이 가장 큰데, 인구를 유지하기 위해서는 양질의 일자리가 보장되어야 한다. 일자리를 창출하는 대표적인 요소가 바로 산업단지다. 종류는 크게 국가산업단지, 일반산업단지, 도시첨단산업단지, 농공단지로 구분된다. 국가산업단지는 국가 기간산업이나 첨단 과학기술산업 등을 육성하기 위한 산업단지를 말하는데, 정부가 전략적 차원에서 조성하기 때문에 상대적으로 분양가가 싸다는 장점이 있다. 연결 도로와 R&D 시설을 비롯한 각종 기관들을 유치하므로 일반 산업단지보다 그 규모가 크고 종사자도 많다. 대표적으로 서울디지털산업단지, 광주첨단과학산업단지, 대덕연구개발특구, 파주출판문화정보산업단지 등이 있다.

지방은 일반산업단지보다는 국가산업단지의 배후도시가 성장할 가능성이 더 높다. 양질의 일자리가 풍부하기 때문이다. 제3차 산업을 주도하던 공업산업단지 이후 제4차 산업혁명을 이끌 신

기업명	사업장 및 공장 위치
삼성전자	본사(수원), 수원 사업장, 구미 사업장, 구미2 사업장, 기흥 사업장, 화성 사업장, 온양 사업장, 광주 사업장, 평택 사업장, 서울 R&D 캠퍼스
SK하이닉스	이천 공장, 청주 공장
현대자동차	울산 공장, 아산 공장, 전주 공장

산업단지가 새로운 먹거리로 떠오르면서, 국가에서 기존의 산업단지를 신산업단지로 변경하거나 새로운 산업단지를 지정할 가능성이 높아졌다. 따라서 이러한 지역이 어디인지 계속해서 꾸준히 살펴볼 필요가 있다. 앞으로 20년 이상은 성장할 지역들이다.

국내를 대표하는 대기업은 삼성전자와 SK하이닉스, 현대자동차다. 반도체 분야는 중국과의 주도권 출혈 경쟁으로 미래가 불확실하지만, 아직까지는 국가 경제의 대표적인 먹거리다. 그러므로 삼성전자와 SK하이닉스 등 대기업이 있는 지역에 투자하는 것이 안전하다.

대기업이 몰려 있는 지역은 오피스텔, 다가구 주택 등 1~2인을 위한 주거시설이 유망하다. 서울은 종로구, 서초구, 강남구, 영등포구 등 대기업이 많은 지역으로 출퇴근이 용이한 지역이 어디인지 파악하는 게 중요하다. 서초와 강남으로 출퇴근이 가능한 지역이 어디인지 잘 살펴보길 바란다. 종로와 중구로 출퇴근이 가능한 지역, 즉 직주근접성이 뛰어난 지역도 선별해보길 바란다. 당연한 이야기지만 서울 외곽보다는 GTX역, 전철역 인근이 낫다. 또한 수익성을 놓고 봤을 때 무조건 서울에 있는 부동산을 고집하기보다는 1시간 이내로 출퇴근이 가능한 지역이 더 나을 수도 있다.

중국과 교류가 활발해지면서 서해안 시대가 더 가까이 다가왔다. 서해안 시대에 선도적으로 대응하고 서남권의 활성화를 위해 장기적으로 인천과 가산, 삼성을 연계한 남부 광역급행철도(GTX)가 구축될 예정이다. 이는 새롭게 설정된 광역 중심지인 가산 지역과 삼성 지역을 연계해 기존 2호선의 과부화를 해소하겠다는 계획으로, 동남권과 서남권의 시너지를 창출해 국제업무와 첨단산업의 활성화를 유도하겠다는 의도다. GTX가 신설되면 가산이 연절점이 되어 송도 국제도시와 서울 삼성, 잠실 지역을 연결시켜 수도권 경쟁력 강화에 기여하게 될 것이다.

지하철 호선을 중심으로 입지를 눈여겨보는 것도 중요하다. 1호선은 소득 수준이 가장 높은 종로를 중심으로 북동과 남서를 잇는 중요 전철 라인이고, 2호선과 3호선은 강남과 강북을 이어 인구 순환 기능을 담당하는 라인이다. 5호선은 여의도와 강북 도심을 지나는 중요한 라인으로, 강서, 양천, 영등포, 서대문, 종로, 중구, 성동, 광진구, 송파, 강동을 잇는다. 서초와 강남을 제외하고 소득 수준이 높은 대부분의 지역을 통과하는 것이다.

이러한 지역들은 역세권으로 입지가 좋아 직장인에게 인기가 많은 지역이다. 물론 역세권이라 해서 모두 같은 역세권은 아니다. 1개 노선의 역세권보다는 2개 노선, 3개 노선 또는 그 이상의 노선이 만나는 지역이 급성장할 지역이다. 도심지로의 접근이 용이한 노선이라면 더욱 관심 있게 살펴봐야 한다. 또한 소득 수준이 상승하면 해당 지역의 부동산 역시 동반 상승할 것이다. 반대로 이들 지역은 부동산 가격이 하락할 때도 입지가 안 좋은 지역보다 선방할 수 있다.

서울은 가용지 지역을 주목하라

...

서울은 장래 도시 발전을 위해 필요한 대규모 가용지가 부족한 실정이다. 서울의 대표적인 가용지는 용산지구, 삼성동 한전부지 일대, 창동 차량기지 일대, 서초 롯데칠성부지 일대, 수색역 일대, 구로 차량기지 일대, 광운대역 주변 등이 있다. 이 지역들은 개발 압력이 매우 높아지고 있어서 장래 도시 발전과 지역 간 균형 발전을 위해 장기적인 안목으로 관심을 가질 필요가 있다. 유의해야 할 점은 단기적으로 수익을 얻기 위해 접근해서는 안 된다는 것이다.

용산지구는 전국적인 네트워크를 가진 교통의 중심지이자 기존 도심의 기능을 보완하고 확장하는 중심지로 성장할 가능성이 있다. 다만 용산 국제업무지구는 아직까지 확정된 계획이 없는 상태이므로 장기적인 안목을 갖고 접근할 필요가 있다. 삼성동 한전부지 일대는 코엑스와 한전부지, 잠실운동장을 연계해 국제

업무 및 MICE 산업의 중심 거점으로 성장할 가능성이 크다. 기존 인프라와 상호 보완적인 관계를 가지면서 국제기구 및 국제협회 등의 유치를 통해 중심지로 성장 발판을 마련할 전망이다. 창동 차량기지 일대는 도봉 면허시험장, 창동역 환승주차장, 체육시설 부지를 연계해 서울 동북권과 수도권 북부의 중심 기능을 담당하는 광역 중심으로 개발될 예정이다. 업무, 상업, 문화시설 중심의 자족도시 조성 및 광역 중심지로 성장할 수 있도록 개발될 예정이다.

서초동 롯데칠성부지 일대는 개별 필지 단위 개발계획보다 종합적인 검토를 통한 공공성 있는 개발계획 수립을 목표로 하고 있다. 기업과 서울시 사이의 의견 조율에 귀추가 주목되고 있다. 수색역 일대는 경의선과 직결되는 남북 교류의 거점이자 국제공항으로의 접근성이 용이한 지역이다. DMC 개발, 월드컵 경기장 건설, 석유비축기지의 활용 등을 계기로 서울의 21세기를 선도하는 미래형 거점으로 조성될 전망이다. 서북 생활권의 중심으로 성장할 가능성이 크다. 구로 차량기지 일대는 서울의 첨단산업 거점으로 성장할 여지가 있다. 차량기지 이전과 지하철역 신설에 따른 광명시와의 마찰이 어떻게 해결되느냐가 관건이다. 광운대역 주변은 물류기지의 이전 및 광운대역사 개발계획 수립 등에 따라 향후 귀추가 주목되는 지역이다. 아직까지 확실한 개발계획이 수립된 바는 없지만 아파트나 오피스텔 등이 들어설 것으로 예상된다.

신규 국가산업단지를
주목하라

...

2017년 7월, 문재인 정권의 '국정운영 5개년 계획'을 살펴보면 경제 분야에서는 '제4차 산업혁명'이 중점적으로 언급됐다. 앞으로 제4차 산업혁명을 핵심 국가전략으로 추진하겠다는 의지를 국정운영 계획에 반영한 것이다. 이미 전 세계 주요 국가들과 기업들이 제4차 산업 분야에서 치열하게 경쟁을 이어가고 있는 만큼 국가적 차원에서 이를 주도하겠다는 뜻이다. 그리고 2018년 8월, 7개 국가 산업단지를 새롭게 발표했다. 이들 신규 국가산업단지들을 제4차 산업혁명에 선제적 대응을 할 수 있는 신산업의 중심지로 키우겠다는 포부도 함께 내비쳤다.

선정된 7개 지역은 강원 원주, 충북 충주, 경북 영주, 충북 청주, 세종, 충남 논산, 전남 나주이며, 산업 측면에서는 바이오 2곳, 의료기기 2곳, 정밀기계 1곳, 에너지 1곳, 부품·소재 1곳, 국방산업 1곳으로 구성되어 있다. 입지 측면에서 원주·나주 혁신도시 인근에 선정된 산업단지는 혁신도시의 완성도를 높이기 위한 의도라고 판단된다.

산업단지는 단순한 공장 집적지가 아니다. 지역의 혁신 성장을 선도하는 산업 생태계를 조성하는 역할을 한다. 산학연 간 유기적인 협업 체계를 갖춘 단지로 조성되는데, 과거 사업 시행자가 획일적으로 사업계획을 수립했던 방식과는 다르게 정부와 지자체, 사업 시행자가 종합적으로 계획을 세우게 된다.

도로와 용수 등 인프라 정비에도 첨단기술이 접목되어 자율주행 셔틀, 대중교통 정보 제공 서비스 등 스마트교통과 공공 지역 안전감시 등을 위한 스마트안전, 에너지 모니터링, 스마트가로 등, 스마트에너지가 대거 도입될 전망이다.

참고로 이들 7개 지역은 후보지를 확정한 것이지 최종 지정된 것은 아니다. 후보지는 앞으로 세부 사업계획이 수립되고, KDI 한국개발연구원의 예비타당성 조사와 환경영향평가, 용지 확보를 위한 토지 이용 협의 등 관계 부처 협의 등을 거친 뒤 결정되는 것이다. 산업단지 지정 후 토지 보상, 부지 조성, 분양 및 입주까지 고려한다면 완성까지 5~10년이 걸리는 장기 사업이므로 섣부른 투자는 금물이다. 사업계획이 구체화되기 시작하면 진행 과정을 찬찬히 지켜보면서 투자 타이밍을 잡아야 한다. 기획부동산에서는 국가산업단지 주변의 쓸모없는 토지를 값싸게 매수해 여러 호재를 조작해 비싸게 분양하는 사례가 많다. 이러한 피해를 방지하려면 스스로 자료를 찾아보고 확인하는 습관을 길러야 한다.

결국 관건은
공실률이다

필자도 수익형 부동산, 즉 월세를 받고 있는 아파트가 몇 채 있다. 다행히 따로 공실이 길어져서 고생한 기억은 없다. 공실이 생겨도 기간이 1개월 이내로 상당히 짧았다. 전세를 내줬을 때도 임차인에게 돌려줄 돈이 부족해서 걱정한 기억은 없다. 공실이 발생하면 매달 받았던 임대료를 받지 못해 고정 수익이 줄어든다. 결과적으로 금전적 손해가 발생하는 것이다. 새로운 임차인을 구하지 못하는 경우에는 그 기간 동안 관리비와 임대료, 대출 이자를 부담해야 해서 심리적 압박감이 증가하게 된다. 조급해진 마음 때문에 급매로 처분하기도 한다. 그래서 가급적이면 공실이 생기지 않도록 사전에 예방하는 것이 가장 좋다. 상가의 경우에는 임차인이 장사가 잘 되어야 월세를 꾸준히 받을 수 있다. 그래서 상가 주인은 임차인이 장사를 잘 할 수 있도록 도와줘야 한다.

우선 임대료를 받는 임대인과 임대료를 지불하는 임차인은 상생의 관계라는 걸 명심하자. '갑을(甲乙)' 관계라 생각하면 오산이다. 임대료의 균형이 깨지면 임대인과 임차인 어느 한쪽 또는 둘다 피해를 보기 때문에 많은 분쟁이 발생하곤 한다. 주변 시세만큼 받는 것이 가장 공평하고 분쟁을 줄이는 방법이다. 욕심을 내서 과도한 임대료 인상을 요구하면 임차인 입장에서는 수익 악화로 이어질 수 있고, 서로 감정까지 나빠지면서 계약 연장을 거부할 수도 있다.

모든 시설물은 시간이 흐르면서 하자가 발생하기 시작한다. 상가뿐만 아니라 아파트, 빌라, 다가구 주택 등 주거시설도 마찬가지다. 주거시설은 사람이 사는 공간이므로 소모품이 많다. 그래서 사전에 임대차 계약서에 특약사항을 넣어둬야 분쟁을 줄일수 있다. 보일러, 환풍기 등 기계적인 부품은 주인이 교체하고, 그 외 전등 등 소모품은 임차인이 교체 및 수리해 사용하도록 하는 게 좋다. 임차인의 의견을 들을 때는 차분하고 친절하게 응대하고, 무언가 수리해줄 필요가 있다면 불편함 없이 바로 처리해주는 게 좋다.

솔직한 말로 임차인에게 수리 및 교체를 요구받으면 돈 나갈 걱정에 회피하고 싶을 때도 많다. 하지만 입장을 바꿔놓고 생각하면 가장 귀찮고 짜증나는 사람은 시설물을 사용하다가 고장이 나

불편을 겪고 있는 임차인이다. 공실이 생기는 원인은 여러 요인이 있지만 임대인의 역할이 가장 큰 부분을 차지한다는 것을 기억하자. 건물은 시간이 지나면 당연히 하자가 발생되며, 누군가는 반드시 수리를 해야 하는 부분이다. 임차인의 문제라면 수리한 후에 청구하는 방법이 있고, 불분명한 경우에는 절반씩 부담하는 것으로 유도할 수도 있다. 어떤 문제가 발생하든 공실을 미연에 방지하겠다는 자세로 접근해야 하며, 여유자금이 없는 상태에서 계약 만기로 공실이 생길 경우에는 건물의 청결 상태를 유지하도록 하자. 무엇보다 중요한 건 주변 시세에 맞춰서 적정 수준으로 임대료를 책정하는 것이다.

공실이 없는 아파트를
만드는 노하우

...

임대 계약 만기가 돌아오면 세입자는 보증금을 돌려받지 못할까 불안해지고, 집주인은 새 세입자를 구하지 못할까 불안해진다. 입장의 차이이지 불안한 마음은 같다. 임대인의 입장에서 이에 대한 대처방법을 이야기해보려고 한다. 공실을 막기 위해서는 사전에 전략을 세워야 한다. 관리사무실에 방문해 입주율을 확인하고, 인근 부동산 중개사무실에 연락해 매물과 시세를 알아본다. 그 사이 시세가 올라 높은 금액으로 계약을 연장하거나 다른 세입자를 구하면 걱정이 없겠지만 전세금을 돌려줘야 한다면 대책을 세워야 한다.

먼저 애초에 최대한 비수기를 피해서 계약하고, 계약 시 임대 종료일을 성수기로 지정한다. 그리고 계약 연장을 조건으로 보증금을 유지하거나 이사비용을 세입자에게 주는 방법도 있다. 월세인 경우 한두 달 무상 임대해주는 조건을 거는 것도 좋다. 보일러 고장 등 수리가 필요한 경우에는 즉각적으로 대응하며, 만일 대대적으로 수리가 필요하다면 과감하게 인테리어를 바꾸는 것도 좋다. 그리고 가장 중요한 것은 처음부터 세입자와 원만한 관계를 유지하는 것이다. 주인과 세입자는 갑을 관계가 아닌 비즈니스로 만난 상생 관계다. 세입자의 무리한 요구와 정당한 요구를 구분해서 집주인이 해야 할 의무를 다한다면 공실을 줄일 수 있다.

비수기를 피해 계약하고 임대 종료일을 성수기로 설정하는 건 계약 시 챙겨야 할 부분이다. 보통 전세는 2년 기준으로 계약하는데, 입주일이 2017년 3월 10일이라면 종료는 2019년 3월 9일이 된다. 이 경우 종료일을 2019년 2월로 한 달 앞당기는 것이다. 2월까지는 전세 수요가 있는 시기이고, 3월부터는 새 학기가 시작되어 이사 수요가 멈추는 비수기다. 전세 종료가 성수기면 더 높은 가격으로 연장 계약도 가능하다. 월세를 한두 달 무상으로 임대해주는 것도 효과가 크다. 보증금 또는 월세를 인하하는 것보다 그 비용만큼 무료로 사용 혜택을 주는 것이 효과적이다. 월세가 낮아지면 수익률도 떨어지고, 좋은 가격에 팔 수도 없기 때문이다.

보일러를 예로 든 것은 가장 비일비재한 분쟁 사례이기 때문이다. 보일러는 수리비가 커 고장 시 집주인이 전화를 피하거나 세입자에게 책임을 떠넘기는 일이 잦다. 보일러는 주인이 고쳐주거나 교체해주는 게 맞다. 보일러 교체비용은 양도소득세 계산 시 필요 경비로 인정받을 수 있어서 금전적 손해가 큰 것은 아니다. 그리고 공실 시 청결을 유지해야 하는 이유는 더럽거나 지저분한 집을 좋아할 사람은 아무도 없기 때문이다. 집을 보여주기 전에 짐을 최소화해 공간을 넓게 보이도록 하는 것이 좋고, 전등을 새것으로 교체해 밝은 상태로 집을 보여주는 것이 좋다. 화장실, 베란다 등 습기가 많은 곳에 곰팡이가 있다면 곰팡이 제거제 또는 락스로 미리 제거하고 제습제도 가져다 놓자. 마지막으로 중개비를 깎으려고 시도하는 경우가 있는데, 한두 번 거래할 목적이 아니라면 깎지 말고 거래 성사 시 인센티브를 더 주는 것이 이후 공실 방지에 도움이 된다.

셀프인테리어로
공실을 줄이자

...

공실 위험에서 벗어나고 최소한의 비용 투자로 임대료까지 더 받을 수 있는 방법이 있다. 바로 셀프인테리어다. 화려하게 꾸미는 게 아니라 깔끔하게 꾸미는 것이 인테리어의 포인트다. 필자는 매년 꾸준하게 3채 정도의 아파트를 매수했는데, 대부분은 직접 수리를 진행했다. 학창 시절 건축을 전공했기 때문이기도 하지만 워낙 물건을 꾸미고 고치는 걸 좋아하는 성격 때문이기도 하다. 그런지 몰라도 인테리어에 관심이 많았다. 학창 시절에는 독학으로 인테리어 자격증을 취득했고, 직접 부동산 투자를 하면서는 실제 실무에 적용하기도 했다. 신규 아파트와 전체적으로 수리된 아파트를 제외하고 직접 매수한 노후한 소형 아파트는 모두 셀프인테리어를 진행했다. 셀프인테리어를 통해 소소한 행복감과 성취감을 맛보기도 했다. 그리고 최소한의 비용으로 임대 수익을 극대화할 수 있었다.

내부 수리는 전문 인테리어업체를 선정해서 진행하는 경우가 많다. 중형 면적 이상은 셀프 수리가 힘들지만 소형 면적은 시간과 노력을 투자하면 가능하다. 초보자도 쉽게 셀프로 진행 가능한 부분은 페인트칠, 도배, 문고리 교체, 전등 및 스위치 교체, 타일 교체, 수도꼭지 교체 등이 있다. 그 외 항목은 장비와 숙련도가 필요한 작업이므로 셀프로 해결하기보다는 전문가의 손을 빌리는 것이 합리적이다. 전문 업체와 셀프인테리어는 비용과 기간, 디자인, 품질에서 차이가 나며, 어느 항목에 비중을 더 둘 것인가에 따라 전문 업체에 맡길지 직접 해결할지 정하면 된다.

셀프인테리어의 장점은 소형 면적이라면 초보자도 충분히 셀프로 진행이 가능하다는 점과 월세 수익을 높일 수 있다는 점이다. 또한 본인이 원하는 스타일로 인테리어를 할 수 있다는 점도 매력적이다. 그리고 전문 업체에 맡기는 것보다 금액이 적게 들고, 임대 시 소소한 것을 직접 수리함으로써 임차인에게 세세히 신경 쓰고 있다는 인식을 심어줄 수 있다.

단점은 아무래도 전문 기술이 부족해 마감이 미흡할 수 있다는 점이다. 페인트칠을 잘 해도 얼룩이 생기는 부분이 나올 수 있고, 도배를 잘 해도 주름이 생길 수 있다. 파벽돌을 붙일 때 수직이나 수평이 맞지 않는 경우도 생길 수 있다. 웬만큼 숙련도가 있지 않는 이상 전문가의 솜씨보다 뛰어날 수 없다. 또한 시간이 많이 소요되고, 색상과 마감재 재질에 따라서 인테리어의 부조화가 생길 수도 있다. 비용 절감을 위해서 셀프로 진행한다지만 성능이 좋은 장비를 구입하게 돼 배보다 배꼽이 더 커지는 일도 발생한다. 그래서 반드시 비용, 기간, 품질을 고려해서 어떤 방법으로 진행할 것인지 판단하는 게 중요하다. 간단한 것은 셀프로 진행하고 전문 기술이 필요한 부분은 업체에 의뢰하거나 인부를 고용하는 방법을 고려해봐야 한다.

수리 및 교체할 위치와 부위, 범위에 따라 비용과 시간, 사용 도구가 달라진다. 공사를 진행하면서 진행 순서가 뒤바뀌면 다시 원점으로 돌아가야 하는 일이 발생하기도 한다. 공사의 꼬임을 방지하기 위해 사전에 공사계획을 수립하고 진행하는 것이 좋다. 계획을 표로 나타낸 것을 공사예정공정표라고 하는데, 보통 좌측에 공사 항목을 기입하고 우측에 일정과 기간을 기입한다.

작업은 위에서 아래인 천장, 벽, 바닥 순으로 진행하는 것이 좋고, 현관에서 먼 순으로 진행해야 작업 순서가 꼬이지 않는다. 셀프로 진행할 수 있는 공종은 많지만 그중 초보자도 쉽게 할 수 있는 페인트칠, 도배, 문고리 교체, 전등 및 스위치 교체에 대해 알아보겠다.

1. 페인트칠

페인트 종류는 유성과 수성이 있다. 선택의 기준은 작업 부위, 내구성, 작업 난이도, 냄새, 건조 속도, 유해물질, 가격 등에 따라 다르다. 유성은 내구성이 필요한 외부 방수 공사나 철, 플라스틱 등에 많이 사용한다. 전용 시너 또는 기타 다른 물질과 섞어서 사용해야 하기 때문에 환기가 어려운 내부에 쓰기엔 적합하지 않다. 수성은 내구성이 약하고 가격이 비싸지만 작업하기 쉽고, 냄새가 거의 안 나며, 건조 속도가 매우 빠르고, 다양한 색상을 조합할 수 있다는 장점이 있다.

셀프인테리어에 입문했던 초보자 시절, 인테리어를 해주는 조건으로 임차인과 월세 계약을 맺었던 적이 있다. 그때 페인트칠을 해야 했는데, 냄새가 강하고 작업 난이도가 높아서 시간이 오래 걸리지만 내구성이 좋은 유성을 사용하기로 했다. 그런데 작업하는 동안 시너 냄새가 너무 심해 머리가 계속 아팠다. 페인트에 시너를 계속 섞어야 해서 화재의 위험도 있었고 시간도 오래 걸렸다. 일주일 뒤에 세입자가 이사를 왔는데, 며칠 뒤 세입자에게 항의 연락이 왔다. 냄새가 심해 살지 못하겠으니 방을 빼고 월세를 환불해달라는 것이었다. 결국 방을 빼주고 한 달 동안 환기를 시킨 뒤에야 새로운 세입자를 만날 수 있었다. 내부는 수성 페인트로 칠하는 것이 좋다는 걸 몸소 깨닫게 된 순간이었다.

광택은 조명을 받으면 눈부심이 있으니 TV 벽면과 조명 아래는 무광택, 반무광택으로 선택하는 게 좋다. 작업 부위 중 습기가 많은 베란다, 발코니, 창고는 방습이 강한 방수 페인트를 사용해야 하며, 곰팡이가 있는 경우에는 락스로 곰팡이를 제거한 후 칠해야 재발생을 방지할 수 있다. 그리고 사전에 커버링테이프로 바닥을 보호하는 게 좋다. 간혹 비용을 아끼고자 신문지, 박스를 깔고 하는 경우도 있는데 장판에 페인트가 묻어 닦아내는 것보다 1천 원 투자해서 깔끔하게 마무리하는 게 현명하다. 페인트는 여유 있게 주문해서 부족함이 없어야 하며, 색상은 칠하기 전에 미리 잘 어울리는지 테스트해본 후 사용해야 한다. 페인트는 1차 도장 후 완전 건조된 상태에서 2차 도장을 한다. 철재, 시트지, 비철금속, 코팅된 목재는 접착력이 약해서 페인트가 쉽게 떼어질 수 있으니 젯소(페인트의 접착력을 높여주고 색을 일정하게 표현해주는 용액)를 초벌로 바른 후 페인트칠을 진행한다.

2. 도배

도배는 숙련도에 따라서 품질 차이가 크고, 벽보다는 천장의 난이도가 높은 작업이다. 시간을 단축하고 좋은 품질을 유지하기 위해서는 인터넷으로 '풀 바른 벽지'를 사는 것이 유리하다. 시공

순서는 면 정리와 초배, 정벌, 건조 및 청소 순으로 진행된다. 주의해야 할 점은 벽면에 곰팡이가 있는 경우에는 반드시 제거한 뒤 충분히 말린 후 작업해야 한다는 점이다. 초배지는 벽지를 바르기 전에 흰 종이를 발라서 면을 고르게 하는 과정인데, 저렴한 아파트에서는 생략하고 정벌인 마감 벽지를 바로 바르기도 한다. 건조 시 과도하게 난방을 하거나 환기를 할 때 급격한 온도차로 벽지가 마르면서 찢어지기도 한다.

우선 제일 먼저 해야 하는 작업은 벽지를 재단하는 것이다. 도배할 치수를 줄자로 확인한 후 재단한다. 천장 높이를 확인한 후 길이를 약 5cm 더 여유 있게 재단한다. 초보자라면 가급적 무늬가 없는 벽지를 선택하는 게 좋다. 무늬가 있는 벽지를 선택했다면 무늬가 잘리지 않도록 피해서 자른다. 그다음 풀칠을 해야 하는데, 풀은 온라인과 인테리어 상점에서 구입할 수 있다. 벽지 종류에 따라 접착하는 풀의 농도가 다를 수 있어 안내서에서 추천하는 종류를 선택하는 게 좋다. 모서리 부분은 되도록이면 풀칠을 많이 해야 벽지의 들뜸을 방지할 수 있다. 벽지에 풀이 충분하게 스며들도록 반으로 접어 10분 동안 놔둔다. 최근에는 풀 바른 벽지를 쉽게 구할 수 있어 이 작업을 생략할 수 있다.

풀을 다 발랐다면 이제 본격적으로 도배를 시작하면 된다. 벽지는 넓은 면에서 좁은 면으로, 위에서 아래로 순차적으로 붙인다. 벽지는 약 3~5cm 겹치게 붙이고, 벽지를 위에서부터 아래로 펼치면서 부드러운 솔이나 수건 등으로 중앙에서 좌우, 아래 방

향으로 쓸어내듯이 문지른다. 기포와 주름이 생기지 않도록 주의
해서 바르고, 다음 장은 무늬가 어긋나지 않도록 붙여야 한다. 참
고로 천장지는 혼자서는 작업이 불가능하다. 모서리 부분부터 바
르기 시작해서 2인이 함께 진행해야 하는데, 1명은 붙이고 다른
1명은 빗자루로 벽지가 떨어지지 않도록 보조자 역할을 한다. 벽
지를 곧게(직선으로) 바르기 위해서는 사전에 천장에 벽지 폭만큼
의 길이를 시작, 중간, 마지막에 표시한다. 그 점을 따라서 중앙
에서 바깥으로 펼치면서 문지른다.

3. 문고리 교체

문고리는 철물점과 인테리어 상점, 온라인에서 1만~2만 원대로
구매할 수 있다. 전동 드라이버와 송곳, 새 문고리 세트만 있으
면 교체가 가능하다. 우선 낡은 손잡이를 교체해야 하는데, 잠금
버튼이 있는 쪽에서 손잡이 부분을 당기면서 손잡이와 문을 연
결하는 원형 기둥의 홈을 송곳으로 누르면 쉽게 빠진다. 원형 덮
개를 시계 반대 방향으로 돌려서 빼내고, 나사못을 풀어 고정판
도 떼어낸다. 그리고 새 손잡이를 설치하면 된다. 방 바깥(잠금 버
튼이 없는 쪽)에서 안쪽으로 기둥과 손잡이를 끼운다. 미리 끼워둔
걸쇠와 기둥의 걸쇠가 정확히 맞물리도록 방향을 맞춘다. 그리고
반대쪽을 고정하고 손잡이를 끼운다. 나사못 구멍에 맞게 고정판
을 덮고 나사못으로 고정한다. 원형 덮개를 시계 방향으로 돌려
서 씌운 다음 잠금 버튼이 있는 손잡이를 시계 방향으로 돌려 끼

우면 끝이다.

　방에 있는 방향에서 잠글 수 있게 교체해야 하는데 손잡이의 안쪽과 바깥쪽을 반대로 설치할 수도 있다. 이 상태에서 잠금 버튼을 누르고 방문을 닫아 안에 갇히는 일이 발생할 수도 있으니 유의해야 한다. 잠금 버튼이 방 위치에 있는지 반드시 확인하기 바란다. 부끄럽지만 필자도 이런 실수를 저질러 화장실에 갇힌 적이 있다. 10여 년 전에 셀프인테리어를 진행했었는데, 마지막으로 남은 작업이 손잡이 교체 작업이었다. 그런데 무심코 손잡이를 반대로 설치한 것이 화근이었다. 잘 설치되었는지 확인한다고 잠금 버튼을 누르고 화장실 문을 닫았는데, 그대로 화장실에 갇혀버린 것이다. 핸드폰과 드라이버는 거실에 있어서 탈출할 방법이 없었다. 결국 문을 발로 부수고 나올 수밖에 없었다.

4. 전등 및 스위치 교체

LED전등의 장점은 수명이 길고, 눈에 피로가 적으며, 전기요금을 절약할 수 있다는 것이다. 그러나 비용이 저렴한 LED전등은 큰 의미가 없다. LED제품은 LED칩, LED기판, 컨버터(안정기)로 구성되어 있다. LED칩은 삼성, LG, 중국제가 있다. 전등은 플리커 현상(조명의 미세한 떨림으로 화면이 흔들리는 현상)이 있는지 반드시 확인해야 한다. 플리커 현상은 형광등, TV, 컴퓨터 모니터 등 빛을 내는 제품들 모두에서 나타날 수 있다. 모니터를 많이 보면 시력이 저하되고, 두통 등이 생겨 건강에 안 좋다고 하는데, 보통은 플리커 현상이 원인이다. 플리커 현상이 있는지 손쉽게 확인하는 방법은 핸드폰 카메라로 전등을 찍었을 때, 규칙적인 검은 줄이 나타나는지 살펴보는 것이다. 검은 줄이 나타나면 플리커 현상이 있는 것이다. 만일 집 전등에 플리커 현상이 있다면 건강을 위해서 바꾸길 바란다. 전등은 저렴한 제품보다는 비싸더라도 정품을 선택하는 것이 현명하다.

　버튼식 스위치가 설치된 천장등은 스위치로 전기를 통제하기 때문에 스위치를 껐다면 누전차단기까지 끌 필요는 없다. 하지만 안전을 위해 반드시 누전차단기를 끄고 교체하길 바란다. 최근에는 리모컨으로 밝기를 조절하고 타이머 기능까지 있는 제품이 많이 나왔는데, 편의성을 추구한다면 리모컨 전등을 추천한다. 제품에 자세한 교체방법이 적힌 설명서가 있으니 여기에서는 생략하도록 하겠다.

| 스위치 교체 예시

스위치 교체 전(왼쪽), 교체 중(가운데), 교체 후(오른쪽) 사진

콘센트 교체 전(왼쪽), 교체 중(가운데), 교체 후(오른쪽) 사진

　스위치 교체의 경우, 내부를 열어보면 복잡해서 어렵다 생각할 수 있지만 생각보다 쉽다. 원리만 알면 된다. 선은 2개만 있는 경우와 3~4개가 있는 경우가 있다. 전선 옆에 흰색 부분을 누르면서 선을 잡아 당기면 빠지는데, 그 선을 새 스위치의 같은 부위에 끼워 넣는다. 2개인 경우에는 하나는 위에, 다른 하나는 아래에 끼워 넣고, 3개 이상인 경우에는 각각의 구멍에 끼워 넣는다. 끼워 넣을 때 "딱!" 하는 소리가 나야 결속이 잘 된 것이다. 가정용 전기는 교류방식으로 선의 위아래 위치가 바뀌어도 전혀 문제가 없다. 그래도 불안하다면 교체 전에 사진을 미리 찍어 동일한 위치에 끼우는 것도 한 방법이다. 전등과 마찬가지로 스위치와 콘센트 교체 작업은 감전의 위험이 있으니 반드시 누전차단기를 끄고 작업하도록 하자. 콘센트 역시 작업 방식은 스위치와 동일하다.

지금까지 페인트칠, 도배, 문고리 교체, 전등 및 스위치 교체에 대해 알아보았다. 셀프인테리어를 통해 100만 원이면 화려하지는 않아도 멋진 집을 연출할 수 있다. 인테리어는 그 지역의 소득 수준을 고려해 진행하는 게 좋다. 월세가 30만 원이면 그 수준에 맞는 인테리어를 하면 된다. 100만 원이면 그만큼 수준을 올려 인테리어를 하면 된다. 30만 원 월세 받는 집에 100만 원 월세 받는 집 수준의 인테리어를 하는 건 과한 것이다. 어디까지나 최소한의 비용으로 만족스러운 효과를 만들어내는 것이 목표이므로 유의하도록 하자.

혼자 하기 어렵다면
전문가에게 맡겨라

...

전문가도 힘든 일을 초보자가 한다는 건 더욱 어렵다. 인테리어를 해야 할 부분이 많고 고품질을 원한다면 인테리어업체에 의뢰하는 것이 현명한 방법이다. 하지만 수많은 업체 중에서 어느 업체가 건실하고 일을 잘하는지 확인하기란 쉬운 일이 아니다. 한국소비자원에 따르면 인테리어 부실시공 및 하자 문제 등으로 인한 소비자 상담이 연간 4천 건 이상 접수됐다고 한다. 그래서 2017년 6월 국토교통부는 간단한 인테리어부터 누수 보수, 신축 등 원하는 공사에 적합한 건설업체를 쉽게 찾을 수 있게 도와주는 '건설업체 파인더' 애플리케이션을 개발했다.

| 건설업체 파인더 애플리케이션 화면

간단한 인테리어부터 누수 보수, 신축 등 원하는 공사에 적합한 건설업체를 쉽게 찾을 수 있는 애플리케이션이다.

이 애플리케이션의 장점은 등록말소, 영업 정지, 과징금 처분 등의 이력이 있는 업체 정보를 살펴볼 수 있다는 점이다. 신뢰할 수 있는 우수한 업체를 검색할 수 있다. 부실시공 및 하자 발생 등으로 인한 피해가 지속적으로 제기되어온 업체를 사전에 확인할 수 있어 편리하다. 또한 과거에 불법행위 등이 있었는지도 확인할 수 있다.

공사 수행 능력이 없거나, 영업 정지, 과징금 처분을 받은 업체에 당신의 돈 수천만 원을 맡기고 싶지 않다면 꼭 확인하도록 하

| 인테리어 견적서 예시

공사명	수량	공사 내용	금액
주방 싱크대 공사	1식	싱크대 교체	1,500,000원
마루 공사	1식	장판 교체	900,000원
화장실 타일 공사	1식	화장실 바닥, 벽 타일 공사	800,000원

자. 얼굴에 사기꾼이라고 적혀 있는 사람은 없다. 오히려 사람 좋은 얼굴로 천사의 모습을 하고 있을지도 모른다.

견적서를 보는 팁을 하나 주자면 공사 내용과 필요한 수량이 두루뭉술하면 안 된다는 것이다. 일부러 애매하게 작성한 후 공사를 진행하면서 추가 비용을 요구하거나 중국산 등의 저품질 자재를 쓰는 경우가 많다. 이해를 돕고자 간단한 샘플 인테리어 견적서를 준비했다. 초보자라면 견적서에 어떤 문제가 있는지 모를 것이다. 주방 싱크대의 상판은 인조대리석, 스테인리스, 나무 등 종류가 많으며, 마감재 종류에 따라 가격도 천차만별임에도 불구하고 정확히 명시되어 있지 않다. 상부장 등의 포함 여부도 알 수 없다. 마루 공사도 장판의 자재명과 장판지 두께, 공사의 범위 등이 견적서에 포함되어 있어야 하는데 그런 내용이 전혀 없다.

화장실 타일은 싱크대 교체, 장판 교체와 동일한 내용이 빠져 있으며, 철거 후 재시공할 것인지, 자재는 국산인지 등도 빠져 있다. 마지막으로 인건비와 재료비가 구분되어 있지 않다. 공사 시 중간에 재료를 변경할 경우 인건비가 구분이 안 되어 있으면 업자가 가격을 마음대로 올릴 수도 있다. 이러한 점들을 빼놓지 않고 꼼꼼하게 견적서에 포함시켜야 한다.

대안으로는 본인이 샘플 견적서를 만들어 공사명과 공사 내용, 위치, 수량, 범위, 브랜드, 기타 정보를 기입해 여러 업체에 동일한 기준으로 의뢰하는 것이다. 그렇게 견적 금액을 비교해서 업체를 선정하면 된다. 견적서에 기입된 내용으로만 작업이 이뤄지면 추가 금액이 없고, 발생한다 해도 어느 부분에서 추가 금액이 발생하는지 명확하게 구분할 수 있다. 의외로 두루뭉술한 인테리어 업체의 견적서에 속아 추가 비용을 내거나, 값싼 재료로 시공되어 피해를 보는 경우가 많다.

앞에서 전등 이야기도 했지만 LED전등도 정품 유무와 성능에 따라서 가격이 천지 차이다. 업자 입장에서는 단순하게 개수와 금액만 기입하면 중국산 저품질 전등으로 설치할 수 있어 유리하다. 또 계약 이후에 의뢰인이 정품을 요구하면 추가 금액을 요구할 수도 있다. 결국 견적서가 명확하지 않으면 업자에게 유리하고, 상세하면 의뢰자에게 유리한 것이다. 싼 가격으로 해주겠다는 말만 믿고 업체에 맡기지 말고 견적서를 충실하게 쓴 업체를 선별해 일을 맡기도록 하자. 견적서를 꼼꼼하게 작성하는 업체가 일도 꼼꼼하게 잘한다. 모르면 돈을 잃게 되지만, 알면 벌지는 못해도 최소한 손해는 보지 않는다.

소홀히 하면
손해 보는 임장

매물을 구매하기 전에 직접 눈으로 확인하기 위해 현장답사를 하는데, 우리는 이를 임장이라 한다. 아무리 투자 철학이 올바르고, 투자 전략이 완벽하고, 투자 지식이 풍부해도 부동산 투자는 임장을 소홀히 하면 손해를 볼 수밖에 없다. 임장을 가게 되면 탁상에서 확인하지 못한 정보를 얻을 수 있다. 그래서 부동산 투자자들 사이에서 "현장에 답이 있다."라는 이야기가 도는 것이다. 핸드폰과 나침반, 지적도, 지도, 줄자, 삼각 축척자, 필기도구, 물통, 등산복장 등 준비물도 간단해 누구나 쉽게 임장을 할 수 있다.

임장의 관건은 관심 지역의 전문가가 되겠다는 자세로 임하는 것이다. 어설픈 전국구 아마추어보다는 관심 지역 하나만 전문가가 되는 게 유리하다. 특히 월급쟁이라면 더더욱 그렇다. 가령 집이 성남이라면 다른 지역은 몰라도 성남의 지역 전문가가 되어야 한다. 인천에 직장이 있다면 인천의 지역 전문가가 되어야 한다. 인구, 행정 구역, 재정 규모, 교육, 기업체, 경제 동향, 건축 허가 및 준공, 재개발·재건축 현황 등 공부해야 할 내용이 많다. 이렇게 살펴봐야 할 사항들이 많은데 어떻게 전국을 다 공부할 수 있겠는가? 자신의 투자에 대해 확신이 없고 불안한 이유는 투자처에 대한 정보를 잘 숙지하지 못했기 때문이다.

관심 지역의
전문가가 되자

...

필자는 절대 투자하지 않는 지역에 대한 기준이 있다. 첫 번째, 아무리 호재가 많아도 잘 알지 못하는 지역은 손대지 않는다. 두 번째, 거주지에서 2시간 이상 걸리는 거리의 지역은 쳐다보지 않는다. 세 번째, 인구 유입이 적은 지역도 투자처로 고려하지 않는다. 네 번째, 정부에서 부동산 정책에 대한 언급이 없는 지역도 제외한다. 마지막 다섯 번째, 국가산업단지가 없는 지역 역시 절대 투자하지 않는다. 이러한 5가지 요건에 충족되지 않는 지역은 관심 지역에서 과감하게 제외한다. 그러면 지역을 몇 개만 간단히 추릴 수 있게 되는데, 바로 이렇게 추린 지역에 대해서만 전문가 수준이 되도록 공부하는 것이다.

2006년, 필자는 연고도 없는 세종시에 터를 잡았다. 이렇게 투자 지역을 선택할 때는 자신과 연고가 있거나 투자 가치가 높은 지역을 선택해야 한다. 굳이 시간을 들여 전국을 대상으로 투자 물건을 찾을 필요가 없다. 그래서 사실 가장 확실한 방법은 투자 가치가 높는 지역으로 이사하는 것이다. 또는 주소를 옮겨 지역 우선 공급으로 아파트 당첨 기회를 높이는 것도 좋은 방법이다.

전국을 대상으로 투자 물건을 찾을 필요가 없기 때문에 시간도 단축할 수 있다. 자신이 잘 아는 지역이나 투자로 적합하다고 판단되는 지역에만 초점을 맞추면 되기 때문이다. 해당 지역에서 가장 높은 수익을 낼 수 있는 부동산 물건을 고르고, 임장을 통해 체크해주면 된다. 아파트가 될 수도 있고, 토지가 될 수도 있으며, 상가가 될 수도 있다. 필자 역시 아무 연고도 없는 세종시에 터를 잡고 산 지 13년이 넘었다. 하지만 지금은 이 지역의 부동산 전문가가 되었다고 자부한다. 축구 경기도 원정보다는 홈에서 이길 확률이 높듯이 투자도 홈그라운드에서 이뤄지는 게 가장 좋다. 그래야 불필요한 체력 소모도 줄고, 확신을 갖고 투자할 수 있다. 홈그라운드에서 실력을 쌓고 자신감을 갖춘 다음 다른 지역으로 눈을 넓혀도 늦지 않다.

임장이 부동산 매수 시 가장 중요한 이유는 눈으로 보기 전에는 해당 물건의 가치를 완벽하게 파악할 수 없기 때문이다. 어떤 부동산을 효율적으로 사용하거나 분석하기 위해서는 직접 탁상을 떠나 조사·확인의 과정을 거쳐야 한다. 부동산은 지역성과 부동성이라는 특징을 가지고 있다. 그렇기 때문에 투자 여부를 판단하기 위해서 반드시 현장을 방문해봐야 한다.

임장도
방법이 있다

...

임장 활동 시 탁상에서 확인하지 못한 많은 정보를 얻을 수 있다. 투자할지 말지 확신이 서지 않는다면 직접 눈으로 보는 게 제일 좋다. 투자 여부를 판단할 때 큰 도움을 얻을 수 있기 때문이다. 어떤 방법(공인중개사를 통한 거래, 경매, 공매 등)으로 매수할 것인가에 따라서 체크할 사항은 조금씩 다르겠지만, 공통적으로 봐야 할 부분은 실내와 외관이다.

실내와 외관을 단순히 눈으로만 보는 것이 아니라 임장노트를 만들어 기록하는 게 좋다. 천부적인 기억력을 갖고 있다면 몰라도 그게 아니라면 일일이 메모하는 습관을 들여야 한다. 임장노트에 기록해야 할 사항은 크게 기본 정보(세대수, 준공일, 용적률, 건설사, 주차대수, 평면 타입, 학군 등), 최근 실거래가(매매가, 전·월셋값, 호가 비교 등), 주변 환경(편의시설 및 유해시설 등), 매수 물건 간 내부 상태 및 장단점 비교, 계약 조건(매도자의 재정 상태 및 매도 조건) 등이 있다.

한 가지 팁을 더 주자면 눈에 보이는 매매가격이 늘 진실인 것은 아니다. 실거래가가 현저하게 낮거나 터무니없이 높다면 정상 단순히 눈으로만 보는 것이 아니라 임장노트를 만들어 기록하는 게 좋다.

가격이라고 보면 안 된다. 낮은 것은 증여, 상속 등의 이유 때문이며, 높은 것은 가격을 끌어올리기 위해 높은 가격으로 신고한 뒤 계약을 취소하는 등의 사유 때문이다. 가격을 높여 계약한 뒤 취소를 하면 등기를 하지 않아도 실거래가가 유지되기 때문에 종종 쓰이고 있는 편법이다.

실내와 외관의 중요성은 누구나 다 아는 부분이다. 이제 소홀하게 생각하고 놓치기 쉬운 결로와 누수 부분에 대해 이야기하도록 하겠다. 노후 주택의 최대의 적은 결로와 누수다. 아파트와 다세대·다가구 주택은 누수 여부와 결로, 곰팡이 여부를 꼼꼼하게 확인해야 한다. 노후 주택은 비 내리는 날에 가서 확인하는 것이 좋다. 균열이 발생해 틈새로 빗물 누수가 있는지, 곰팡이가 생겼는지 등의 여부는 비 오는 날 바로 확인이 가능하다. 일부러 비 오는 날 시간을 맞춰 임장을 가는 이유는 누수 여부에 따라 물건을 제외하거나 가격을 더 흥정할 수 있기 때문이다. 누수는 병으로 비유하면 암이다. 고치기도 어렵고 고친다 해도 엄청난 스트레스와 비용이 따라온다.

누수는 외부의 물이 실내로 유입되는 현상을 말하는데, 이 누수를 막는 것을 방수라고 한다. 건물이 노후화되면 건물을 지탱하는 구조체에 지속적인 하중이 가해지면서 균열이 생기게 되고, 이때 방수층이 함께 찢어지거나 기능이 떨어지게 된다. 물론 균열이 생긴다고 해서 무조건 방수층이 함께 상실되는 것은 아니다. 방수층은 신축성이 뛰어나기 때문에 상황에 따라서 멀쩡하게 유지되기도 한다. 반대로 균열이 없다고 해서 방수층이 반드시 멀쩡한 것도 아니다. 만일 부실하게 방수 시공을 했다면 방수층이 빨리 기능을 상실한다.

부동산 전문가들은 노후 주택의 경우 옥상의 방수 상태를 확인하라 조언한다. 그러나 구체적인 방법은 제시하지 못한다. 보통 방수층을 보호층이 보호하고 있어 방수 상태를 육안으로 확인하기가 어렵기 때문이다. 물은 0.1mm 틈만 있어도 내부로 유입되는데 육안으로는 그 틈을 볼 수가 없다. 벽체에 곰팡이가 있다 해서 바로 그 벽체가 원인이라 단정 지을 수는 없다. 얼마 전 임대 준 아파트에서 윗집에 누수가 생겨 벽지가 오염되었다는 연락을

부동산 전문가들은 노후 주택의 경우 옥상의 방수 상태를 확인하라 조언한다.

받았다. 그래서 윗집과 작은 소동이 있었는데 알고 봤더니 윗집이 아니라 대각선 윗집에서 누수가 생겼던 것이었다.

곰팡이는 누수가 아닌 내외부의 온도차로 발생하기도 하는데, 이것을 결로라고 한다. 하자담보책임 기간이 있지만 악성 누수가 있다 해도 전 소유자가 새 벽지를 바르고 매도하면 속아 넘어갈 수밖에 없다. 특히 노후 주택은 하자를 숨기고 매도하는 경우가 허다하니 주의해야 한다. 거래 시 계약서에 특약사항을 넣지 않는 이상 매수자는 매도자에게 이의를 제기해 보상을 받기가 어렵다. 최상층과 지하층을 매수할 경우에는 누수에 더 각별히 신경 써야 한다. 일단 2층 이상 주택에서는 각 층별로 누수가 어디에 생기고 어떻게 진행되는지 알아보자.

그렇다면 어떻게 확인할 수 있을까? 앞서 설명했듯이 육안으로는 확인이 불가능하다. 일반인은 장비가 없기 때문에 장비를 활용한 확인 또한 불가능하다. 골조 공사 후에는 내벽 또는 외벽에 모두 방수 처리를 해 내부로의 빗물 유입을 막아준다. 방수 공사는 마감 공사에서 가장 쉽지만 한편으로는 까다로운 공종에 해당된다. 정석대로 심혈을 기울여 공사하면 절대로 누수가 발생할 일이 없지만 양심이 없는 건축업자가 지은 집에서는 하자가 생기기 마련이다. 일례로 3회 방수처리를 하는 것이 정석이지만 금액을 줄이고자 1~2회로 줄이는 경우도 많다. 당장은 누수 걱정이 없을 수 있겠지만 그럴 경우 몇 년이 지나면 문제가 발생한다. 오히려 수리를 위해서 더 많은 추가 비용이 생긴다.

누수로 인한 스트레스는 말로 표현할 수 없을 정도로 심하다. 또한 정도에는 차이가 있겠지만 엄청난 비용을 지불하면서도 원인을 찾지 못하는 경우가 종종 발생한다. 그래서 필요한 것이 임장이다. 최상층과 지하층이 가장 저렴한 이유는 누수로 인해 피해를 볼 가능성이 높기 때문이다. 그만큼 매수 결정에 신중해야 한다. 최상층이 1천만 원 더 저렴하다고 해서 확인하지 않고 덥석 매수했다가는 낭패를 볼 수 있다. 최상층인 경우 천장을 중심으로 누수 여부를 확인해야 하고, 지하층은 바닥과 접한 벽을 중심으로 누수의 흔적, 즉 곰팡이가 있는지 살펴보도록 하자. 추가로 베란다와 창문 모서리, 옷장의 뒷면도 꼼꼼히 살펴야 한다. 창문과 베란다를 유심히 보는 이유는 균열이 많이 발생하는 부위이기 때문이다.

최상층은 외벽뿐만 아니라 천장에서 물이 유입될 수도 있기 때문에 아무래도 매수 시 더 리스크가 크다. 외벽에서 가장 약한 부분은 층과 층이 구분되는 층의 틈새다. 지하층은 빗물이 지면으로 유입되어 방수 기능이 약한 부분에 침투할 수 있고, 땅에 있는 지표수가 실내로 유입되는 경우도 있다. 특히 최상층의 누수와 달리 지하의 누수는 완전한 수리가 어렵다.

결국 해결방법은 비 내리는 날 방문하는 것이다. 그래야 누수 여부를 확인할 수 있다. 또한 누수와 결로에 대한 내용은 계약서 특약사항에 반드시 추가하도록 하자. 노후 주택뿐만 아니라 날림 공사로 비가 새는 신축 빌라, 다세대·다가구 주택도 많으니 늘 꼼꼼하게 확인하는 습관이 필요하다. 임장이 돈 버는 습관인 이유는 불필요한 지출(보수비용)을 줄여주기 때문임을 명심하자.

토지는 다르게
접근해야 한다

...

토지는 아파트나 주택과는 다르게 확인해야 할 부분이 많아 까다로운 것이 사실이다. 토지를 접하는 방법은 인근 토지 전문 공인중개업자를 통하는 방법과 부동산 스터디 회원들과 동행하는 방법, 부동산 컨설팅 업체 담당자와 동행하는 방법, 경매 사이트에 올라온 물건을 혼자서 확인하는 방법 등이 있다. 토지 임장 경험이 없는 초보자는 전문가와 동행하는 것이 좋다.

중개업자는 계약을 성사시키는 위해서 토지의 단점은 숨기고 장점만 주로 이야기하거나, 부풀려 말하는 경우가 많다. 투자자의 판단을 흐리게 만들기 위해 교묘한 수법을 쓰기도 한다. 토지 임장방법을 숙지하지 않으면 부풀려진 이야기를 신뢰하게 되어 잘못 계약을 하게 될 수도 있다. 대형 필지를 소형 필지로 분할해 분양하는 기획부동산도 거짓 정보를 진짜 정보처럼 둔갑시켜 계약을 유도한다. "갖고만 있으면 몇 배씩 시세차익을 낼 수 있다.", "건물을 지을 수 있다.", "소액으로 가능하다.", "대출을 많이 해준다." 등의 감언이설을 가장 경계해야 한다. 그렇게 좋은 땅이 있다면 당연히 쉽게 팔지 않을 것이다. 그렇기 때문에 초보자는 반드시 전문가와 동행하는 것이 좋다.

토지 임장 전문가라고 해서 대단한 사람을 말하는 것은 아니다. 일단 아는 전문가가 없다면 토지 스터디 모임에 가입해 거기서 인맥을 쌓는 게 좋다. 함께 임장을 다니는 게 가장 안전한 방법이다. 주변에 토지를 소개해주는 지인이 있을 수도 있다. 이럴 때일수록 더 냉정해져야 한다. 왜냐하면 지인은 인맥으로 계약을 유도하기 때문이다.

토지 중 임야는 묘지가 있는지부터 확인해야 한다. 아무리 좋은 땅이라고 해도 묘가 있다면 마음대로 사용하지 못할 수 있다. 임야를 전(밭)으로 지목 변경을 한 경우 그 자리에 집을 짓다가 무연고 묘가 나오기도 한다. 산에 있는 무연고 묘는 겨울에도 확인하기가 쉽지 않다. 매수하고 싶은 토지에 묘지가 있다면 계약 또는 잔금 시까지 묘지 이장을 해결해줄 것을 특약사항에 넣어야 한다.

아파트 임장 시 비 내리는 날에 누수 여부를 판단할 수 있듯이, 토지 임장도 비가 오는 날 토질과 배수 상태, 침수 여부, 토사 붕괴 여부 등을 확인할 수 있다. 비가 오는 날이 맑은 날보다 토양의 질을 판단하기 좋으며, 계절은 겨울이나 봄이 땅의 진면목을 쉽게 알 수 있어 가장 좋다. 부동산 책이나 인터넷을 보면 '겨울에 땅을 봐야 하는 이유' 등의 글을 쉽게 볼 수 있다. 토지 임장에 조금이라도 관심이 있는 독자라면 이 글을 다 읽기도 전에 "그래, 땅은 무조건 겨울에 확인해야지."라고 말했을 것이다.

땅은 겨울에만 봐서는 안 된다. 그 이유는 무엇일까? 토질은 민낯을 봐야 제대로 알 수 있다. 겨울과 여름은 흔히 말하는 화장발(눈과 우거진 풀) 때문에 제대로 토질을 파악하기 어렵다. 지워진 민낯을 보아야 토질을 알 수 있고, 경사도도 살필 수 있고, 토지의 경계나 주변 지형지물을 파악할 수 있고, 묘지가 있는지도 볼 수 있다. 풍성한 자연이 주는 아름다움 때문에 보는 이로 하여금 좋은 토지라는 착시를 유발할 수도 있다.

하지만 겨울에는 주변의 축사나 공해 등 냄새를 감지하기 어렵다. 겨울에는 축사의 냄새가 잘 발생하지도 않고 냄새가 난다고 해도 악취의 범위가 다른 계절에 비해 상당히 짧다. 악취는 여름에 심각하게 난다. 만약에 전원주택을 지을 땅을 찾으러 겨울에 임장을 갔다고 생각해보자. 가축 분뇨 냄새가 코를 찌를 정도로 난다는 것을 확실히 알 수 있었을까? 겨울에 전원주택지를 매수했다면 훗날 집을 짓고 큰 낭패를 볼 수도 있었을 것이다. 또한 겨울은 물길이 얼어서 수량을 가늠하기 어렵고, 봄과 여름, 가을에 혹여 생길 수 있는 수해를 예측하기도 어렵다. 딛고 있는 땅이 봄이 되면 가라앉게 되는 물렁물렁한 땅(눈가림으로 임시 성토한 땅)인지도 알 수 없다. 지반이 약한 곳은 겨울이 지난 해빙기에 옹벽 등 지지대가 무너지기도 한다.

단점을 숨기기 위해 일부러 겨울에만 내놓을 수도 있다는 점을 유의해야 한다. 그래서 토지는 반드시 겨울에 사야 하는 게 정석인 것처럼 이야기하는 건 위험하다. 항상 변수는 존재하기 때문이다. 겨울에 땅을 보는 게 절대적인 진리라는 식의 글을 누구나 맹목적으로 믿는 것 같아 안타깝다. 특수성과 변수를 항상 염두에 둬야 한다. 한 가지 예를 들면 하천 인근의 지대가 낮은 전답은 장마철 또는 태풍이 오는 시기인 여름에 봐야 하며, 경사면의 주택지는 얼었던 땅이 녹는 3월에 봐야 한다. 임야는 낙엽이 지고 눈이 쌓인 날 보라고 하지만 눈이 없는 날도 봐야 한다. 눈이 쌓인 날엔 토지 경계조차 분간이 어렵다. 토지는 결국 사용 목적에 따라 구입 시기가 결정되는 것이다. 반드시 겨울에 사야 한다는 태도는 지양하도록 하자.

4장

실전
토지 투자 노하우

토지에
저축하라

필자는 2007년 청주, 천안, 아산 등 충청도를 중심으로 아파트 갭투자를 시작했다. 이 지역들은 2012년 이전까지는 아파트 분양물량이 상당히 적은 곳이었다. 아파트 가격이 급격하게 상승하자 건설사들은 2013년부터 대량의 물량을 쏟아내기 시작했는데, 밀어내기 식 아파트 분양으로 2015년부터 입주 대란이 예고돼 있었다.

그래서 2015년을 1년 앞둔 2014년, 불안함을 느끼고 충청도에 있는 대부분의 아파트를 매도했다. 앞 장에서 공급 물량이 가격에 미치는 영향에 대해 잠깐 언급했었다. 매도를 결심한 건 공급이 증가하면 가격이 떨어진다는 기본 원칙대로 판단해 내린 결정이었다. 그 당시 그 지역의 아파트를 매도하지 않았다면 투자금과 기회비용, 5년이라는 투자 기간을 모두 날릴 수도 있었다. 물론 운도 따라주었지만 앞으로 하락할 것이라는 예측의 결과가 맞았던 부분도 있다. 명확한 투자 기준이 있었기 때문에 화를 피할 수 있었던 것이다.

그러면서 새로운 투자처를 찾기 시작했다. 이후 회수한 돈을 세종시와 충청도 토지 매수에 사용했다. 아파트에만 투자하는 것은 리스크가 크다고 판단했기 때문이다. 투자처의 다변화가 필요한 시기였다. 토지에 관심을 가졌던 건 필자가 살아온 어릴 적 생활 환경의 영향이 컸다. 필자는 충남 시골에서 태어나 그곳의 땅과 하늘을 보고 살아왔다. 주변에는 농가 주택과 논밭뿐이었다. 겨울에는 하천에 가서 썰매를 타고, 여름에는 물고기를 잡았다. 초등학교는 집에서 3km가 넘었는데 비가 오나 눈이 오나 걸어 다녔다. 장난감 하나 없던 그 시절엔 자연을 벗 삼아 흙과 놀았다. 그때는 흙이 참 좋았다. 그리고 성인이 되니 흙이 있는 땅이 더 좋아졌다.

토지 중에서 농지를 매수하면 농사를 짓고, 산지를 매수하면 목축업과 벌목업이 가능하고, 나대지를 사면 집을 지을 수 있다. 이렇게 돈을 토지에 묻어두면 사기를 당하지 않는 이상 최소한 도망가지는 않는다. 원금 보장이 되는 가장 안전한 투자처가 토지인 셈이다.

철저히 준비해
불확실성을 줄여라

...

농업인이 되면 정부에서 주는 혜택들이 많아 원금 보장은 물론 추가 수익도 기대할 수 있다. 또한 개발 호재로 매도 시 시세차익을 실현시킬 수도 있다. 경제적 부자가 목표라면 맹목적인 아파트 투자에서 벗어나야 한다. 토지는 아파트와 비교가 안 될 정도로 더 큰 수익을 가져다주는 투자처다. 사람들은 막연하게 토지 투자가 위험하다고 이야기하고는 한다. 아마도 아무 준비 없이 섣불리 남의 말만 믿고 투자했다가 실패했던 경험담 때문일 것이다. 투자는 본인이 스스로 주도해서 시작해야 한다. 남에게 의지하는 투자로는 운 좋게 몇 번은 성공할 수 있을지 몰라도 결국은 잃을 수밖에 없다. 아무런 준비 없이 도전하는 사업이 실패하게 되는 것과 같은 이치다. 토지 투자도 준비 없는 도전은 실패의 쓴맛으로 이어진다.

철저한 준비와 다양한 정보를 취합해 분석할 수 있는 능력을 만들어야 성공할 수 있다. 필자의 생각으로는 입시와 취업에 쏟았던 열정으로 토지를 공부하면 충분히 성공적인 미래를 맞이할 수 있다고 본다. 준비는 혼자서도 할 수 있고, 같은 생각으로 모인 동호회나 부동산 전문 강사를 통해 배움을 얻을 수도 있다. 가장 중요한 것은 자신만의 투자 기준이 공고해질 때까지 철저한 준비가 필요하다는 것이다.

모르는 정보는 정보공개요청을 통해 얻을 수 있다.

부동산 관련 정보는 누구에게나 공유되어 있다. 국토개발계획, 도시기본계획, 도시개발계획, 광역도시계획, 광역교통계획 등 다양한 계획 자료들을 쉽게 얻을 수 있다. 국가기관에서 국민들에게 다양한 최신 자료를 공개한다. 투자의 성패는 얼마나 많은 최신 자료를 자신의 것으로 만드느냐에 달려 있다. 알짜 정보는 누가 전달해줘야만 얻을 수 있는 것도 아니고, 고위직 관료에게만 공유되는 것도 아니다. 모르는 정보가 있더라도 정보공개포털 홈페이지(www.open.go.kr)에서 정보공개요청을 통해 얻을 수 있다.

부동산 투자는 결국 공개된 자료에서 얼마나 많은 정보를 얻고 분석과 예측을 하는가에 따라 성패가 좌우된다. 모든 투자자에게 수익을 낼 수 있는 똑같은 기회가 주어지는 것이다. 누구나 처음에는 당연히 모를 수밖에 없다. 필자도 토지에 대해 전혀 몰랐지만 공부를 하면서 스스로 투자 기준을 만들었다. 다시금 고백하지만 소액 토지 투자에서 아직까지도 수익을 내지 못한 물건도 많다. 그러나 후회하거나 잘못된 투자라고 생각하지는 않는다. 소액으로 자투리 토지에 투자했던 경험들이 모여 단단한 실전 투자 실력을 갖게 됐기 때문이다. 소액 투자로 큰 수익을 내지는 못했지만 스스로를 믿고 투자했기 때문에 이를 타산지석 삼아 발전할 수 있었다.

필자가 주변 지인들에게 토지에 투자한다고 말했을 때 대부분 손사래를 치며 말렸다. 그들의 주장은 "죽어서도 못 팔아먹는 게 토지다!"라는 맥락이었다. 그런 당부 때문에 더 오기가 생겼다. 아마도 신경 안 쓰고 오랫동안 묻어둘 수 있다는 장점 때문에 더 토지를 사고 싶었을지도 모른다. 투자자는 팔랑귀가 되어서는 안 된다. 본인의 경험으로 만든 투자 기준을 믿어야 한다. 실패가 있어도 말이다. 실패가 있다면 남을 탓하기 전에 스스로 반성하면 된다. 잘못된 점을 찾고 고치면서 성장할 수 있다.

지인이 알려준 투자처로 몇 번은 투자에 성공할 수 있다. 만일 몇 번 투자하고 접는다는 마인드라면 남의 도움을 받는 것이 편하다. 하지만 부자가 되려면 잃지 않고 지속적으로 투자해야 하는데, 그럴 때마다 남의 의사결정에 운명을 맡길 수 없는 노릇이다. 투자는 확률적 승률로 접근해야 한다. 본인이 성공에 대한 확신을 가지고 투자에 임한다 해도 매도 시점에 실제 수익은 마이너스가 될 수 있다. 또한 수익이 난다고 해도 얼마가 날지 맞히는 건 불가능하다. 그래서 투자 시 수익을 낼 수 있는 확률, 즉 얼마의 수익이 예상되는지 분석하는 식으로 접근해야 한다.

승률이 50%인 게임이 있다고 가정했을 때, 1번 이길 확률은 50%, 2번 연속으로 이길 확률은 25%, 3번 연속은 12.5%다. 그리고 가면 갈수록 연속으로 투자해서 성공할 확률은 급격하게 떨어진다. 똑같은 투자처에서 계속 수익을 낼 수 있다는 생각은 버려야 한다. 투자처를 다변화하고 남보다 빨리 새로운 투자처를 찾는 것도 중요하다. 아파트 투자로 수익을 냈다면 때로는 쉬기도 해야 한다. 수익금을 회수해서 다른 투자처로 갈아타는 것도 좋지만 한 투자처에만 올인했다가는 '잃어버린 10년'을 보낼 수 있다. 2009년 서울 아파트에 투자했던 사람들이 장장 10년 동안 고통을 받았던 것처럼 말이다.

토지 투자로
미래를 대비하자

...

토지는 필지별로 시세가 고무줄처럼 천차만별이라서 적정 가격을 산정하기 어렵다. 좋은 토지의 가격은 토지주가 정하고, 평범한 토지의 가격은 중개인이 정하며, 안 좋은 토지의 가격은 매수인이 정한다. 아파트 투자보다 토지 투자가 상대적으로 어려운 건 가격의 기준이 없기 때문이다. 그만큼 리스크가 많다는 뜻인데, 사전준비만 잘하면 그 리스크를 줄일 수 있다. 필자는 아파트 투자에서 수익을 내면 대부분 땅에 저축했다. 많은 투자자들이 아파트 갭투자에 열광할 때, 필자는 토지 투자로 눈을 돌렸다. 토지 투자가 노후를 대비하기 위한 최적의 투자처라 판단했기 때문이다.

앞에서도 이야기했지만 사회초년생 때는 종잣돈을 모으기 위해 지독할 정도로 은행에 저축을 많이 했다. 월급이 수입의 전부였을 때는 절약과 저축으로 종잣돈을 모았다. 하지만 지금은 그 단계를 벗어나 토지에서 종잣돈을 모은다. 저축 금리와 물가상승률보다 토지에 저축했을 때 얻는 수익률이 몇 배나 높기 때문이다. 저축하라는 건 토지를 물건처럼 여기라는 게 아니라 일종의 은행처럼 생각하라는 것이다. 돈을 지키고 늘리는 가장 좋은 방법은 토지에 묻어두는 것이다.

연금보험이나 저축 등으로는 부자가 되기 어렵다. 빌라, 아파트, 상가 건축물에 투자해서 부자가 되는 것 또한 쉽지 않다. 주식과 비트코인에 투자하는 건 너무 위험하다. 이 투자처들은 여유롭게 살 수 있는 기회를 줄 수는 있지만 당신을 부자로 만들어주지는 않는다. 땅에 차곡차곡 저축하는 것이 최선의 방어이자 공격이다.

소액으로도 충분히
투자할 수 있다

흔히 토지 투자라고 하면 수억 원에서 수십억 원의 종잣돈을 떠올린다. 물론 가치가 높거나 광활한 넓이의 토지는 자금이 많이 필요하다. 그래서 사람들은 토지 투자를 돈 많은 사람이나 가능한 영역이라고 생각한다. 그런데 정말 그럴까? 박봉인 월급쟁이에게 토지 투자는 불가능한 걸까? 사실 토지 역시 부동산의 한 영역이므로 '3장. 실전 부동산 투자 노하우'에서 충분히 다룰 수 있는 부분이었다. 하지만 이렇게 장을 따로 할애한 이유는 일반인들의 잘못된 편견을 바로잡아주고 싶어서다.

필자 역시 수억 원을 들여 매수한 토지가 있지만 월급 수준인 몇백만 원만으로 매수한 토지도 있다. 이렇게 적은 돈으로 토지를 샀다고 하면 완전 오지에 투자했거나 지분등기를 했을 거라 지레짐작하는 경우도 많다. 그러나 매수한 토지는 전부 단독 명의로 등기했고, 기준에 따라 다르겠지만 충분히 가치 있는 물건들이다. 참고로 토지 투자에서 가장 멀리해야 하는 투자방법이 여러 사람과 공동으로 투자하는 지분등기다. 지분등기의 위험성은 뒤에서 더 자세히 다루겠지만, 일단 지분등기의 가장 큰 매력은 보유 자금이 적어 어려움을 겪을 때 여러 명이 공동으로 매수할 수 있다는 점이다. 미래 가치가 높은 토지에 투자하고 싶은데 종잣돈이 없을 때 유효한 방법이다.

하지만 어디까지나 이론에서만 통하는 이야기다. 현실에서는 그 장점으로 혜택을 보는 일이 거의 없다. 돈이 부족해서 가족끼리, 친척끼리, 친구끼리, 동료끼리 함께 땅을 사는 경우가 종종 있는데, 처음에야 좋은 뜻에서 선뜻 투자하겠지만 매도 시점이 되면 서로 이견이 생길 수밖에 없다. 누군가는 가격이 언제 떨어질지 몰라 불안하고, 또 누군가는 더 오를 수 있다는 확신 때문에 팔지 않으려 한다. 지인의 토지만 경매로 넘어가 소유권이 제3자로 바뀌는 난처한 상황이 벌어질 수도 있다. 본인이 매수한 토지에 대해 완전한 권리를 주장할 수 없다면 그만큼 가치와 가격이 떨어진다고 봐야 한다.

종잣돈이 부족하다면 처음에는 소액으로 접근하는 것이 좋다. 설사 재정적으로 부유한 상태라고 해도 처음부터 거액을 들여 큰 땅을 사는 건 지양해야 한다. 소액으로 투자가 가능한 자투리 토지는 일반 매매에서 찾기 어렵고, 경매와 공매를 통해서 낙찰받아 소유할 수 있다. 간혹 매도인이 부동산 중개사무실에 의뢰를 하는 경우도 있으니, 중개사무실 소장과 평소에 친분을 쌓아두는 것도 좋은 방법이다.

물론 소액 투자 시 조심해야 할 부분도 있다. 소액으로 투자하는 만큼 원하는 물건을 고르지 못할 공산이 크다. 선택의 폭이 적기 때문에 단순히 시세차익을 위해서 매수한다면 낭패를 볼 수 있다. 매수한 금액보다 더 높은 금액으로 매도해야 시세차익을 낼수 있는데, 자투리 토지일수록 찾는 사람이 적어서 매도가 쉽지 않다. 단순히 시세보다 저렴하게 매수하는 게 아니라 그 토지에 언제, 무엇을 할 것인지 사전에 정해둬야 한다. 또는 누구에게 언제, 어떻게 매도할 것인지를 생각한 후에 매수해야 한다.

자투리 토지에
투자하라

...

자투리 토지 투자는 고수익을 바라보고 하는 것이 아니라 훗날 '알짜 토지'를 다루기 위한 연습의 일환이다. 운동선수가 큰 대회에 출전하기 전에 작은 대회에 출전해 실전처럼 임하는 이유는 좋은 성적을 내는 데 도움이 되기 때문이다. 500만 원짜리 토지가 있다고 가정해보자. 5년 후 이 토지가 5배 상승했다면 2,500만 원이 된다. 5배가 상승해도 수익이 2천만 원인 것이다. 5억 원의 토지였다면 25억 원이 되어 20억 원의 수익을 냈을 것이다. 이처럼 자투리 토지는 몇 배씩 가치가 오르더라도 파이 자체가 작아 큰 수익을 내기는 어렵다.

그러나 소액으로 투자한 경험 자체가 토지 공부에 도움이 되고, 더 좋은 토지를 보는 안목을 길러준다. 소액으로 투자한 토지는 큰 수익을 주지 않지만 알짜 토지를 매수하는 교두보 역할을 한다. 필자는 공매로 낙찰받은 자투리 토지가 몇 필지 있다. 사실 부동산 투자와 마찬가지로 자투리 토지도 성공과 실패를 반복했다. 그만큼 섣불리 투자하면 손해를 보는 것이 토지 투자다.

자투리 토지의 장점은 소액으로 투자가 가능하다는 점이지만, 유의할 점은 그만큼 활용도가 떨어지는 필지가 많다는 것이다. 그래서 더 많은 공부와 조사가 필요하다. 토지의 가치는 쉽게 말해서 건물을 지을 수 있는가, 없는가로 결정된다. 그리고 짓는다면 얼마나 크고 높게 지을 수 있는가에 따라 가격이 결정된다고 보면 된다. 도로, 용도 지역, 지목 등은 건물을 지을 수 있는지를 판단할 수 있는 요소다. 아파트 가격을 결정짓는 요소가 공급과 수요라면 토지의 가격을 결정짓는 요소는 건축 행위의 유무다. 건폐율과 용적률에 따라서 건물의 크기가 결정되며, 땅의 가치가 달라진다. 그 외 용도 지역, 지목, 모양, 도로 접합 여부, 방향, 주변 조건, 접근성 등의 요소도 땅의 가치에 영향을 준다. 발품만 열심히 판다면 아직도 소액으로 매입할 수 있는 토지가 주변에 널려 있다.

토지를 매수하는 방법은 경험상 개인 간 직거래, 부동산 공인중개사를 통한 거래, 부동산 컨설팅 회사를 통한 거래, 법원 경매, 온비드 공매, 대토가 있다. 참고로 대토란 공익사업 등으로 토지를 수용당한 사람이 수용토지 반경 20km 등 인근 허가 구역 안에서 같은 종류의 토지를 구입하는 것을 말한다. 토지는 신뢰할 수 있는 공인중개사를 통해 매수하는 것이 가장 안전하며, 권리 분석에 능숙하다면 경매와 공매를 통해 시세보다 저렴하게 농지를 매수하는 게 좋다.

경매와 공매로 주거시설을 낙찰받을 시 주거시설은 명도를 통해 주택에 거주하는 임차인 또는 세입자를 내보내야 한다. 하지만 농지는 주거시설과는 달리 명도할 필요가 없다. 그리고 종잣돈이 부족하면 토지 대출을 통해 투자금을 최소화할 수도 있다. 최근 몇 년 동안 서울과 위성도시를 중심으로 아파트 가격이 급등해 대출 규제가 강화됐는데, 토지 대출은 규제에서 벗어나 있다.

가장 안전한
수익처는 토지다

...

2017년과 2018년에는 쌀 가격 폭등이 있었다. 2010년 벼의 재배 면적은 89.2만ha였는데 2018년 들어서는 73.8만ha로 크게 감소했다. 이러한 지속적인 벼 재배면적 감소와 중장기적인 쌀 가격 상승은 농지 가격을 끌어올리는 역할을 한다. 상가가 잘 되어 임대료가 상승하면 부동산 가격이 올라가듯이 쌀 가격이 올라가면 농지 또한 함께 가치가 상승한다.

1인당 쌀 소비량이 감소하니 벼 재배면적이 감소하는 것도 당연하다 생각할 수 있다. 하지만 이는 벼 재배면적의 감소 속도가 1인당 쌀 소비량 감소 속도보다 빠르다는 걸 간과한 것이다. 그리고 정부의 정책으로 쌀 자급률을 90% 이상으로 유지하고 있어 쌀 소비량을 유인하는 중이다. 쌀 생산량을 유인하는 또 다른 대표적인 정책은 '쌀 소득보전 직불제'다. 쌀을 생산하는 논을 유지하고 있으면 소득을 보장해주는 고정직불금과 쌀값 하락에 따른 리스크를 대신 감수하고 지원해주는 변동직불금이 있다. 농사로 큰 수익을 낼 수 있는 것은 아니지만 적어도 쌀 가격 폭락으로 큰 손해를 볼 일은 없는 것이다. 따라서 앞으로도 농지의 가치는 꾸준하게 상승할 확률이 높다. 정부에서 지원금을 통해 손해를 보더라도 보존해주니 이보다 더 확실하고 안전한 투자처가 따로 있을까?

2018년 전국 표준지 공시지가는 6.02%를 달성해 6년 연속 상승세를 유지했다. 최근 개발사업이 활발하게 진행 중인 제주, 부산, 세종 등에서 표준지 공시지가의 높은 상승세가 이어졌고, 경기도의 정비사업 지역은 낮은 상승률을 보였다. 국토교통부의 전국 표준지 공시지가 발표에 따르면 제주는 16.45%, 부산은 11.25%, 세종은 9.34% 올랐으며, 제주는 제주신화역사공원 개장과 제2공항 기대감에 따른 귀촌 등으로 서귀포시가 17.23%, 제주

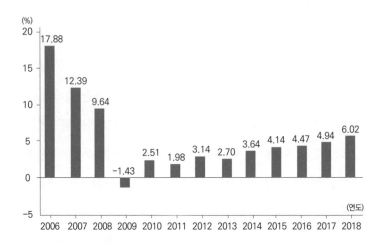

자료: 국토교통부

시가 15.79% 올랐다. 부산은 남천동 재개발 사업과 해운대 관광 리조트 개발, 센텀2지구 첨단산업단지 조성 사업, 온천동 재개발 사업이 정상 진행되면서 수영구가 13.51%, 해운대구가 12.23%, 연제구가 13.20% 올랐다. 세종시는 기반시설 확충으로 성숙 단계에 들어서면서 인구가 크게 증가하고, 서울~세종 고속도로 조기 착공에 따른 기대감으로 7.02% 올랐다. 반대로 고양시 일산동구는 장항동 개발사업이 늦어지면서 0.95% 상승에 그쳐 지난해에 이어 시군구 중 가장 낮은 상승률을 보였다. 고양시 일산서구도 구도심 정비사업 지연과 인근 대체 도시 성장으로 1.2% 상승에 그쳤다.

입지가 우수하고, 인구 밀도가 높은 서울이 가장 높은 상승률을 보일 것이라 예측할 수 있지만, 실제로 서울의 상승률은 평균 수준에 머물러 있다. 제주, 부산, 세종 등 개발 호재가 많은 지역이 더 높게 상승한 것이다. 이것은 토지의 가격 상승률이 현재 만들어진 입지에 따라 움직이는 것이 아니라 개발 호재의 진척에 의해 움직인다는 뜻이다. 즉 아파트에 비해 가치가 상승할 지역을 선별하기 용이한 것이다. 기본적인 투자 원칙을 잘 지키고, 눈에 보이는 호재만 잘 따라가도 손해를 보지 않는 토지 투자가 가능하다.

결국 가장 안전한 수익처는 토지다. 전국 지가변동률이 이를 방증하는데, 국토교통부에 따르면 2010년 11월부터 2017년 상반기까지 전국 지가변동률은 무려 80개월 동안 연속으로 상승세를 보이고 있다고 한다. 2017년 상반기 전국 지가변동률은 1.84%로 소비자 물가변동률인 1.41%보다 더 높았다. 물론 국지적으로는 떨어지기도 하는 등 다른 양상을 보이는 곳도 있으므로 100% 성공을 보장한다는 뜻은 아니다. 하지만 투자는 종목에 상관없이 모두 리스크가 따르는 법이다. 어떤 투자처이든 성공률 100%란 있을 수 없다. 다만 통계에서 알 수 있듯이 리스크에 대한 지나친 우려 때문에 토지 투자를 망설일 필요가 없다는 것이다.

토지 투자,
사전지식이 중요하다

사실 성인이라면 토지를 거래해보지 않은 사람은 있어도 아파트나 주택을 다뤄보지 않은 사람은 거의 없을 것이다. 매매가 아니라 전월세 계약이라 할지라도 말이다. 그만큼 우리에게 토지 거래는 익숙하지 않다. 따라서 토지에 투자해본 경험이 없다면 사전에 관련 지식을 충분히 공부하는 것이 좋다.

그렇다면 토지 투자 시 반드시 확인해야 할 사항은 무엇일까? 바로 입지다. 입지를 선별하는 안목을 키워야 한다. 최근에는 도시를 벗어나 시골에 전원주택을 짓는 경우가 많은데, 건축 행위가 목적이라면 방향(주택 용지이므로 배산임수와 남향), 건물을 배치했을 때의 조망권 확보 유무, 대지의 높이는 도로보다 높은지 낮

| 토지이용규제정보서비스 홈페이지 화면

'토지이용계획확인원'을 통해 해당 토지의 용도와 규제사항, 건폐율, 용적률 등을 확인할 수 있다.

은지, 토지의 경사도는 가파른지 등을 확인해야 한다. 특히 경사도가 너무 가파르면 건축 허가가 안 나올 수도 있으니 계약 전에 체크해야 한다.

이 외에도 사전에 건축법을 숙지해야 한다. 도로가 얼마큼 접해 있는지, 접해 있다면 폭의 넓이는 얼마나 되는지, 사도인지 국도인지, 도로 없는 맹지라면 도로를 개설할 수 있는지, 구거가 있는지, 인근에 주택이나 전봇대가 200m 이내에 설치되어 있는지 등을 확인한다. 전봇대의 위치가 200m 이내에 있으면 이설비용이 없지만 그 이상이면 전기·통신설비 이설비용이 발생된다. 또한 우수·오수 관로가 지하에 매설되어 있는지도 확인해야 한다. 토지이용규제정보서비스 홈페이지(luris.molit.go.kr)에서

'토지이용계획확인원'을 통해 해당 토지의 용도와 규제사항, 건폐율, 용적률 등을 확인할 수 있다. 이처럼 고려해야 할 부분들이 많기 때문에 건축법을 잘 알아야 한다. 일일이 모든 사항을 다 챙기기 어렵다면 토지 인근에 있는 건축설계 사무실이나, 관할 지자체 담당 부서 등에 문의하면 건축 행위가 가능한지 바로 확인할 수 있다.

토지 투자 시
검토해야 할 것들

...

손품으로 사전에 각종 서류를 꼼꼼하게 챙겨볼 수도 있지만 결국 최종적으로는 발품으로 직접 확인하고 매수해야 한다. 발품을 팔 때는 해당 토지만 살펴보지 말고 주변에 유해시설은 없는지 체크할 필요가 있다. 유해시설의 예로는 쓰레기 매립장이나 군 사격장, 송전탑 등이 있다. 경치 좋은 시골 땅을 샀는데 인근에 쓰레기 매립장과 축사가 있어 악취가 심한 경우가 생기기도 하고, 군 사격장이라도 있는 경우에는 큰 소음 피해를 받을 수 있다. 고압이 흐르는 송전탑 아래에 집을 짓고 살면 시골일지라도 오히려 건강을 해칠 수 있다. 하천 제방보다 지대가 낮아서 장마철마다 상습 침수 피해를 입거나, 계곡을 낀 토지였는데 계약 후 가보니 낭떠러지 땅이었을 수도 있다. 또는 멋지게 보였던 뒷산이 석면 광산일 수도 있다. 토지는 온라인 쇼핑을 하듯 손품을 믿고 매수했다가는 돌이킬 수 없는 낭패를 볼 수 있어 유의해야 한다.

토지 투자 시 가장 먼저 확인해야 할 사항은 정확한 주소를 알아내고, 해당 주소지에 있는 토지의 성격, 용도, 모양, 주변 현황 및 인프라를 파악하는 것이다. 손품으로 간단히 확인할 수 있는 방법은 네이버 지도, 다음 지도 등을 활용하는 것이다. 지도에 있는 로드뷰, 스카이뷰, 지적편집도 기능을 사용하면 주소지에 방문하지 않고도 유용한 정보를 얻을 수 있고, 거래 협상 전에 유리한 전략을 세울 수 있다. 무엇보다 좋은 물건을 찾는 데 필요한 시간을 줄일 수 있다. 그런데 부동산 중개사무실에서는 아무에게나 물건 지번을 알려주지 않는다. 몇 번 거래를 해서 신뢰가 가는 손님이거나, 몇 번 방문해서 안면이 있는 손님이 아니면 지번을 쉽게 알려주지 않는다. 부동산 중개인은 좋은 물건이 나오면 한 번 팔고 끝낼 게 아니라 몇 년 후 다시 팔 때의 경우도 고려한다. 중개수수료 때문인데, 그래서 우선 친분이 있는 손님에게 물건을 소개한다. 그러면 해당 손님은 훗날 그 물건을 되팔 때 다시 같은 중개사무실을 이용하게 된다. 보통 뜨내기 손님에게는 알맹이 없는 물건을 소개하는 경우가 많다.

관심 지역에 무턱대고 방문하기도 하지만 그 전에 네이버 지도, 다음 지도를 통해 입지와 환경을 미리 살펴보는 게 좋다. 사전에 충분히 살펴본 뒤 임장을 진행해야 한다. 그래야 소중한 시간을 아끼고, 더 많은 지역을 살펴볼 수 있다. 지번을 알고 있다면 토지이용계획확인원에서 지목, 건축 가능 여부 등을 검토한다. 이

2006년부터 최근까지 거래된 모든 부동산의 실거래가를 확인할 수 있다.

후 등기부등본에서 근저당을 확인할 수 있는데, 반드시 꼼꼼하게 채권 분석을 해보기 바란다. 토지 담보가치 대비 대출 상한선이 높다면 토지주가 돈이 부족해 매도하는 경우다.

밸류맵 애플리케이션으로 2006년부터 최근까지 거래된 모든 부동산의 실거래가를 확인하는 방법도 있다. 주변에 실거래된 지번에 대한 정보를 바로 확인할 수 있어서 유용하게 사용할 수 있고, 가격 협상 시 전략적 우위를 얻을 수도 있다. 간혹 증여와 상속은 공시지가 가격으로 거래해 낮은 가격을 보이니 실거래가 검색 시 참고하길 바란다. 부동산 중개인이 급매물이라고 추천하지만 주변 가격보다 훨씬 높은 호가를 부르는 경우도 있다. 매수 결정 전에 주변 실거래가를 반드시 확인해야 하는 이유다.

결국 토지 투자 시 수익을 낼 수 있는 가장 좋은 방법은 건물을 올리는 일이다. 건물 건축이 불가능한 토지는 쓸모가 없거나 가치가 현저하게 떨어져 가격도 저렴하다. 반대로 건축이 불가능한 토지를 가능하게 만들면 가치가 상승하고 높은 가격에 거래할 수 있다. 건축 가능 유무의 경우 부동산 중개사의 말만 믿지 말고 토지이용계획확인원을 확인하는 게 좋다. 여의치 않다면 관할 기관의 허가과, 건축과 등에 건축 가능 여부를 물어봐야 한다. 경사가 높거나 도로 폭 부족, 관로 미설치 등의 이유로 건축이 불가능한 경우도 허다하다. 건축 가능 유무를 확실하게 확인했다면 예산에 대한 부분을 체크해야 한다. 건축을 위한 목적이라면 토지 매입비, 설계비, 건축비뿐만 아니라 조경비, 인프라 비용, 농지 및 산지 전용부담금 등을 예산 계획에 포함해야 한다.

팔기 싫은 땅을 사라

...

2009년, 아내와 함께 나들이를 할 겸 세종시 홍보관을 방문한 적이 있다. 홍보관에서 세종시의 2030년 미래의 모습을 담은 모형과 홍보 영상을 함께 살펴볼 수 있었는데, 홍보물이었지만 미래 도시의 전경은 가히 충격적이었다. 20년 후인 2030년에 50만 명이 거주하게 될 성숙한 도시의 모습을 상상하니 기대가 벅차올랐다. 그날 이후 세종시 관련 각종 개발계획 자료와 기사를 수집했다. 세종시의 개발계획을 달달 외우고 다닐 정도로 머릿속에 집어넣었다.

2년이 지나 토지 투자에 대한 확신이 서자 실천에 옮기기로 마음먹었다. 두 달 동안 50필지가 넘는 땅을 보았는데, 1억 원으로 살 수 있는 토지가 많지 않아서 부동산 중개인이 고생을 많이 했다. 마음에 드는 토지가 없어서 투자를 포기하려던 찰나에 입지, 금액, 계약 조건이 좋은 농지를 소개받을 수 있었다. 가끔 입지보다 시세가 저렴한 눈먼 땅이 나오는데 필자가 산 농지가 그런 케이스였다.

지금은 해당 필지 주변 지역에 상전벽해가 이뤄지고 있다. 세종시의 공사가 계획대로 진행되면서 도시는 날로 팽창하고, 세종시 주변 지역의 개발 압력은 더 커지고 있다. 세종시가 계획대로 성장할 것이라는 확신이 있었기에 그동안 느긋한 마음으로 거주하면서 직접 농사를 지었다. 토지 투자로 수익을 내기 위해선 '남에게 팔기 싫은 땅'을 자신의 것으로 만들어야 하는데, 이 농지가 바로 그런 땅이었다.

부동산 투자에서 "언제가 가장 저렴한가요?"에 대한 대답 중에 "지금이 가장 싸다."라는 말이 있다. 돌이켜보면 2011년이 필자에게는 세종시의 저평가된 농지를 가장 좋은 조건으로 살 수 있는 시기였다. 그래서일까? 요즘 들어 부쩍 그 농지를 매도하라는 연락이 자주 온다. 부동산 중개사무실에 내놓은 적도 없는데 말이다. 매수자들이 접근해오는 경로는 정말 다양하다. 해당 등기부등본을 보면 소유자의 주소를 확인할 수 있기 때문에 주소지로 찾아오는 경우도 있고, 매도 의사를 묻는 우편을 보내거나, 담보대출이 있는 은행에 문의해 연락처를 받기도 한다. 심지어 마을 이장에게 접촉하는 등 여러 방법으로 매도 의향을 묻는다. 이 토지는 도로를 길게 접하고 있고 뒷부분은 길이 없는 맹지라서 건축 행위가 어렵다. 또한 가격이 앞 토지에 비해서 절반 수준이다. 그러니 뒤에 인접한 땅 소유주가 필자의 땅을 사면 맹지에서 탈출해 두 땅이 동일한 가격으로 상승하게 된다. 뒤에 있는 땅 소유주들이 눈독을 들이는 이유다.

이 토지는 매년 10% 넘게 복리로 상승하고 있어 이미 투자금을 회수했다. 서울과 주요 도시의 아파트 가격은 급상승해 아파트 담보대출 시 신DTI, DSR을 적용받는다. 그만큼 은행 대출이 까다로운 상황이다. 그에 비해 토지 담보대출은 영농자금 대출 명목으로 빌릴 수 있기 때문에 비교적 자유롭다. 또한 토지 중에서 농지는 자경으로 8년 이상 농사를 지으면 양도소득세 면제 또는 감면 혜택을 받을 수 있다. 여러모로 이점이 많은 것이다. 참고로 양도소득세 혜택은 연봉 등 기타 수익이 연 3,800만 원 이하일 때 받을 수 있다.

토지는 단기로 투자하는 사람과 장기로 투자하는 사람으로 나뉘는데, 세금 혜택과 개발 호재 실현 등을 고려했을 때 최소 10년은 보유하고 있어야 원하는 수익을 낼 수 있다. 10년은 짧으면 짧고 길다면 엄청 긴 시간이다. 산업단지 조성, 고속도로 신설 등에 소요되는 시간이 대략 10년이기 때문에 장기적인 안목으로 접근해야 한다. 환경영향 평가, 타당성 조사, 기획, 설계, 시공 기간 등 호재가 반영되기를 기대하려면 적어도 10년은 필요하다. 10년간 장기 보유 시 세금감면 혜택도 30% 받을 수 있으니 시야를 넓게 갖고 멀리 보기 바란다.

지분 투자는
신중하게 접근하자

...

지분경매 입찰은 불완전한 소유권 때문에 문제가 생길 여지가 많으므로 일반 물건과는 다르게 취급해야 된다. 한 필지를 여러 사람의 이름으로 소유권 이전 등기된 부동산을 공유자 1명이 사용 또는 처분하기란 쉽지 않다. 소유를 했으나 완전한 권리를 주장할 수는 없기 때문에 일반 입찰자들은 지분경매를 기피하고는 한다. 또한 지분 투자로 매수한 땅에 집을 짓고 싶어도 지을 수 없는 경우가 많다.

토지의 경우 투기 방지를 위해 지자체가 분할을 제한하고 있다. 그래서 용도 지역이 녹지 지역, 관리 지역, 농림 지역, 자연환경

보전 지역 안에서 너비 5m 이하로 분할되는 건 제한될 수 있다. 구체적인 분할 목적을 담은 서류를 제출해 심사를 받아야 하는데 실수요가 아닌 투자 목적이 의심되면 관할 지자체는 분할 허가를 내주지 않는다.

토지 지분을 취득해 현물 분할을 하고자 한다면 관계 법규에 따른 제한사항을 잘 살펴봐야 한다. 분할이 가능한지부터 확인하고 투자해야 하는 것이다. 참고로 컨설팅에 의해 여러 명이 공동으로 투자하는 경우 가분할도를 만들어 매수하게 되는데, 반드시 특약으로 명확히 구분해야 한다. 다른 공유자와의 분쟁이 생길 수 있기 때문이다. 그러나 이것도 어디까지나 이론적인 이야기에 가깝다. 아무리 특약을 명확하게 기입해서 구분한다 해도 땅에 선을 그어 분할하면 보통은 쓸모없는 땅이 된다.

당연한 이야기지만 지분에 참여한 투자자들의 자금 여력은 투자자마다 다르다. 합의서 등 안전장치를 만든다 해도 공동 투자자 중 1명이라도 돈이 궁해져 중간에 투자금을 회수하게 되면 지분자가 변경되어 매도는 더 어려워진다. 싸게 사서 정상가에 팔려다가 싸게도 못 파는 상황이 올 수도 있는 것이다. 지분 투자는 신도시 개발 지역, 국가산업단지 등 국가 주도 개발 지역 주변에서 많이 성행하는데, 주로 기획부동산 컨설팅을 통해서 이뤄진다. 부동산 컨설팅 회사는 큰 필지의 임야를 저렴하게 매입해 작은 필지로 쪼개고(분할하고), 한 필지를 여러 사람에게 공동 명의로 매도한다.

임야가 여러 필지로 쪼개진 것을 볼 수 있다.

평창 동계 올림픽이 열렸던 평창군 소재의 한 지역을 살펴보면, 임야가 여러 필지로 쪼개진 것을 볼 수 있다. 아마도 평창에 전원주택을 짓고 노후를 보낼 계획으로 투자한 사람이 많을 것이다. 토지이용계획확인원을 통한 건축 행위 가능 여부부터 따져봐야겠지만 집을 짓기 위해서 가장 중요한 요소는 무엇일까? 바로 도로다. 그런데 도로가 보이지 않는다. 기본적인 지식만 있다면 투자를 해야 할 토지인지 해서는 안 될 토지인지 쉽게 확인할 수 있다.

아무 쓸모가 없는 땅임에도 불구하고, 예를 들어 평당 2만 원이라고 하면 굉장히 싸게 느껴진다. 그런데 만일 공시지가 기준으로 평당 2천 원인 토지라면 무려 10배나 비싼 것이다. 이런 정보를 알고 투자하는 것과 모르고 투자하는 건 이만큼 큰 차이가

기획부동산 컨설팅 회사에서 큰 덩어리의 필지를 매수해 여러 필지로 쪼갠 것으로 보인다.

난다. 지분 투자 시에는 불완전한 소유권 문제로 인해 당연히 땅값이 시세보다 훨씬 싼 게 맞다. 그저 무지함 때문에 비싸게 사는 게 문제인 것이다.

다른 사례를 살펴보면 충남의 국가산업단지 인근 지역이다. 어김없이 여러 필지로 분할된 것을 볼 수 있다. 기획부동산 컨설팅 회사에서 큰 덩어리의 필지를 매수해 여러 필지로 쪼갠 것으로 보인다. 놀라운 사실은 필지마다 최소 1명 이상의 소유자가 있다는 것이다. 이는 매도가 어렵고, 토지에 농사를 짓거나 건축 행위를 하는 데 제약이 많다는 걸 의미한다. 한마디로 향후 가치가 커질 확률이 굉장히 적은 땅이다.

여러 경매 관련 책과 강의에서 지분경매 투자 성공담을 이야기하지만 그것은 어디까지나 이론적인 이야기에 불과하다. 지분경매 또는 지분 투자로 성공한 사례는 1%도 안 된다고 본다. 10여 년 동안 부동산에 투자하면서 실제로 지분경매로 수익을 냈다고 자랑하는 투자자는 만나본 적이 없다. 만일 지분 투자를 고려하고 있다면 반드시 신중하게 고민해보기 바란다.

농지 투자,
어떻게 해야 할까?

앞서 농지가 정부의 지원을 받을 수 있어 굉장히 안전하고 유망한 투자처라 소개한 바 있다. 농지를 매수하는 방법은 개인 간 직거래, 부동산 공인중개사를 통한 거래, 컨설팅 회사를 통한 거래, 법원 경매, 온비드 공매, 대토 등이 있다. 신뢰할 만한 공인중개사를 통해서 매수하는 것이 가장 안전한 방법이다. 하지만 권리분석을 통해 경매와 공매로 시세보다 저렴하게 농지를 매수할 수도 있다. 물론 경매와 공매는 조심스럽게 접근해야 한다.

토지 중에서도 특히 농지는 매수 목적이 뚜렷해야 한다. 농사를 지을 것인지, 호재 지역 투자가 목적인지, 농지 은행에 맡겨서 농지 연금을 받을 것인지 등 목적을 명확히 해야 한다. 농지원부

| 농지원부의 대표적인 혜택 9가지

1. 토지 소재지 및 연접 지역에 2년간 거주 시 이전등기 때 취등록세를 50% 감면해준다.
2. 대출 시 등록세, 채권을 면제해준다.
3. 농지원부를 보유하고 8년 이상 재촌, 자경이 입증되면 과세 기간별로 2억 원 한도 내에서 양도소득세를 100% 감면해준다.
4. 농지원부를 보유하고 3년 이상 재촌, 자경 후 양도하고 1년 이내에 대체 농지를 구입할 경우, 당해 농지에 대한 양도세 100%를 감면해준다.
5. 대출 시 저렴한 금리 혜택을 누릴 수 있다.
6. 농지 전용 시 부담금이 면제된다.
7. 농기계용 면세유를 구입할 수 있다.
8. 자녀 대학장학금 우선 지원 대상자가 된다.
9. 국민연금 및 건강보험료를 50% 감면해준다.

(農地原簿)가 있으면 단위농협 조합원 가입도 가능하다. 지역마다 혜택이 다르지만 출자한 금액에 대한 배당을 주는데 시중 은행 이자보다 상당히 높다. 자녀에게 장학금도 지원해주고, 명절에는 선물도 준다. 농사 시 필요한 비료를 저렴하게 구입할 수도 있다.

농지원부는 소유한 농지에 대한 정보를 파악해 효율성 있게 관리하고 이용하기 위해 작성하는 장부의 일종으로, 필요로 하는 농업인이 직접 신청해서 만들 수 있다. 시·구·읍·면의 농지관리 부서에 가서 농업인의 주소지와 농지 등기부등본, 토지대장등본, 주민등록등본을 가지고 신청하는 방법과 농지 소재지에서 자격 증명을 받아 같은 방법으로 신청하는 방법 2가지가 있다. 담당 공무원이 실사를 통해 농사 여부를 확인하고 발급해준다. 농지원부 신청 시 해당 지역 이장의 도장이 있어야 하니 이장과 친분을 유지하는 것도 필요하다.

농지연금이 목적이라면 시세 대비 공시지가가 높은 지역이 유리하다. 농지연금의 기준은 공시지가로 산정되기 때문이다. 농지는 농지취득자격증명서 발급이 가능한 토지인지 확인한 후 매수해야 한다. 농지취득자격증명서는 면사무소에서 발급해주는데 상황에 따라 발급이 안 될 수도 있다. 이 경우에는 소유권 이전이 어려울 수 있으니 미리 확인이 필요하다.

농지 투자가
증가하고 있는 이유

...

주 52시간 근무제가 자리 잡으면서 주말농장 용도로 농지를 매수하는 경우가 늘고 있다. 최근에는 귀농인도 꾸준히 증가하고 있다. 2017년 귀농 가구는 1만 2,630가구로 전년보다 245가구 감소했지만 도심에서 벗어나 시골로 귀향하는 인구는 꾸준히 증가하고 있다. 시·도별로는 경북(2,316가구)이 가장 많았고, 전남(1,925가구), 경남(1,668가구) 등의 순으로 이어졌다. 귀농 가구의 평균 가구원 수는 1.55명이다. 귀농하는 가구주의 성별은 남자가 67.1%로 높았고, 평균 연령은 54.3세로 나타났다. 50∽60대 연령층이 66%를 차지해 주로 노후를 보내기 위한 목적임을 알 수 있다.

2017년 기준으로 귀농 가구의 65.2%는 1인 가구였으며, 가구 구성 형태는 귀농 가구원으로만 구성된 단일 가구가 87%로 가장 높았다. 농촌 지역 거주자와 귀농 가구원이 함께 가구를 구성한 혼합가구도 13%를 차지했다. 농업에만 종사하는 전업 귀농인은 72%이고, 다른 직업을 함께 보유한 겸업 귀농인은 28%다. 이처럼 여건만 된다면 누구든지 본업을 유지하면서 겸업 귀농인이 될 수 있다. 귀농 전에 살았던 거주 지역을 살펴보면 수도권(서울·인천·경기)에서 이동한 귀농인이 전체의 43.1%로 가장 많았다. 노후에 도시를 떠나 시골로 이사하는 사람이 적지 않다는 것을 알 수 있다.

새로운 곳에 정착하기 위해서는 철저한 사전조사와 준비가 필요하다. 이 준비 단계에 해당되는 것이 농지를 구매하는 일이다. 앞으로도 귀농에 대한 수요는 꾸준할 것이므로 농지 투자도 좋은 선택지가 될 수 있다. 농지는 매수자가 많지 않아 협상만 잘 하면 공시지가보다 저렴하게 매수할 수 있다는 장점이 있다.

전업 귀농이든, 겸업 귀농이든, 농지연금이 목적이든 결국 농지를 저렴하게 매수하는 일이 가장 중요하다. 목적과 상관없이 농지를 저렴하게 매수하는 게 최우선 과제다. 가능하다면 공시지가보다 더 낮은 금액으로 말이다. 방법은 경매나 공매가 가장 좋으며, 매수 후 부족한 자금은 경락잔금대출(경매나 공매로 낙찰받은 부동산에 대해 부족한 잔금을 대출해주는 제도)을 이용하면 된다. 경락잔금대출로 적은 금액으로도 농지를 구입할 수 있다. 그로 인한 이자는 농사 수익금이나 임차인에게 받은 지료로 상쇄시키면 된다.

농어가목돈저축으로
종잣돈을 모아라

...

농지가 있는 농민에게는 국가에서 다양한 혜택을 주고 있는데 농어가목돈저축(이하 농어가저축)도 그중 하나다. 종잣돈을 조금 더 빨리 쉽게 모을 수 있도록 국가에서 고금리 저축 상품을 제공해주는 것이다. 농어가저축은 농어민의 재산 형성을 지원하고 저축 의욕을 고취시켜 안정된 생활 기반을 조성하게 하는 목적으로 만들어졌다. 농어민의 소득을 저축으로 유도해 농·수·축산업 자금 공급을 증대시킴으로써 발전에 이바지하도록 유도하는 저축 상품이다. 농협과 수협, 산림조합이 제공하는 기본금리 외에 저축 장려금 명목으로 추가 이자를 제공해준다. 실지급 이자율이 3~7%에 달하는 보기 드문 고금리 저축 상품이다.

농어가저축은 일반 농어민과 저소득 농어민으로 분류해 금리 혜택을 달리 제공한다. 일반 농어민은 1ha 초과 2ha 이하의 농지를 소유한 경작 농민과 20t 이하의 동력선을 소유하고 있는 어민, 일정 규모 이하의 가축을 소유하고 있는 양축가가 해당된다. 저소득 농어민은 1ha 이하 농지를 소유한 경작 농민 혹은 임차 경작을 하는 농민, 무력선 및 어선이 아닌 배를 사용하는 어민, 1/2 이하의 가축을 소유하고 있는 양축가가 해당 된다.

연 2.45%(2018년 1월 1일 가입 기준)의 기본 금리에 저축 장려금(연 0.9~4.8%)까지 더할 경우 5년 만기 시 금리가 최고 연 7.25%에 이른다. 시중에서 가장 높은 제2금융권 저축 금리도 3%를 넘길 수 없는데 7.25%라니 대단한 수치가 아닐 수 없다. 대농이나 재산이 많은 경우에는 가입이 어려울 수 있으며, 가입금과 연이율에서 차이가 발생할 수 있다. 하지만 소득이 적다면 최대 연 7.25%의 이율로 가입할 수 있다.

다만 가입금액이 월 20만 원, 즉 연간 240만 원 수준이라서 큰 목돈을 만드는 데는 제한적이다. 그러나 농지원부가 있을 경우 소액이라도 종잣돈을 조금 더 쉽게 빨리 모을 수 있는 통장임에는 확실하다. 신청서류로는 거래신청서, 농지원부, 건강보험 자격득실 확인서, 소득금액 증명서, 주민등록등본, 신분증, 도장, 임야대장, 어업면허증 등이다. 가입 대상에 따라 다소 차이가 있을 수 있다.

농지연금으로
노후를 준비하라

...

농지를 소유하고 있지만 소득이 줄어 생활자금이 부족한 경우, 농지를 담보로 매월 일정액의 자금을 연금처럼 받을 수 있는 농지연금이라는 제도가 있다. 농림축산식품부와 한국농어촌공사가 운영하는 농지연금은 소유한 농지를 매개로 매월 일정액을 연금으로 받는 제도로, 2011년부터 시행 중에 있다. 농지연금 누적 가입자 수는 연평균 13%씩 꾸준히 늘어 2018년 4월 말 기준으로 약 1만 명에 달한다.

농지연금은 농지가격이 6억 원 이하인 경우 「지방세특례제한법」에 따라 재산세가 면제돼 절세 효과도 있다. 여기에서 핵심은 소유권을 유지해준다는 것이다. 농사를 짓는 농민을 위한 상품으로 가입자는 사망할 때까지 본인의 농지를 지속적으로 소유하면서 농사를 짓거나 제3자에게 임대를 줄 수 있다. 가입 대상은 만 65세 이상, 영농 경력 5년 이상, 현재 실제 영농에 이용 중인 공부상 전답, 과수원의 소유자여야만 한다. 농업인만 가능하다는 뜻으로 판단 기준은 농지원부 소유 여부다.

농지연금의 장점은 첫째, 가입자가 중도에 계약 해지를 원하면 언제든지 가능하다. 단 계약 뒤에 받았던 연금을 변제한 이후 해지할 수 있다. 둘째, 농지 가격 상승으로 상환 시점 시 농지 처분가액이 채무보다 많으면 처분가액에서 채무를 제외하고 유족에게 반환된다. 셋째, 농사도 계속 지을 수 있다. 연금과 더불어 영농 또는 임대를 통해 추가 소득을 올릴 수 있고, 가입자가 사망 시 배우자가 연금을 승계할 수도 있다. 넷째, 농지 가격이 6억 원 이하면 재산세가 면제된다. 농지연금 수령액은 월 지급액, 농지 가격, 가입 연령, 지급 방식 등에 따라 결정되고, 가입 기간에 따라 종신형과 기간형으로 분류된다. 종신형으로 신청했을 때 농지 가격이 공시지가로 2억 원 수준이라면 74세 가입자를 기준으로 월 91만 8천 원을 받을 수 있다. 기간형은 5년형, 10년형, 15년형을 선택할 수 있는데, 다만 기간에 따라 연령 제한이 있다.

물론 단점도 있다. 정부에서 농지연금이라는 거창한 말로 포장하기는 했지만, 결국 농지연금은 자신의 땅을 금융회사에 맡겨 대출을 받는 개념이다. 하지만 담보로 하는 농지의 감정을 공시지가 수준으로 측정하거나 시세 대비 50~60%로 기준으로 산정하고 있어 실수령 금액이 낮다. 국가에서 진정으로 농업인의 노후를 위해 실시하는 제도라면 시세 기준으로 산정하는 게 맞다. 즉 농지연금은 결국 국가에서 농지 담보대출로 돈을 빌려다가 가입자에게 지불하는 개념으로 볼 수 있다. 부대비용을 뺀 금액을 연금으로 가입자에게 주다 보니 매월 받는 금액이 적을 수밖에 없다.

참고로 농지연금을 받을 목적이라면 시세 대비 공시지가가 높은 지역을 매수하는 게 유리하다. 농지연금의 기준은 공시지가로 산정되기 때문이다. 국유지를 임대하는 방법도 있다. 한국자산관리공사에서는 금융기관의 부실채권 정리, 압류재산 공매, 부동산 개발 외에도 국유재산을 관리하는 역할을 한다. 한국자산관리공사에서 운영하는 온비드 홈페이지를 통해 토지를 저렴하게 임대(대부)할 수 있다. 또한 농지은행을 통해서도 임대가 가능하다. 농지은행은 영농의 규모 확대를 지원하기 위해 농지의 신탁, 임대, 매매, 관리를 담당하는 기관이다. 농지은행 홈페이지(www.fbo.or.kr)에서 손쉽게 관련 업무를 처리할 수 있다. 답답한 도시 생활을 접고 농사를 지을 계획이라면 퇴직금 전부를 들여 농지를 매수하기보다 국유지를 임대하는 것이 나을 수 있다.

농지은행 홈페이지에서 농지연금을 신청하거나 농지를 임대할 수 있다.

아직까지 농지연금의 가입자가 저조하고 인기가 적은 이유는 무엇보다 자녀들의 반대가 크다. 농지연금에 가입하면 소유권이 넘어가서 상속을 받지 못한다고 생각하기 때문이다. 하지만 소유권은 그대로 유지된다. 그러므로 생활자금이 부족하거나, 농사를 짓기 어려운 경우에는 농지연금으로 노후를 보내는 것도 좋은 대안이 될 수 있다. 앞서 언급했던 농지은행 홈페이지에서 농지연금을 신청하거나 농지를 임대할 수 있다.

우리는 불안한 노후를 위해 안전장치를 2중, 3중으로 만들어야 한다. 농지 투자도 안정장치를 만드는 일환 중 하나다. 초고령화 시대에 접어들면서 농기계 없이는 농사를 지을 수 없는 시대가 됐다. 농지는 농기계 진출입이 수월하고, 경사가 없고 평탄하며,

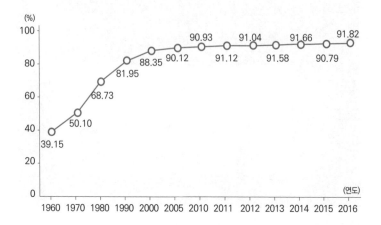

자료: 국토교통부

사각형으로 반듯한 모양이 좋다. 또한 하천이나 저수지가 인접하고, 도심지와 인접한 농지가 도시 팽창 시 시세차익을 노릴 수 있으니 유의하기 바란다.

　필자도 직장인이면서 겸업 농업인이듯 직장인도 농업인이 될 수 있다. 젊은 나이에 농지에 투자하면 20년 후에 농지연금을 받거나 개발 등으로 시세차익을 볼 수 있다. 개발 여부에 대해 낙관적인 건 금물이지만 너무 부정적일 필요도 없다. 우리나라의 수도 서울시도 처음에는 논두렁이 태반이었다. 전답을 메워 1천만 명이 움직이는 대도시가 만들어졌고, 수도권 1~2기 신도시와 지방 혁신도시도 농지 위에 만들어졌다. 1960년대까지만 해도 전체 인구 대비 도시 지역 거주민은 50% 이하였다. 1970년대부터 본격적으로 증가하기 시작해 1990년대에 이르러서야 80%를 넘어선 것이다.

필자는 아직도 2006년을 생생히 기억한다. 대학교 졸업 후 세종시가 자리를 잡던 시기였다. 당시에는 농업에 종사하는 주민들이 주로 살고 있는 전형적인 농촌이었다. 2007년에 세종정부청사 자리에 살고 있던 주민들이 하나둘씩 이주를 시작했고, 2012년부터 순차적으로 국무총리실청사와 1단계, 2단계, 3단계 청사 건물이 완공됐다. 주변에는 아파트와 상가 건물이 들어섰다. 10년 전, 청사를 짓지 않은 세종시는 농지와 산이 전부였지만, 그 농지 위에 정부청사와 아파트가 지어지고 국내에서 가장 큰 인공호수까지 만들어졌다. 불과 몇 년 만에 복숭아밭에 1만 5천 명의 공무원이 근무하는 정부청사가 들어선 것이다.

필자는 당시에 돈이 생길 때마다 세종시의 토지와 아파트를 조금씩 매수했다. 2011년에 매수한 세종시 농지는 8년 동안 7배 상승했고, 단독주택지는 2배 넘게 상승했다. 아파트 역시 2배 가까이 상승했다. 지금은 매년 연봉 이상의 시세차익을 내며 상승하고 있다. 그러니 막연한 두려움 때문에 매력적인 농지 투자를 망설이지 말자.

기획부동산에
당하지 않는 법

기획부동산에 대한 우려는 앞서 3장 '소홀히 하면 손해 보는 임장'에서 다뤘다. 대체로 토지 투자자들이 피해를 보는 경우가 많으니 4장에서도 간단히 다뤄보겠다. 기획부동산은 보통 다단계 조직의 영업 방식으로 진행된다. 우선 부동산 업체를 설립하고 비싼 시급으로 직원을 모집한다. 회사는 사전에 매입한 토지에 대한 투자 가치를 직원들에게 설명하고 투자를 강요한다. 직원 본인이 직접 나서거나 지인을 통해 토지를 매수하지 않으면, 즉 실적이 없으면 바로 해고한다. 투자 실적에 따라 성과급 명목으로 수당을 지급하고 승진을 시켜 경쟁을 유도한다. 따라서 기획부동산 관계자가 아니라 지인에게 토지 투자를 권유받았을 때,

해당 지인이 기획부동산에 속아서 가져온 매물인지 꼼꼼히 확인할 필요가 있다.

주변을 살펴보면 기획부동산에 사기를 당한 사례를 쉽게 찾아볼 수 있다. 본인이 사기를 당한 피해자인지 모르고 지내는 경우도 있다. 기획부동산에 사기를 당하는 이유는 부동산 지식이 부족한 상태에서 쉽게 돈을 벌려는 욕심이 앞섰기 때문이다. 그리고 아무런 의심 없이 상대를 신뢰하기 때문이다. 부동산 투자로 성공하기 위해서는 투자 물건에 대한 의심을 게을리하면 안 된다. 매수하는 목적이 무엇인지, 어느 시점에 누구에게 팔아야 하는지 등 뚜렷한 목적과 차익 실현 계획이 수립된 이후에 투자해야 한다.

당하지 않으려면
확인해야 한다

...

기획부동산에 당하지 않으려면 반드시 확인해야 하는 사항들이 있다. 토지를 매수하기 전에 반드시 확인해야 하는 서류들은 다음과 같다. 토지등기부등본, 건축물대장, 토지(임야)대장, 지적도, 토지이용계획확인원이다. 이 5가지 서류는 매수 전에 반드시 꼼꼼하게 확인하자. 건축 행위가 가능한지에 대한 여부는 관할지 자체 건축과 또는 인근 설계사무실에서 확인해야 추후에 낭패를 볼 일이 없다.

토지등기부등본은 대법원 인터넷등기소 홈페이지(www.iros. go.kr)에서 확인할 수 있으며, 나머지 건축물대장, 토지(임야)대장, 지적도, 토지이용계획확인원은 민원24에서 확인할 수 있다. 특히 토지등기부등본은 권리분석에 있어 가장 중요한 데이터다. 압류, 가압류, 가등기, 가처분 등의 하자가 없는지 확인할 수 있기 때문이다. 가급적이면 제한물건은 거래를 피하는 것이 좋다. 계약 전, 중도금을 치르기 전, 잔금을 치르기 전마다 토지등기부등본을 열람해 하자 여부를 확인한 후에 입금해야 한다.

"지피지기면 백전백승이다."라는 말이 있다. 상대를 알고 나를 알면 승리하고, 모르면 패배한다는 것이다. 토지 투자에 실패하는 가장 큰 이유는 부동산 지식이 없는 상태에서 사기를 당하기 때문이다. 가까운 지인과 기획부동산을 조심해야 한다. 기획부동산은 소액 투자가 가능하다는 점을 내세워 공동투자, 즉 지분 투자를 권유하고는 한다. 앞서 몇 번이나 지분 투자의 위험성을 간과하지 말라고 당부했었다. 물론 지분 투자가 무조건 나쁘다는 것은 아니다. 다만 가치가 없는 토지를 시세보다 더 비싸게 책정해 분할 매도하는 수법에 속는 게 문제다. 이해관계자가 많아지면 많아질수록 의사결정권과 권리는 줄어든다는 걸 명심하자.

분양형 호텔 투자, 조심스럽게 접근하자

···

최근 분양형 호텔과 관련해 "○○년간 확정수익 연 ○○% 보장!" 따위의 문구가 난무하고 있다. 전문 위탁업체에서 알아서 관리해준다거나, 최저 수익을 보장해준다거나, 월세 받는 연금형 부동산이라는 식의 문구를 쉽게 찾아볼 수 있다. 분양형 호텔의 가장 일반적인 홍보문구이기도 하다. 토지 투자에 대해 다루는 장에서 분양형 호텔을 언급하는 이유는 업자들의 수법이 질 나쁜 땅을 파는 기획부동산과 유사하기 때문이다.

확정수익금이라는 수익 보장이 장밋빛 전망을 연상케 하지만 사실 이미 분양가에 프리미엄으로 포함되어 있는 액수다. 또 아무리 유능한 전문 위탁업체라고 해도 수익성이 없으면 관리가 어렵다. 수익률은 이전에도 이야기했지만 대출금과 관리비, 세금 등에 따라서 고무줄처럼 늘어나기도 줄어들기도 해 큰 의미가 없다. 무엇보다 관광 수요에 따라서 수익은 천차만별로 변한다.

이제 100세 시대가 열렸다. 은퇴 후에도 30~40년은 더 살아야 한다는 압박감 때문에 수익형 부동산인 분양형 호텔에 눈을 돌리

| 연도별 방한 외국인 관광객 추이

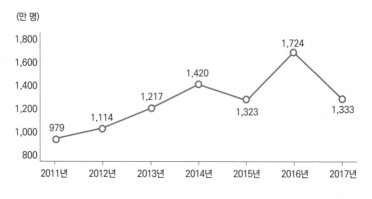

(만 명)

			1,420		1,724	
		1,217				
	1,114			1,323		1,333
979						
2011년	2012년	2013년	2014년	2015년	2016년	2017년

자료: 한국관광공사

는 투자자들이 늘고 있다. 꼬박꼬박 월세가 들어온다는 말이 매력적일 수밖에 없다. 외국인 관광객(주로 중국인 관광객)이 크게 늘어나면서 새로운 형태의 수익형 부동산이 떠올랐는데, 분양형 호텔이 그것이다. 하지만 사드 보복으로 중국인 관광객이 급감하면서 호텔 업계는 한 차례 큰 타격을 받았다. 그만큼 분양형 호텔은 대외관계까지 변수로 고려해야 하기 때문에 더 신중하게 접근해야 하는 것이다.

분양형 호텔이 늘어난 이유는 중국인을 중심으로 외국인 관광객 수가 급증했기 때문이다. 하지만 지금은 외국인 관광객 수의 증가폭이 둔화되어 예전과 같지 않다. 또한 중국과의 관계 개선도 걸림돌이다. 단기간 내에 대외관계가 크게 일변하지 않는 이상 여전히 상황은 어렵다. 설사 중국인 관광객이 다시 예전처럼 한국을 찾는다고 해도 폭발적인 증가폭은 기대하기 어렵다 생각한다. 그리고 그 당시에 착공해 완성된 호텔의 객실 수는 이미 공급 과잉 상태이기 때문에 입지가 탁월하고 수익 구조가 확실하지 않은 이상 수익은 기대하기 어렵다.

수익형 부동산은 꾸준하게 월세 수익이 들어와야 제구실하는 투자처다. 외부 영향으로 수익에 대한 변동이 심하다면 그 목적에 어긋나는 것이다. 분양형 호텔은 아파트처럼 투자자들이 객실별 소유권을 갖고 호텔 위탁 운영사가 전체 수익을 배분하는 구조다. 분양형 호텔의 소유권은 지분등기인 경우가 많은데, 지분등기의 부동산은 환금성이 떨어지는 치명적인 단점을 가지고 있어 주의가 필요하다. 용도 전환을 하려고 해도 지분권자 전원의 동의가 있어야 하기 때문에 어려움이 많다. 여러모로 지분 투자의 단점과 유사하다. 개별 처분을 할 수 있는 권리가 없어 투자금이 묶일 수 있는 위험이 크다.

노후를 대비하기 위한 투자는 반드시 여유자금으로 해야 한다. 은퇴 후 퇴직금 등을 모아 섣부르게 투자하게 되면 생계를 위협받을 수 있다. 토지 지분 투자와 마찬가지로 분양형 호텔도 철저한 분석 후에 투자하는 자세가 필요하다. 그래야 함정에 빠지지 않는다.

5장

종잣돈에 따른 단계별 투자 노하우

투자자를 위한
마지막 제언

5장에서는 종잣돈의 크기에 따라 어떤 방식으로 투자에 접근해야 하는지 이야기해보려 한다. 접근하는 방법에 대해 논하는 것이지 향후 가격이 오를 지역이나 물건을 찍어주기 위함이 아니다. 그 이유에 대해서는 앞선 프롤로그에서 충분히 설명이 됐으리라 믿는다.

부동산을 공부할 때와 투자할 때는 스스로를 믿고, 자신의 능력을 신뢰해야 한다. 겸손하지만 합리적인 자신감 없이는 성공할 수도 행복할 수도 없다. 직장이라는 울타리 안에서 최고의 자리에 올랐을 수도 있지만 다른 분야에서는 능력을 제대로 발휘하지 못하는 게 당연하다. 그동안 하는 일마다 다 잘해냈다면 특출난

천재이거나 운이 좋았던 것뿐이다. 하지만 그렇다고 특별한 무언가가 필요한 건 아니다. 직장에서 20~30년 동안 버틴 자신감과 능력, 끈기만 있다면 누구나 부동산 투자에서 위대한 성과를 거둘 수 있다. 만일 사회초년생이거나 연차가 낮다면 처음 입사했을 때의 패기로 부동산에 접근하면 된다. 그러나 대부분은 위험을 무릅쓰지 못해서 섣불리 시도하지 않는다.

당신의 안정을 책임져주는 일자리가 사라지면 그대로 희망도 함께 사라지는 것인가? 성공한 사람은 과거의 성취감에 취해 안주하지 않는다. 그보다 다소 높게, 그러나 과하지 않게 다음 목표를 세운다. 이렇게 꾸준히 자신의 포부를 키워나간다. 그런 노력의 과정을 거듭해 어느새 꿈이 현실이 되는 것이다. 실패는 꿈을 향하는 길에 잠시 들린 중간 휴식처라 생각하자. 영원히 휴식에 머물지만 않는다면 누구나 꿈을 현실로 만들 수 있다. 부동산 투자가 바로 꿈을 현실로 만들어주는 수단이다.

5장에서는 종잣돈에 따른 단계별 투자법에 대해서 이야기하겠지만 이 방법이 최선은 아니다. 수익을 100% 보장해주지도 않는다. 그저 약간의 인사이트를 얻을 수 있을 따름이다. 누구에게나 투자의 기회는 공평하다. 그 기회를 어떻게 활용하는가에 따라서 결과는 성공과 실패로 나뉜다. 현재의 성공이 늘 그다음 성공을 보장해주지 않는다. 그렇기 때문에 한 번의 성공에 취해 있거나 한 번의 실패에 풀 죽어 있어서는 안 된다.

위험성이 큰
갭투자

...

무자본 투자, 즉 갭투자는 위험성이 크다. 그래서 따로 본문에 관련 내용을 많이 할애하지는 않았다. 종잣돈을 꾸준히 모아 차근차근 소액 투자부터 시작해 자기자본을 불려나가자는 게 필자의 요지다. 하지만 갭투자는 0원 또는 최소 비용으로 자기자본을 들여 금융자본이나 타인자본으로 투자하는 방법이다. 자기자본을 최소화하고 수익을 극대화할 수 있다는 장점이 있는 반면, 실패 시 금융자본과 타인자본을 대신 갚아야 하기 때문에 큰 낭패를 볼 수도 있다.

부동산 투자는 무리하고 도전적인 시도보다는 실패 시 감내할 수 있는 수준에서 접근하는 게 옳다. 갭투자 이후 매매가격이 하락하면 역전세로 추가 비용을 뱉어내야 한다. 무자본으로 투자가 가능한 경우는 전세가율이 100%이거나, 또는 경매로 낙찰받은 부동산의 낙찰가격이 전세가격 수준인 경우다. 전세가율이 100%에 수렴하는 경우는 전세가 급등하거나 매매가격이 급락하는 경우에 볼 수 있다. 왜 이런 일이 벌어졌는지 제대로 분석하지 않고 무턱대고 손을 대는 건 위험하다. 무자본일 때 갭투자를 시도하면 그만큼 큰 리스크를 감수해야 한다. 무자본이라서 잃을 게 없다는 마인드로 접근하는 건 지양하도록 하자.

늘 성공하기만
하는 것은 아니다

...

필자 역시 실패한 사례가 많다. 지방의 미분양 관리 지역에 사둔 아파트가 몇 개 있는데, 그중에서 2채는 가격 하락으로 아직까지 마음고생을 시키고 있다. 두 아파트는 도시 외곽에 위치해 있어 지방 부동산 침체와 공급물량 과다로 계속 쓴맛을 보는 중이다. 물론 향후 매수 심리가 바닥에서 벗어나면 수익을 낼 여지는 있다.

또 다른 실패를 맛보게 한 물건은 1997년에 지방에서 준공한 아파트다. 현재 매수 시점 대비 10% 정도 하락했다. 인플레이션을 고려하면 20% 정도 하락한 셈이다. 이 아파트는 전세가율과 월세 수익이 높다는 것만 보고 접근한 게 화근이었다. 다른 상황도 충분히 고려했어야 했는데 투자 당시 조급했던 게 실수였다. 그때 이후 3년 동안 계속 하락했고 아직도 가격은 반전의 기미가 보이지 않고 있다.

다른 하나는 2016년 미니 신도시에서 분양한 아파트다. 당시 아파트 분양권을 약간의 프리미엄을 주고 매입했었다. 주변에 산업단지가 형성되어 있고 꾸준한 인구 유입이 예상되는 지역이었다. 그러나 경기 하락에 따른 지방 제조업체의 불황과 주변 도시에서 대규모 공급물량이 쏟아지면서 쓴맛을 봤다. 설상가상 인프라 구축도 늦어져 2년이 지난 지금까지 가격 상승이 없는 상태다.

추후 개발 진행 여부를 좀 더 지켜봐야겠지만 지금 시점에서는 실패한 투자라 할 수 있다.

필자가 굳이 실패한 사례를 언급하는 이유는 딱 하나다. 누구나 실패를 경험할 수 있다는 당연한 이야기를 하기 위해서다. 부동산 투자에서 늘 성공만 맛볼 수는 없다. 그러니 한 번 실패했다고 해서 포기하거나 낙담해서는 안 된다. 그리고 자신의 약점을 보완하기 위해 늘 절치부심의 자세를 유지해야 한다. 전업 투자자가 아닌 직장인이나 자영업자는 부동산 투자에 쏟을 수 있는 시간이 절대적으로 부족하다. 직장인은 주 40시간, 많게는 52시간씩 일을 한다. 자는 시간, 출퇴근 시간, 근무하는 시간을 제외하면 공부와 투자에 주어진 시간은 얼마 남지 않는다. 그렇다고 해서 부자가 되는 길을 포기하지 말아야 한다. 조금만 시야를 넓히면 쉽게 전문가들의 도움을 얻을 수 있다.

혼자서 다
해결하려고 하지 말자

...

필자는 처음 부동산 공부를 시작했던 몇 년 동안은 모든 것을 혼자서 처리했다. 임장도 혼자 갔고, 집수리도 혼자 했다. 소유권을 이전하는 날에는 휴가를 내서 직접 등기했다. 세입자가 나가면 온라인 방 구하기 카페에 글을 올려 다음 세입자를 구했다. 부동산 중개사, 인테리어업자, 법무사에게 지불하는 보수료가 아까웠기 때문이다. 그러나 돌이켜보면 그런 자잘한 비용이 수익을 올리는 데 큰 도움을 주지는 않았다. 아파트를 2억 원에 매수해서 훗날 20% 상승해 2억 4천만 원에 매도했다고 가정해보자. 시세차익으로 4천만 원이나 생겼다. 셀프로 모든 일을 행해도 본인의 품값이 들어가니 마냥 이득인 것은 아니다. 실제 중개비, 인테리어비, 법무사비 등을 다 합친다 해도 금액은 100만~200만 원을 넘기지 않는다. 4천만 원에서 100만~200만 원은 큰 금액이 아니다.

생각을 바꿔서 매도 시 조금만 더 받으면 그동안 고생한 것을 한 번에 보상받을 수 있다. 집을 고치는 시간에 가족과 시간을 보내거나 다음 투자처를 찾기 위한 공부를 하자. 등기비를 아끼기 위해서 셀프로 진행하기보다는 협상으로 그만큼 금액을 더 깎는 게 낫다. 이것이 더 배우는 길이고, 더 수익을 내는 길이다. 그리고 수익을 내기 위해 각 분야의 전문가들과 협업하는 게 중요하다. 그들이 당신을 도와줄 것이고 수익을 극대화시켜줄 것이다.

금액 협상은 중개인에게 맡기고, 등기 이전은 법무사(변호사)에 맡겨라. 집수리는 인테리어업자의 손을 빌리고, 누수는 설비업자의 손을 빌리자. 간단한 수리는 아파트 시설과장에게 부탁하면 된다. 자신이 일을 하는 것이 아니라 각 분야의 전문가를 고용해 시켜야 한다. 이렇게 스스로 알아서 굴러가는 부동산 시스템을 구축하는 것이 좋다. 전문가의 손을 빌리지 않고 일일이 다 나선다면 오히려 시간과 더 큰 기회비용을 잃는 셈이다. 전업 투

자자보다 시간이 부족한 월급쟁이는 더더욱 전문가를 믿고 협업
해야 한다.

투자는 자신만의
기준으로 명확하게
...

물론 투자는 혼자 하는 것이다. 하지만 여기서 '혼자'라는 건 투
자 마인드와 투자 기준을 혼자서 세우라는 것이지 전문가의 손을
빌리지 말라는 게 아니다. 외롭지 않은 투자는 올바른 투자가 아
니다. 불안한 마음에 대중의 판단을 따라가면 마음은 정말 편하
지만 실패할 확률은 높아진다.

　모두가 투자로 성공을 얻을 수 있는 것은 아니다. 늦게 시작한
대중은 큰 손해를 보고, 아무도 투자에 관심이 없을 때 시작한 소
수만이 성공의 기쁨을 누린다. 먼저 투자한 모든 이가 성공하는
것은 아니지만, 스스로의 투자 기준을 바탕으로 저평가된 지역을
선점한 사람만이 훗날 수익을 볼 수 있다.

　2014년부터 최근까지 서울을 중심으로 아파트 가격은 2배 가
까이 올랐다. 하지만 서울에서도 2010년부터 2014년도까지 분
양가 아래로 떨어진 마이너스 프리미엄이 허다했다. 서울 아파트
가격이 저점이었던 2013년도에 자신만의 투자 기준으로 투자한
사람은 몇 년 만에 집값의 2배를 벌었다. 전세 레버리지를 활용
한 투자자는 투자금 대비 수십 배 이상의 수익을 냈다. 지방도 서

울만큼 큰 수익을 낸 시기가 있었다. 2010년도는 지방이 침체기에서 벗어나 상승 준비를 위한 날갯짓을 시도하는 시기였다. 이때 과감하게 투자했던 투자자는 지방에서도 투자금의 몇 배를 수익으로 벌었다.

아무것도 없는 혁신도시, 행정도시에 투자한 사람도 큰 수익을 냈다. 2011년 MB정권이 출범하고 세종시는 행정수도 백지화로 고난의 시기를 겪었다. 아파트는 미분양이 이어지고 토지 가격은 급락했다. 만일 그 당시에 대중의 판단을 따라가지 않고 분양을 받았거나, 토지를 매입했다면 선 투자로 성공의 미소를 지을 수 있었을 것이다. 개발 지역 주변 토지에 투자한 사람은 10배 이상의 수익을 냈다.

토지는 호재가 많으나 저평가되어 있고, 관심이 적은 지역에 선 투자해야 한다. 컨설팅업체에 의해 때가 탄 토지는 절대 사면 안 된다. 손바뀜이 없는 원주민 땅을 사야 한다. 손바뀜이 많다는 것은 그만큼 중간에서 수익을 내고 팔았다는 것이니 마지막에 매수한 사람에게 폭탄을 돌리는 것과 같다. 물건이 소매로 여러 번 오고갈 때 중간업자가 마진을 남겨 가격이 상승하는 것과 같은 이치다. 컨설팅 업체에게 속으면 본래의 가격이 얼마인지 모른 채 비싼 가격에 사게 될 수도 있다.

원래 투자라는 것은 늘 마음이 불안하고 외로운 것이다. 조급함과 초심을 잃지 않고 꿋꿋하게 이겨내는 것이 올바른 자세다. 이렇게 투자 기준이 명확하다면 조급함도 이겨낼 수 있다. 대중의 투자 심리가 살아나는 날까지 잘 버티고 기다린다면 그동안의 스트레스를 큰 수익으로 날려버릴 수 있다. 투자에서 대가 없는 무임승차는 없다는 걸 명심하자.

투자도
스마트하게

...

부동산 투자를 하기 위해서는 투자 물건을 찾아야 한다. 어디서 물건을 찾는 것이 효율적일까? 가장 신뢰받고 물건을 많이 보유한 부동산 포털사이트는 네이버 부동산이다. 그 외 직방, 다방, 다음 부동산에서도 매물을 찾을 수 있다. 요즘은 허위매물이 많이 사라지고 호가매물이 많다. 매도인 입장에서 받고 싶은 금액이 있으니 시세보다 높은 호가로 물건을 올리는 것이다. 가격 조율을 생각해서 호가를 올린 경우가 많으니 해당 호가를 그대로 믿지 말고 협상을 통해 가격을 낮출 필요가 있다. 집 상태와 매도인의 재정 상태, 협상 조건에 따라서 가격 조율의 폭은 커진다.

　네이버 부동산 홈페이지(land.naver.com)에서는 물건을 랭킹, 일자, 면적, 가격 순으로 정렬해 볼 수 있고, 거래 종류(매매, 전월세), 매물 종류(아파트, 주상복합 등), 가격, 면적, 세대수 등으로 조건별 검색(필터링)이 가능하다. 인근 공인중개사나 책, 지인을 통해서만 정보를 얻는 건 구태의연한 방법이다. 익숙하지 않더라도 반드시 스마트폰이나 컴퓨터를 활용해 정보를 얻을 수 있는 길을

가장 신뢰받고 물건을 많이 보유한 부동산 포털사이트는 네이버 부동산이다.

늘려야 한다.

아직은 생소한 단어지만 프롭테크(proptech)란 말이 있다. 부동산(property)과 기술(technology)의 합성어로 이미 해외에서는 1천여 개 이상의 프롭테크 업체가 등장했다. 부동산 산업에 최첨단 기술을 접목해 빅데이터와 인공지능 등으로 부동산의 가치를 평가하고, 임대관리를 대신해주는 편리한 서비스를 제공한다. 물론 중국을 제외한 아시아 시장에서는 아직 프롭테크가 본격화되지 않았다. 하지만 IT강국이자 부동산 투자에 열광하는 나라 중 하나인 대한민국도 머지않아 프롭테크 서비스가 활성화될 것이다. 그렇게 되면 부동산 시장에 많은 변화가 찾아올 것으로 보인다. 그런데 스마트폰조차 제대로 다룰 수 없다면 훗날 프롭테크 서비

| 미국 질로우 홈페이지 화면

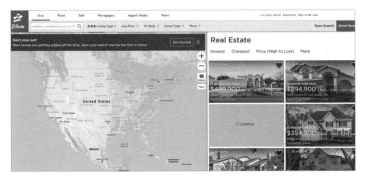

질로우는 정보 비대칭성이라는 제약을 극복하는 데 큰 일조를 해 변화를 선도하고 있는 회사다.

스를 활용하는 경쟁자들을 어떻게 이길 수 있겠는가? 지금부터라도 뒤처지지 않기 위해 노력해야 한다.

미국 1위 부동산 정보업체인 질로우는 이미 빅데이터와 머신러닝을 통해 산출된 정보를 소비자에게 제공하고 있다. 질로우는 정보 비대칭성이라는 제약을 극복하는 데 큰 일조를 해 변화를 선도하고 있는 회사다. 미국 질로우 홈페이지(www.zillow.com)에서 어떤 형식으로 서비스를 제공하고 있는지 살펴보는 것도 좋은 경험이 될 것이다.

2~3년 전까지만 해도 국내 프롭테크 시장은 주로 직방, 다방으로 대표되는 부동산 중개 서비스에 한정돼 있었다. 하지만 최근 좋은 기술로 무장한 젊은 프롭테크 기업들이 속속 등장하면서 시장의 거래 방식과 사업 진행 방식을 바꾸고 있다. 네이버 부동산, 부동산114, 알투코리아가 1세대 서비스라면 모바일 애플리케이

| 호갱노노 애플리케이션 화면

일반 사용자는 물론 부동산 공인중개사 사이에서도 인기가 있는 애플리케이션이다.

션을 통해 등장한 직방과 다방, 호갱노노 등은 2세대 프롭테크 업체다. 앞으로 3세대 프롭테크 업체들이 어떻게 시장에 변화를 불러일으킬지 주목해야 한다.

그중에서 필자가 유용하게 사용하고 있는 프롭테크 서비스는 호갱노노인데, 일반 사용자는 물론 부동산 공인중개사 사이에서도 인기가 있는 애플리케이션이다. 아파트 가격은 물론 주변 시설, 아파트 경사도, 해당 지역 인구 변동, 아파트 공급량 등 다양한 데이터를 하나의 지도에서 한눈에 볼 수 있다. 또한 평형대와 가격, 세대수, 입주연차, 갭 가격(매매가격과 전세가격 차이), 월세 수익률, 주차 공간 등을 필터로 구분해 원하는 아파트를 검색할 수 있다. 분양 단지만 따로 확인해 알림을 받을 수도 있다. 아파트를 살 때 여러 정보를 한눈에 볼 수 있도록 잘 만들어졌다. 이러한 사이트와 애플리케이션은 당신의 투자처를 찾는 시간을 절약해주고, 원하는 물건을 찾는 데 큰 도움이 될 것이다.

월급으로 시작하는
소액 투자

자신을 믿고 스스로의 능력을 신뢰할 때 성공할 확률도 높아진다. 겸손하고 합리적인 자신감 없이는 성공할 수도 행복할 수도 없다. 직장인은 직장이라는 울타리 안에서는 최고의 실무자일 수도 있다. 하지만 다른 분야에서는 노력 없이 능력을 발휘하기가 쉽지 않다. 직장인의 평균 월급은 300만 원 정도라고 한다. 하지만 평균값과 대푯값의 개념을 생각해보면 이는 허수에 불과하다. 250만 원 미만의 월급을 받는 사람들이 과반을 넘기 때문이다.

정말 상황을 낙관적으로 봐서 모든 직장인들이 최소한 300만 원 이상을 번다고 가정해보자. 적은 금액이라 생각하면 적고 많은 금액이라 생각하면 많다. 확실한 것은 부동산 투자를 시작하기에 충분한 금액이라는 것이다. 한 달 월급 300만 원이면 누구나 부동산에 투자할 수 있고, 큰 금액은 아니지만 충분히 수익도 낼 수 있다. 필자 역시 300만 원으로 부동산 투자를 해봤다. 그리고 소소한 수익도 내봤기 때문에 확신할 수 있다.

준비만 철저하다면
월급으로도 가능하다

...

월급으로 투자하기 위해서는 딱 300만 원의 가치를 지닌 부동산을 매수하는 방법이 있고, 급매나 경매로 저렴하게 낙찰받아 레버리지를 활용하는 방법이 있다. 둘 다 월급 수준의 종잣돈으로 투자할 수 있는 방법이다. 부동산 투자 시 수익을 높이기 위해서는 레버리지를 필연적으로 활용할 수밖에 없다. 전세를 안고 아파트를 매수하는 방법도 레버리지가 활용되고, 담보대출로 구매한 아파트를 월세 받는 방법도 레버리지를 활용한 투자다.

2015년에 필자는 300만 원과 600만 원으로 충남에 있는 밭을 공매로 낙찰받았다. 300만 원짜리 토지의 감정가는 900만 원이었는데, 이후 바로 옆에 땅을 지닌 지주에게 1천만 원에 매도했다. 물론 매도를 위해서 투자한 시간과 노력을 생각하면 100만 원은 큰 수익은 아니다. 하지만 이러한 작은 성공이 모여 큰 성공의 발판이 된다는 걸 떠올리면 이 또한 유의미한 투자였다고 볼 수 있다. 600만 원에 낙찰받은 다른 토지의 감정가는 2천만 원이었다. 사겠다는 매수인이 있어 매도하면 당장 3배의 시세차익을 낼 수 있었다. 하지만 해당 토지의 가치를 믿고 우선 보유하기로 마음먹었다. 훗날 더 크게 상승할 수 있다고 생각했기 때문이다. 2차선 도로에 접한 토지로 지금은 과실 묘목을 심어놨는데, 훗날 은퇴하면 이곳에 작은 편의점을 지을 예정이다.

그렇다면 토지가 아닌 다른 부동산, 즉 아파트도 300만 원으로 살 수 있을까? 300만 원으로 아파트를 살 수 있다고 이야기하면 쉽사리 믿기 어려울 것이다. 하지만 서울에서는 불가능할 수 있어도 지방에서는 가능하다. 지방은 가격이 하락할 것 같은데 왜 위험을 무릅쓰고 사느냐고 반문할 수 있다. 하지만 이는 지방에도 성장세를 보이는 도시가 많다는 걸 간과한 질문이다. 300만 원으로 살 수 있다고 콕 찍어 말할 수는 없지만 지방으로 눈을 돌리면 아직 소액으로 투자할 수 있는 길이 많다. 지방 도시에는 1억 원대 아파트가 많다. 5천만 원대 아파트도 많고 3천만 원짜리도 있다. 소수지만 그 이하로 매수할 수 있는 아파트도 있다.

필자는 지방 중소도시에 위치한 3천만 원대의 아파트가 여러 채 있다. 그중 2015년에 전라도에서 3,150만 원에 매수한 아파트는 2년 후 4,200만 원에 매도했다. 적은 시세차익이라 생각할 수 있지만 보유 기간 동안 월 20만 원의 월세 수익도 냈다. 참고로 이 아파트는 사내대출을 활용해 낮은 이자로 매수할 수 있었다. 충청도에 위치한 3천만 원대의 아파트는 전셋값이 2,500만 원이고, 월세는 보증금 200만 원에 월 20만~25만 원 수준이다.

갭투자를 하면 500만 원이면 매수가 가능하다. 대출 이자 상환과 기타 비용을 제외하고도 월 10만 원 이상의 수익이 만들어진다. 이처럼 수익은 크지 않더라도 소액으로도 충분히 아파트에 투자할 수 있다.

투자 심리가
관건이다

...

서울과 주요 도시는 최근 몇 년 동안 부동산 가격이 급등했지만 지방은 분양물량 증가 및 일자리 감소로 집값 하락이 이어지고 있다. 역전세로 침체를 겪는 지역들도 늘어나고 있다. 아파트 매수 심리가 꺾이면서 일부 지역에서는 급격한 매매가격 하락으로 전세가율이 90%를 넘어 100%에 육박하기도 했다. 이러한 지역은 리스크는 크지만 잘만 선별하면 300만 원으로도 투자가 가능하다.

부동산 가격은 공급과 물량에 의해서 결정되지만 투자 심리도 가격 형성에 한몫을 한다. 가격이 상승할 때는 천장을 뚫고 끝없이 상승할 거라 믿고 뛰어들지만, 반대로 떨어질 때는 땅을 뚫고 하락할 거라 믿는 심리가 강해진다. 그런데 믿음과는 다르게 시계추가 좌우로 움직이듯이 부동산 경기도 하락과 상승을 반복한다. 반드시 하락 후에는 상승이 있다. 그래서 가격 하락과 역전세의 원인을 알면 투자 시기도 적절히 선별할 수 있는 것이다. 투자

| 부동산 시장의 순환 주기

심리에 따른 시장의 순환주기를 파악하는 것이 중요한 연유다.

그래서 첫 투자는 소액으로 시작하는 것이 좋다. 밖에서 관찰자의 입장에서 공부하는 것보다 소액으로라도 시장에 직접 뛰어들어 배우는 게 훨씬 남는 게 많다. 실패해도 투자금이 적어서 손해도 크지 않다. 오히려 그러한 경험이 쌓이고 쌓여 더 능숙하게 시장의 순환주기를 파악할 수 있게 된다. 월급으로 투자하면 실패해도 한 달이 지나면 다시 도전할 수 있다. 도전과 실패를 타산지석 삼아 노력을 계속하면 훗날 반드시 보상을 받을 수 있다.

큰 금액이 있어야지만 부동산에 투자할 수 있다는 고정관념을 버리기 바란다. 소액으로라도 지금 당장 시작해보길 바란다. 월급으로도 얼마든지 토지를 살 수 있다. 300만 원의 토지라고 해

	물건정보	입찰기간	최저입찰가(원) 감정가-최초예정가(원) 최저입찰가율(%)	물건상태 유찰횟수	조회수	공고/상세
☐	지도보기	남은시간 : 0일 1시간 2018-12-22 09:00 ~ 2019-01-02 16:00	1,459,120 - -	인터넷입찰 진행중 유찰 0 회	199	공고이동 상세이동
☐	지도보기	남은시간 : 5일 1시간 2018-12-28 10:00 ~ 2019-01-07 16:00	3,893,170 - -	인터넷입찰 진행중 유찰 0 회	185	공고이동 상세이동
☐	지도보기	남은시간 : 0일 1시간 2018-12-28 13:00 ~ 2019-01-02 16:00	2,400,000 - -	인터넷입찰 진행중 유찰 0 회	308	공고이동 상세이동
☐	지도보기	남은시간 : 0일 1시간 2018-12-28 14:00 ~ 2019-01-02 16:00	2,665,734 4,063,000 (65%)	인터넷입찰 진행중 유찰 5 회	134	공고이동 상세이동

온비드를 잘 찾아보면 저렴하게 살 수 있는 공매 물건이 많다.

서 쓸모없는 땅은 아니다. 누가 소유하는지에 따라 얼마든지 가치는 달라지며, 활용법에 따라서도 가치가 달라진다. 본인의 입장이 아닌 그 토지를 필요로 하는 사람의 입장에서 보려고 노력한다면 충분히 돈 되는 땅을 찾아낼 수 있다. 부동산 거래는 필요에 의해 매수했다가 필요로 하는 사람에게 매도해 차익을 실현하는 것이다. 그러니 매수 전에 매수인이 있는지 파악하고, 있다면 몇 명인지 조사할 필요가 있다.

2019년 1월 기준으로 월급 수준에서 입찰 가능한 공매 물건을 온비드로 찾아봤다. 최초입찰가를 보면 100만 원대부터 400만 원대 수준까지 다양하다. 필자가 임의로 선정한 물건들이므로 가치 여부에 대해서는 고민해볼 여지가 있지만 손품만 팔면 충분히 이런 저렴한 땅들을 찾아볼 수 있다. 쓸모없다고 단정 짓지 말고 필요로 하는 사람이 없는지 찾아보자. 상황에 따라 변수가 많지만 인접한 땅을 가진 지주에게 팔 수도 있고, 역으로 본인이 인접한 토지까지 더 사서 가치를 키울 수도 있다.

도심지의 자투리땅은 기준 평수에 미치지 못하는 소규모 땅을 말하는데, 주로 도로를 내거나 건축을 하다 남은 땅들을 일컫는다. 이런 자투리땅은 도로변 안쪽이나 주택가 일부에서 잘 발견되며, 경매나 공매를 통해 시세보다 20~30% 저렴하게 낙찰받을 수 있다. 이처럼 월급만으로도 손댈 수 있는 매력적인 투자처가 많으니 망설이지 말고 도전해보기 바란다.

연봉으로
부동산에 투자하라

앞서 월급 수준의 금액으로는 어떤 부동산에 투자할 수 있는지 살펴보았다. 종잣돈 액수를 높여 연봉 수준으로 기준을 잡으면 당연히 투자할 수 있는 선택의 폭도 넓어진다. 연봉이 3천만 원이라고 가정했을 때 투자금 3천만 원과 1억 7천만 원의 레버리지를 활용하면 2억 원의 부동산을 매수할 수 있다. 투자금은 3천만 원이지만 레버리지를 활용해 2억 원 상당의 물건을 매수했다면 실제로 운영하는 자산은 2억 원인 것이다. 물론 레버리지의 위험성에 대해 경고했듯이 투자에 앞서 철저한 분석이 선행되어야 할 것이다.

필자가 평소 관심 있게 살펴보고 있는 광역시가 있었는데, 당시에는 수년간 저평가로 주목을 받지 못하고 있던 곳이었다. 이후 철저한 분석과 임장을 거쳐 훗날 가치가 상승할 것이란 확신을 얻은 뒤 2017년과 2018년에 차례대로 해당 지역의 아파트 몇 채를 갭투자로 매수했다. 해당 아파트들의 경우 인접 신도시에서 매년 2만 세대에 가까운 물량이 분양되다 보니 인구 유출로 가격 상승이 미미했다. 하지만 점차 신도시의 분양물량이 줄어들기 시작하자 그동안 주춤했던 가격이 작년 하반기부터 급등하기 시작했다. 각 아파트의 평균 투자금액은 3천만 원 수준이었다. 이처럼 3천만 원이면 충분히 수도권이나 주요 지방 도시의 아파트를 매수할 수 있다.

아파트의 건설 주기는 계획부터 입주까지 짧게는 3년이 소요되고, 재개발·재건축은 짧으면 5년, 보통은 10년이 소요된다. 이런 점을 고려하면 아파트 가격 등락의 주기가 짧게는 3~4년, 길게는 10년의 사이클로 돌아가게 된다는 걸 알 수 있다. 이 사이클을 기준으로 투자 타이밍을 잡는다면 적어도 실패하지 않는 투자를 할 수 있다.

전세가율을 체크해야 한다

...

투자할 아파트를 찾기 전에 우선 관심 지역을 선별해야 한다. 그리고 아파트의 가치를 확인하기 위해 자료를 찾고 정보를 입수해

| 조이스랜드 부동산 홈페이지 화면

전세비율 높은 아파트' 등 다양한 테마로 물건을 살펴볼 수 있다.

야 한다. 이때 종잣돈이 적다면 반드시 확인해야 할 것이 전세가율이 높은 지역을 찾는 것이다. 이는 실투자금을 최대한 절약하려 할 때도 유효하다. 물론 단순히 전세가율이 높다는 이유만으로 투자하라는 건 아니다. 전세가율이 높으니 투자할 가치가 있겠다는 생각은 위험하다. 일시적으로 전세가율이 높은 경우는 전세 만기 시 역전세로 투자금을 잃을 수도 있다. 그렇기 때문에 단순히 전세가율만 볼 것이 아니라 교통과 입지, 인프라 등 다양한 요소를 함께 고려해 물건을 찾아야 한다.

전세가율이 높은 아파트를 찾는 방법을 하나 알려주자면 조이스랜드 부동산 홈페이지(maemul.joinsland.joins.com)를 활용하는 것이다. '조이스랜드 부동산'을 검색해 들어가 '시세' 섹션을 클

릭한 뒤 '테마 검색'으로 들어가면 다양한 선택지가 나온다. 여기서 '전세비율 높은 아파트'를 누르면 매매가 대비 전세가의 비율이 높은 순으로 상품이 정렬된다.

여기서 관심 지역을 선별해 구체적인 시와 구를 입력하고, 실투자금과 대출금, 전세금 등을 살펴보면 된다. 이렇게 찾은 물건은 따로 정리한 뒤 네이버 부동산 등 다른 사이트에서도 검색해 꼼꼼히 정리해둬야 한다. 그렇게 거래 가능 여부를 확인한 후 발품을 팔아 임장을 가는 것이다.

전세가율이 높은 아파트를 찾는 방법과 같은 식으로 '조회수 많은 아파트', '2년 미만 입주 아파트', '상승률이 높은 아파트', '오래된 아파트' 등을 살펴볼 수 있다. 그 안에서 지역을 선택하고 가격과 면적, 세대수, 입주일 등을 설정해 검색할 수 있다.

재임대를 통한
수익 창출

...

3천만 원으로 건물을 빌려서 제3자에게 다시 재임대하는 방법도 있다. 이런 방식을 통해 3천만 원으로 월 300만 원가량의 수익을 만들어낼 수 있다. 보통 건물주 본인이 소유한 물건을 임대해서 임차인으로부터 세를 받아 월세 수익을 내지만, 임차인도 재임대를 통해 월세 수익을 낼 수가 있다. 대표적인 방법이 여행객에게 방을 빌려주는 룸셰어, 셰어하우스 등이다. 가장 보편적인

| 에어비앤비 홈페이지 화면

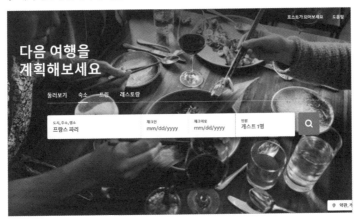

에어비앤비 등 숙박 공유 사이트를 통해 관광객을 상대로 재임대하는 것도 좋은 방법이다.

사례가 숙박 공유 사이트 에어비앤비 홈페이지(www.airbnb.co.kr)를 활용하는 것이다. 만약 3천만 원이 있다면 보증금 500만 원을 제하고, 나머지 2,500만 원으로 인테리어, 가구, 전자제품 등을 해결하면 된다.

 과거에는 룸메이트를 구해 함께 사용하는 룸셰어가 많았으나 타인과 전체 공간을 나눠야 하는 불편함 때문에 셰어하우스를 더 선호하는 쪽으로 추세가 변하고 있다. 과거에는 칙칙하고 답답한 고시원을 수리해 사용하는 경우가 많았는데 최근에는 단독주택이나 빌라 등 다양한 주거시설을 셰어하는 사례가 늘고 있다. 이러한 수익형 부동산 투자는 은퇴를 앞둔 월급쟁이들이 소액으로도 소소하게 시도할 수 있는 방법이다.

도심지에서는 단독주택과 아파트를 월세로 계약한 뒤 셰어하우스로 쓰는 방법이 있다. 물론 일부 옵션을 추가해야 하고 수리비도 소요되지만 쏠쏠한 수익을 낼 수 있다. 주변 시세와 입주율, 관리 서비스 여부, 입주자 직업 등을 고려해 적정 월세를 산정하면 된다. 예를 들어 방이 3개인 아파트가 있다면 각 방마다 공동침실을 만들고 거실과 주방, 화장실을 공동으로 사용하게 하는 것이다. 입주자 중에서 관리자를 두면 직장을 다니면서도 관리가 가능하다.

건물주에게 장소를 빌리고, 직접 고치고, 각 방마다 입주자를 모집하는 이런 일련의 과정을 통해 수익률을 극대화할 수 있다. 재임대의 종류는 전전세와 전대차가 있다. 세를 놓는다는 의미에서는 같지만 큰 차이는, 전전세는 기존의 세입자가 자신의 보증금을 보호받기 위해서 전세권설정등기를 해뒀다는 점이다. 그래서 해당 세입자는 집주인의 동의 없이 다른 사람에게 임대를 줄 수 있는 권리가 있다. 하지만 전대차는 민법에 임대인의 동의 없이 그 권리를 양도하거나 임차물을 전대하지 못한다는 조항이 있어 집주인의 동의가 필요하다. 간소한 계약이라도 구두가 아닌 문서로 남겨둬야 하며, 전대차 계약은 집주인의 동의가 없으면 계약이 해지될 수 있다는 점을 유의해야 한다. 전대인에게서 보증금을 못 받을 수도 있어서 전차인은 반드시 집주인의 동의서를 받아야 한다.

이처럼 전전세와 전대차를 활용하면 월세 수익률을 높일 수 있다. 가령 1억 원의 오피스텔이 있는데 월세가 보증금 1천만 원에 월 30만 원이라고 가정해보자. 주인은 보증금을 뺀 9천만 원으로 월 30만 원씩 받는 반면, 세입자는 보증금을 포함한 부대비용만 있다면 훨씬 적은 금액으로 수익을 낼 수 있다. 소유권이 없어 재산세도 없으며, 다주택자에 포함되지 않는다는 장점도 있다. 또한 만기가 되면 나가면 되니 공실에 대한 두려움도 없다. 이처럼 재임대 방법으로 투자 자본을 줄이고 수익률을 높이는 방법도 있다.

물론 장점만 있는 것은 아니다. 집주인이 따로 있으므로 계약서에 기재된 신상정보가 달라 세입자를 구하는 데 어려움이 있을 수밖에 없다. 부동산 중개인이 중개를 꺼리는 경우도 많아서 온라인 직거래 사이트를 통해 임차인을 구해야 하는 번거로움이 있다. 또는 개인 블로그나 카페 등에 직접 홍보하는 방법도 있다. 그 외에는 앞서 설명한 바와 같이 집주인과 전전세나 전대차로 장기 월세 계약을 하고, 2천만~3천만 원으로 인테리어를 한 뒤 에어비앤비 등 숙박 공유 사이트를 통해 관광객을 상대로 재임대하는 방법이 있다.

성공적인 숙박 공유를 위한 중요 요인으로는 교통과 지역, 수용 인원, 인테리어, 임대 가격, 홍보 등이 있다. 참고로 외국인을 상대로 임대업을 할 경우에는 '외국인관광 도시민박업'에 등록하고 법적인 테두리 안에서 사업을 해야 한다.

신규 아파트
청약을 노려라

...

유망 지역의 신규 아파트를 청약으로 분양받는 방법도 연봉 수준의 금액으로 할 수 있는 투자법이다. 종잣돈 3천만~4천만 원이면 수도권과 지방에 3억~4억 원가량의 아파트를 분양받을 수 있다. 지역과 조건에 따라 다르지만 일반적으로 계약금만 있으면 중도금 대납 또는 후불 이자 조건이 많아서 입주 시점까지 계약금(분양대금의 10%)만 있으면 분양이 가능하다.

지역마다 청약 조건이 상이하고, 면적과 타입별로 분양률과 프리미엄이 다르기 때문에 개별적인 청약 전략이 필요하다. 가점이 높아서 당첨 확률이 높으면 인기 있는 지역의 인기 타입으로 도전하고, 가점이 낮아서 당첨 확률이 낮다면 입지가 좋은 인기 지역에서는 비인기 타입을 선택하는 것도 한 방법이다. 청약 시 타입마다 경쟁률이 몇 배씩 차이가 나기도 하기 때문에 스스로의 가점이 어느 정도의 경쟁력이 있는지 판단해야 한다. 그러나 타입별로 프리미엄의 차이가 크지 않은 곳도 있고, 입지가 특출난 지역의 경우에는 타입보다 당첨 여부가 더 중요하다.

퇴직금으로
부동산을 소유하라

1,400만 명의 직장인은 어느 시점이 되면 몸담았던 직장에서 이직하거나 정년을 맞아 퇴사하게 된다. 이때 헌신에 대한 보상으로 목돈을 받게 되는데 대부분 이 돈을 어떻게 굴려야 좋을지 몰라 골치를 썩는다. 대기업에서 임원으로 퇴사하지 않는 이상 퇴직금은 1억~2억 원 수준이다. 슬픈 현실이지만 그 금액으로는 노후를 보장받지 못한다. 퇴직금을 빠듯하게 쪼개서 쓰거나, 재취업하거나, 그 돈을 다시 굴려서 불려야 한다는 뜻이다.

은퇴하면서 받은 퇴직금을 어디에 어떻게 쓰는가에 따라서 노년의 삶이 달라진다. 준비 없는 퇴사는 미래를 더 불확실하게 만든다. 2040년이 되면 국민연금이 고갈될 것이라는 전망이 나오는 이때, 현재의 추세로 간다면 20~30대 젊은이들은 노년에 국민연금조차 제대로 받지 못할 수도 있다.

은퇴 전에 미리 종잣돈을 모아 시간이 될 때마다 부동산을 하나둘씩 사보고, 꾸준히 부동산에서 투자 수익을 내봤다면 퇴직금을 어떻게 활용할지 구체적인 포트폴리오가 만들어져 있을 것이다. 금액의 차이인 것이지 부동산에 투자한다는 건 변함이 없기 때문이다. 은퇴 전이라면 아직 늦지 않았다. 부동산 투자 경험이 없다면 최소한 1년은 부동산 공부에 매진하자. 무턱대고 회사에 헌신한 대가로 받은 퇴직금 전부를 부동산에 투자하면 큰 손실을 볼 수 있다. 먼저 부동산 공부로 자신감을 얻고 그다음 본인에게 맞는 투자처를 찾아야 한다. 첫술에 배가 부르지 않듯이 수익성은 적지만 소액으로 시작할 수 있는 작은 규모의 투자 물건부터 차근차근 도전해나가야 한다.

퇴사하는 시점이 다 다르기 때문에 연령대별로 어떤 식으로 접근해야 할지 미리 선제적으로 투자 전략을 세워야 한다. 누군가는 다른 직업, 직장을 찾기 위해서 회사를 떠나고, 또 누군가는 정년으로 은퇴해 노후를 보내기 위해서 회사를 떠난다. 상황은 다 다르지만 만일 일할 수 있는 기회가 더 남아 있다면 은퇴하는 시기까지 퇴직금을 부동산에 묻어두는 것이 좋다. 정년으로 은퇴하는 시점이라면 무리한 차익 실현을 노리기보다 안전하고 고정적인 수익을 낼 수 있는 수익형 부동산에 접근하는 것이 좋다. 월급을 대체할 수익을 매달 만들어야 하기 때문이다.

연령별, 상황별로
투자처는 달라진다

...

월세 수익을 낼 수 있는 대표적인 부동산은 상가와 주거시설이다. 이 중에서 아파트는 월세 수익과 시세차익을 동시에 누릴 수 있는 몇 안 되는 부동산이다. 실거주와 임대수익을 함께 누릴 수 있는 세대분리형 아파트도 있다. 세대분리형 아파트는 2008년 금융위기 이후 대형 아파트의 미분양이 이어지자 건설사에서 부분 임대 방식으로 도입해 대중화됐다. 그러나 그 당시에는 평면 구조 자체가 애초에 2개의 공간으로 나누기 힘든 구조여서 인기를 끌지 못했다. 최근에는 설계 단계부터 세대분리가 가능한 타입으로 디자인되기 때문에 상당한 인기를 끌고 있다. 오피스텔을 사서 임대 주는 방법보다 세금과 주거환경 면에서 우수하다고 볼 수 있다.

서울시의 대표적인 세대분리형 아파트로는 서울역센트럴자이, e편한세상신금호파트힐스, 흑석한강센트레빌2차, 용두롯데캐슬리치, 상봉듀오트리스, 경희궁롯데캐슬, 신촌숲아이파크, 흑석아크로리버하임, 효창롯데캐슬센터포레, 신촌그랑자이, 롯데캐슬에듀포레, 아크로리버하임 등이 있다. 세대분리형 아파트의 가장 큰 장점은 주택법에서 1주택에 해당돼 임대소득세 및 다주택자 양도세율 가중 대상에서 제외된다는 점이다.

만일 퇴직금과 모아둔 돈을 합쳐 5억 원가량이 있다면 세대분리형 아파트 외에도 투자할 수 있는 지역과 물건의 종류는 더 다양해질 것이다. 투자금이 5억 원이면 수익형 부동산인 상가에서부터 오피스텔, 분양형 호텔, 소형 아파트에 이르기까지 대부분의 부동산 물건에 투자할 수 있다. 물론 이 모든 투자처가 수억원이 있어야지만 투자가 가능하다는 뜻은 아니다. 이렇게 투자가 가능한 부동산은 수익형 부동산과 시세차익형 부동산으로 분류되는데, 경기 흐름에 따라서 주목받는 부동산이 달라진다. 일반적으로 부동산 대세 상승기에는 시세차익형 부동산이 떠오르고, 부동산 대세 하락기에는 수익형 부동산이 떠오른다.

급부상하고 있는
수익형 부동산

···

최근에는 선진국형 저성장 구도로 부동산 시장 구조가 변화함으로써 큰 시세차익에 대한 기대치가 낮아졌다. 또한 갈수록 고령화가 심화되고 베이비붐 세대(1955년부터 1963년 사이에 태어난 약 900만 명의 사람들)의 대규모 은퇴로 연금 형태의 안정적인 현금 흐름에 대한 관심이 높아지고 있는 추세다. 따라서 시세차익형 부동산보다 수익형 부동산에 대한 수요가 크게 늘어나고 있다. 1%대의 낮은 은행 예금 금리도 수익형 부동산이 인기를 끄는 요인일 것이다.

수익형 부동산은 크게 주거용, 상업·업무용, 숙박용으로 분류

■ 대형 아파트 ■ 소형 아파트

(만 원)

5,074
(74m²)

5,143
(59m²)

4,286
(49m²)

4,131
(114m²)

4,015
(132m²)

3,560
(126m²)

726╱

943╱

1,128╱

2016년
강남구 래미안블레스티지

2018년
서초구 래미안리더스원

2018년
서초구 디에이치 라클라스

된다. 주거용 수익형 부동산은 주거시설로 사용되는 아파트, 다
세대·다가구 주택, 오피스텔, 도시형 생활주택을 임대해 임대료
를 받아 수익을 얻는 부동산을 말한다. 주거용 수익형 부동산의
경우 소형 평형이 대형 평형 물건에 비해 월세 임차 수요가 더 많
고 수익률이 높아 임대 수익을 얻기에 적합하다. 전세가율과 월
세가율이 높은 물건에 투자하는 것이 유리한데, 앞으로도 3인 이
상 가구의 감소와 1~2인 가구의 증가로 인해 더욱 더 소형 물건
이 유행을 선도할 것이다.

강남권 대형 아파트와 소형 아파트의 3.3m²당 분양가를 비교
한 도표를 살펴보더라도 소형 아파트의 강세를 한눈에 살펴볼 수
있다. 사례 중 하나를 살펴보면 서초구 래미안리더스원의 경우

같은 3.3m²일지라도 소형 평형의 아파트가 대형 평형의 아파트보다 무려 943만 원 더 가격이 높았다.

주거용 부동산은 상업·업무용, 숙박용 부동산보다 기본 수요가 많아 투자하기 안전하다. 그만큼 투자자들이 가장 많이 관심을 가지는 부동산이며, 입지가 좋고 임대 수요가 풍부한 지역은 경쟁이 높아 가격이 쉽게 떨어지지 않는다. 또한 오피스텔을 제외하고는 취득세가 다른 수익형 부동산보다 낮고, 임대사업자 등록 시 세금 감면 효과가 크다. 상대적으로 담보대출 비율도 높고 금리도 저렴한 편이다.

대표적인 상업·업무용 수익형 부동산으로는 상가, 업무용 오피스텔, 지식산업센터(아파트형 공장), 빌딩 사무실 등이 대표적이다. 주거용보다 위험성이 높은 만큼 더 큰 수익을 낼 수 있다. 최근에는 지식산업센터에 대한 관심이 높은데 아무래도 오피스텔보다 임대료가 낮고 산업단지 내에 있어서 장점이 많기 때문일 것이다. 수익형 부동산은 주거용 부동산보다는 세금이 많고, 관리비가 상대적으로 비싼 편이다. 공실 발생 시 기대 수익률도 크게 떨어질 수밖에 없어 무엇보다 임대 수요가 풍부한 지역을 선정하는 것이 중요하다.

상권의 형성 과정은 수요가 없는 깡통상권에서 시작해 호황기를 지나 정체기와 쇠퇴기의 길을 가는데, 특히 신도시 초기 상권은 높은 임대료에 비해 이용고객이 적어 리스크가 크다. 녹물 문제와 주차장 부족, 층간소음 등의 불편함을 이기지 못해 오래된 아파트에서 새 아파트로 이사 가는 경우를 떠올리면 된다. 구도시의 상권은 교통이 불편하고, 주차장이 부족하고, 편의시설이 신도시의 상권보다 떨어질 수밖에 없다. 그래서 호황을 맞지 못하고 정체기만 줄곧 이어지다 쇠퇴하게 되는 경우도 많다. 한번 쇠퇴한 상권을 재생한다는 것은 거의 불가능에 가깝다. 그래서 더더욱 철저한 상권분석이 필요하다. 상권의 수익은 업종, 위치, 사업능력 등에 따라 천차만별이고, 현재의 수익성보다는 앞으로의 가치가 더 기대되는 입지를 선택할 필요가 있다. 그만큼 통찰력이 필요한 부분인데, 늘 강조하지만 이러한 안목을 키우기 위해서는 손품과 발품, 부동산 공부를 게을리하지 말아야 한다.

당신의 손품을 도와줄
유용한 정보들

| 사이트 및 애플리케이션

1. 아파트투유(www.apt2you.com)

인터넷 주택 청약이 가능한 사이트. 아파트, 주상복합, 도시형 생활주택, 오피스텔 등의 매물 정보와 미분양 시세를 제공한다. 청약 경쟁률 및 청약가점 계산도 가능하다.

2. 국토교통부 실거래가 공개시스템(rt.molit.go.kr)

아파트, 연립주택, 단독주택, 오피스텔, 분양권, 토지 등의 실거래가를 조회할 수 있다.

3. KB부동산 Liiv ON(nland.kbstar.com)

각종 매물, 아파트 시세, 부동산 금융상담, 분양, 청약 등의 정보를 제공한다.

4. 씨:리얼(seereal.lh.or.kr)

한국토지주택공사에서 운영하는 부동산 정보 포털사이트다.

5. 토지이용규제정보서비스(luris.molit.go.kr)

토지이용계획확인원 열람 및 발급이 가능한 사이트다.

6. 일사편리(kras.go.kr:444)

종합증명서 열람 및 발급이 가능한 사이트다. 각종 민원 신청, 증명서 열람, 발급 등을 안내해준다.

7. KOSIS 국가통계포털(kosis.kr)

인구, 물가, 소득, 경제 활동, 산업 분류, 자살, 사망 원인, 출산율, 실업률, GDP, 다문화, 사교육 등의 통계를 제공한다.

8. 민원24(www.gov.kr/portal/minwon)

건축물대장, 토지대장, 지적도, 주민등록등본 및 초본을 받을 수 있는 사이트다.

9. 한국감정원(www.r-one.co.kr)

각종 부동산 통계, 부동산 정책을 한눈에 볼 수 있다.

10. 법원경매정보(www.courtauction.go.kr)

대법원 경매 물건 정보를 조회할 수 있다.

11. 온비드(www.onbid.co.kr)

압류, 국유, 공유재산, 부동산, 불용 물품 등의 공매를 진행한다.

12. 대한민국 법원 인터넷등기소(www.iros.go.kr)

부동산 등기부등본의 열람 및 발급을 지원해준다.

13. 위택스(www.wetax.go.kr)

부동산 세금 계산 및 체납 확인, 납부가 가능하다.

14. 호갱노노(hogangnono.com)

부동산 알림 서비스. 10년간 실거래가, 시세, 리뷰, 전국 학군 정보 등을 얻을 수 있다.

15. 네이버 부동산(land.naver.com)

매매 및 임대 물건 정보, 아파트 부동산 시세, 분양 정보, 부동산 뉴스 등을 정리해 제공한다.

16. 한국산업단지공단(www.kicox.or.kr)

전국 산업단지 현황을 살필 수 있다.

17. 조이스랜드 부동산 홈페이지(maemul.joinsland.joins.com)

'전세비율 높은 아파트', '조회수 많은 아파트', '2년 미만 입주 아파트', '상승률이 높은 아파트', '오래된 아파트' 등을 살펴볼 수 있다.

18. 정보공개포털 홈페이지(www.open.go.kr)

공공기관이 보유한 정보를 투명하게 열람할 수 있다.

19. KISCON 건설업체 파인더(애플리케이션)

등록 말소, 영업 정지, 과징금 처분 등의 이력이 있는 업체에 대한 정보 검색이 가능하다.

20. 밸류맵(애플리케이션)

토지, 단독주택, 다세대·다가구 주택, 빌딩, 공장, 상가 등 다양한 부동산 실거래가와 정확한 위치 정보를 제공한다.

| 온라인 커뮤니티

1. 월급쟁이 재테크 연구카페(cafe.naver.com/onepieceholicplus)

2. 짠돌이카페 짠돌이부자되기(cafe.naver.com/engmstudy)

3. 흥부야 재테크하자(cafe.naver.com/hbya)

4. 월급쟁이부자들(cafe.naver.com/wecando7)

| 기초 지식을 쌓기 좋은 책들

1. 『맘마미아 월급재테크 실천법』

2. 『맘마미아 푼돈목돈 재테크 실천법』

3. 『맘마미아 21일 부자습관 실천북』

4. 『상승장에서도 하락장에서도 실패하지 않는 오윤섭의 부동산 가치투자』

5. 『부동산 기사 그래서 어떻게 봐야 할까요?』

6. 『나는 오늘부터 경제기사를 읽기로 했다』

이 책이 당신 인생의
터닝 포인트가 되기를 바라며

'마음이 풍요로운 삶', '경제적 자유를 얻은 삶', '시간적 여유가 있는 삶' 이 3가지가 바로 모든 이들이 꿈꾸는 삶이다. 이 3가지를 모두 충족한 사람은 극소수에 불과하다. 아니, 이미 충족했음에도 불구하고 더 많은 것을 욕심내기 때문에 만족할 수 없는지도 모른다. 어쩌면 모든 것에 만족할 수 있는 삶은 어디에도 없을지도 모른다. 머리로는 풍요롭고 부유한 삶을 갈망하지만 현실은 반대로 흘러간다. 그리고 자신의 삶을 되돌아보는 시점이 오면 그동안 하지 못하고 지나쳐버린 일에 대한 후회가 밀려온다.

후회 없는 삶을 살아간다는 것은 어려운 일이다. 앞만 보고 바쁘게 살다 문득 뒤돌아보면 느껴지는 것이 후회의 감정이다. 적장에서 수십 년을 충실하게 일하다 그 위치에서 내려올 때쯤이면 허망하기까지 하다. '그동안 누구보다 열심히 일했는데 벌어놓은 돈은 다 어디로 갔을까?', '나는 지금까지 무엇을 바라고 바보처럼 일만 했을까?', '왜 내 건강조차 제대로 챙기지 않았을까?' 등 수많은 걱정과 후회가 밀려온다.

지금 잠시 멈춰 서서 당신이 당장 무엇을 해야 훗날 후회가 없을지 생각해보기 바란다. 떠오르는 게 있다면 생각에 머물지 말고 실천하길 바란다. 당신이 생각하는 것들을 시간별, 요일별, 주간별, 월별, 연도별로 나눠 계획을 짜고, 굳세게 전략적으로 밀고 나가길 바란다.

지금은 사장이 주는 물로 생명을 유지하고 있지만, 그 물은 당신이 일을 할 수 있을 때까지만 주어지는 것이다. 중소기업을 다니면 1L를 주는 것이고, 대기업을 다니면 2L를 주는 것이며, 공무원은 2L 줘야 하는 물을 일할 때 1L, 쉴 때 1L로 각각 나눠서

주는 것뿐이다. 노동의 대가로 받는 물의 양에 차이가 있을 따름이다. 조금 더 받는다고 해서 오랫동안 두고두고 풍족하게 마실 수는 없다. 1년에 10L가 필요한데 은퇴 시점에 100L를 모았다고 치자. 당연히 10년 뒤에는 고갈되고 만다. 갈증이 난다고 펑펑 마셔버리면 1년 안에도 없어질 것이고, 궁핍하게 아낀다면 10년을 더 쓸 수도 있을 것이다. 결국 가장 중요한 것은 물의 양이 아니라 물이 꾸준히 나오는 시스템을 구축하는 것이다. 이 시스템을 구축한 후에 은퇴해야 마음의 여유가 생기고, 노동을 안해도 물이 나오니 시간적 여유가 생긴다. 경제적으로 자유로워지는 것이다.

지금부터 당신의 우물을 파기 바란다. 우물의 크기는 중요하지 않다. 당장 물이 안 나와도 좋다. 장소의 문제라면 다른 곳에서 다시 시도하면 되는 것이고, 장비의 문제라면 교체하면 되는 것이다. 실패하면 그 원인을 찾아 다음 우물을 팔 때 똑같은 실수를 반복하지 않으면 된다. 이 경험이 모이고 모여 훗날 더 좋은 자리를 찾아 더 큰 우물을 만들 수 있는 주춧돌이 되어줄 것이다. 당신에게 우물을 팔 수 있는 기회와 시간은 그리 많지 않다. 딱 당신이 직장 생활을 그만두기 전까지만 유효하다. 바빠서 우물을 팔 시간이 없다는 것은 그저 핑계이고 자기합리화다.

필자는 대학교에 졸업한 후 곧바로 결혼을 했다. 현재는 아이 넷을 둔 30대 외벌이 가장이다. 그리고 승진과 성과를 위해 치열하게 경쟁하는 월급쟁이다. 한때는 종잣돈을 더 빨리 많이 모으겠다는 일념으로 가족을 남겨두고 사우디아라비아로 떠났었다. 그곳에서 외화를 벌기 위해 모래바람과 싸우며 고군분투했다. 지금은 매일 지방에서 서울로 출퇴근하며 이 책을 펴낸 초보 작가이기도 하다. 또한 새로운 투자처를 찾기 위해 임장을 떠나고 텃밭에 농사를 짓는 여행가이자 농부다. 잠들기 전에는 온라인 카페와 블로그에 재테크 칼럼을 쓰는 칼럼니스트다. 인생이 짧다는 것을 잘 알기에 더 빨리 경제적 자유를 얻기 위해 부동산에서 답을 찾는 투자자이기도 하다.

최근 1년은 하루에 4시간 이상 잠을 자지 못했다. 누가 시키지도, 알려주지도 않았는데 사서 고생을 한 이유는 지켜야 할 가족이 있기 때문이다. 언제까지 노동의 대가로 받는 쥐꼬리 월급만 바라보고 살 수 없다는 몸부림이기도 하다. 필자처럼 평범한 사람도 노력으로 소소한 성과를 일구었으니 당신이라고 하지 못할 이유는 없다.

마지막으로 이 책을 쓴 이유는 다음과 같다. 첫 번째, 직장에서 차별화된 강점을 확보하기 위해서다. 필자는 회사에서 열심히 일만 했지 남보다 스펙이 뛰어난 것도 아니고, 탁월한 전문성이 있는 것도 아니다. 그래서 찾은 것이 글쓰기였다. 남들이 넘볼 수 없는 고유의 영역을 찾고 차별화된 강점을 만들기 위해 가장 잘 알고 있는 분야를 글로 남기고 싶었다. 회사에서 살아남기 위한 일종의 자기계발인 셈이다.

두 번째는 무일푼으로 시작해 종잣돈을 굴려 부동산에 투자한 개인적인 경험을 함께 공유하고 싶다는 욕심 때문이다. 부동산에 투자하면서 30건이 넘는 물건을 매수했고, 지금은 남부럽지 않을 정도로 규모를 키워놓았다. 부동산 투자는 쉽지 않고 위험하기 때문에 처음 접하는 이들에게 안전한 길을 알려주고 싶었다. 대한민국에서 차곡차곡 월급을 모아서는 부자가 될 수 없다는 것을 알고 있지만 해결책이 무엇인지 답을 못 찾고 있는 독자들에게 실마리를 제공해주고 싶었다.

세 번째는 인생의 전반전을 마치면서 지나왔던 과거를 정리하고, 후반전을 준비하고 싶었다. 필자에게는 최고의 인생 멘토가 있다. 바로 아버지다. 아버지가 살아계실 때 진심이 담긴 이 책을 선물해드리고, 감사했노라 인사드리고 싶었다. 그리고 늘 뒤에서 묵묵하게 믿고 지원해준 아내와 많이 놀아주지 못한 큰딸 서희, 둘째 딸 서연, 셋째 딸 서영, 막내아들 재혁이에게 부족하지만 이 책으로 미안한 마음을 전하고 싶었다. 이 책이 나오기까지 도와주고 응원해준 모든 사람들에게 고맙다. '월급쟁이 재테크 연구

카페'의 운영자 맘마미아 님과 후배 이우현, 유준혁을 비롯해 미처 다 언급하지 못한 모든 이들에게 감사를 전한다.

이 책은 또 한 번 필자 인생의 터닝 포인트가 될 것이다. 그리고 이 책을 첫 장부터 끝까지 읽었다면 당신의 인생도 바뀌리라 믿는다. 이 책이 인생의 전환점이 될 것이다. 당신을 위해 정답을 콕 찍어주지 않아 미안하다. 하지만 사람마다 주어진 문제지가 다르기 때문에 정답을 알려줄 수 없었다. 1,400만 명의 직장인 모두가 같은 문제지를 갖고 있지 않으니 정답 또한 같을 수가 없다. 그 답이 누군가에게는 맞는 답이 될 수도 있고, 다른 누군가에게는 오답이 될 수도 있다. 또 지금은 맞지만 훗날에는 틀린 답일 수도 있다.

그러니 필자가 문제지를 풀어나갔던 과정과 정답이 누군가에게는 정답일 수도 있고, 또 다른 누군가에게는 오답일 수도 있다. 가장 중요한 것은 다른 사람의 경험을 통해서 본인에게 주어진 문제지에 대한 정답을 스스로 찾아나가는 것이다. 그 과정이 가장 중요하다. 마르지 않는 우물이 완성되기 전까지는 절대로 재테크를 멈추지 말자. 지치고 힘들 땐 퇴직 후의 멋진 청사진과 가족을 생각하길 바란다. 진심으로 이 책이 당신 인생의 터닝 포인트가 되기를 바란다.

구짱(안정호)

연봉 3천 구 과장은
어떻게 월급만으로
부동산 투자를 했을까?

초판 1쇄 발행 2019년 2월 7일
초판 2쇄 발행 2019년 3월 10일
지은이 구짱(안정호)
펴낸곳 원앤원북스
펴낸이 오운영
경영총괄 박종명
편집 이광민·최윤정·김효주·채지혜
마케팅 안대현
등록번호 제2018-000058호(2018년 1월 23일)
주소 04091 서울시 마포구 토정로 222 한국출판콘텐츠센터 306호 (신수동)
전화 (02)719-7735 | **팩스** (02)719-7736
이메일 onobooks2018@naver.com | **블로그** blog.naver.com/onobooks2018
값 16,000원
ISBN 979-11-89344-42-9 03320

이 도서의 국립중앙도서관 출판예정도서목록(CIP)은 서지정보유통지원시스템 홈페이지(http://seoji.nl.go.kr)와
국가자료공동목록시스템(http://www.nl.go.kr/kolisnet)에서 이용하실 수 있습니다.(CIP제어번호: CIP2019000901)

※ 원앤원북스는 독자 여러분의 소중한 아이디어와 원고 투고를 기다리고 있습니다.
원고가 있으신 분은 onobooks2018@naver.com으로 간단한 기획의도와 개요, 연락처를 보내주세요.